亞當斯深究動物屠宰與女性受暴力對待
的不擇手段」的父權概念相連結。
—— 多倫多《環球郵報》（Toronto Globe and Mail）

即使那些不贊同亞當斯見解的讀者，也應該會受到這本獨特作品的挑戰，甚至受到啟迪。
—— 《圖書館雜誌》（Library Journal）

引人入勝，令人大開眼界……亞當斯的中心主旨強而有力。
—— 保羅・弗利托斯（Paul Vlitos）
《泰晤士文學增刊》（Times Literary Supplement）

要說我「讀了」這本書實在太輕描淡寫，應該說我用了比吃最愛的蔬食漢堡更快的速度把書給狼吞虎嚥看完了。
—— 貝絲・費特尼（Beth Fiteni）
Satya 網站書評人、資深動權倡議者

亞當斯指出我們的文化將「次等」生命體視為可消費之物的原因，輔以一系列令人印象深刻的圖片，建立起更多的連結，做出更多深入淺出的分析，我敢說不會有人在稍加翻閱過內容後還能把書放下 —— 絕對不可能。
—— VegNews

亞當斯在書中談論了一系列極為重要的議題，包括女性的物化、厭女症、種族主義、強暴、男性宰制與特權、家庭暴力、色情及對動物的殘酷虐待……若讀者想要了解女性和動物在現代消費社會中的各種視覺再現，及其所揭示的延續父權宰制迷思的嚴重危險，就應該去買本《波霸雞與翹臀豬：肉食色情論》來讀讀。
—— 羅納德卡 D・勒布朗（Donald D. Leblanc）
《美食學：飲食與文化期刊》（Gastronomica: The Journal of Food and Culture）

從大學兄弟會到牛排館和脫衣舞俱樂部，亞當斯提醒我們，這些兄弟會所處的空間和地點是受到恐同症與宰制自然的特殊心態監控的場域……她的訊息一針見血：吃肉的愉悅即壓迫的愉悅。肉食的色情政治不僅反映出人與人之間的宰制和差異，且由結合了性別化、種族化與基於階級的支配關係所組成。
—— 艾麗卡・庫德沃斯（Erika Cudworth）
《女性主義理論》期刊（Feminist Theory）

各方讚譽

卡蘿・亞當斯所著的《波霸雞與翹臀豬：肉食色情論》，寫於全球動物權利運動興起之際，其重要性堪比瑪麗・沃斯通克拉夫特（Mary Wollstonecraft）於法國大革命期間撰寫的《為女權辯護》（*A Vindication of the Rights of Woman*）。兩位女性都是無畏的知識先鋒和革命性的原創思想家，她們為我們提供了工具與洞見，得以拆解對所有生命的壓迫。

—— 蘇・科（Sue Coe）
藝術家

這是一本奠基性的著作，再版所調整與新增的內容更切合當前時代，其訊息比以往更加迫切。在面對倒退與威權政治的當下，我們或許更願意直視並討論持續被邊緣化、不斷被削弱的身體。推動進步總是要始於審視現狀，而卡蘿・亞當斯持續在這方面努力，提出至關重要且令人不安的問題，探討肉食文化與強暴文化之間令人毛骨悚然的相似性。

—— 蕾貝佳・馬凱（Rebecca Makkai）
全國圖書獎及普利茲獎決選作品
《幸運之子》（*The Great Believers*）作者

《波霸雞與翹臀豬：肉食色情論》透過超過 300 張令人震撼的照片以及亞當斯犀利的評論清楚地揭示了多數白人男性如何利用厭女情結、種族主義和性別歧視，進一步邊緣化人類與非人類生命，並鞏固了對食用動物和物化女性的普遍接受。

—— 蘿倫・奧內拉斯（lauren Ornelas）
「食物賦權計畫」（Food Empowerment Project）創辦人暨總裁

波霸雞與翹臀豬：肉食色情論
The Pornography of Meat
2020 年新編版
New and Updated Edition

卡蘿 · J · 亞當斯 著
Carol J. Adams

中文版策畫、翻譯、出版｜社團法人台灣動物平權促進會
台灣動物平權促進會榮獲
英國美妝品牌 LUSH 及台大「關懷生命 愛護動物」專案計畫
支持經費贊助以出版本書，特此致謝

2003 年初版封面

左至右：卡蘿・亞當斯、馬莉・佛騰（Marie Fortune）和瑪麗・杭特（Mary Hunt），攝於 2018 年德州聖安東尼奧，美國宗教學會。

> 站在加害者一方是相當誘人的。
> 加害者所求的就是人們袖手旁觀。
> 他訴諸人們的普遍願望——對壞事不見、不聞、不言。
> 相反，受害者要求旁觀者分攤苦痛。
> 受害者要求人們行動、介入與記憶。

—— 茱蒂絲・赫曼（Judith Herman），《創傷與復原》（*Trauma and Recovery*）

獻給馬莉・M・佛騰與瑪麗・E・杭特
超過四十五年的行動、介入與記憶

出版緣起

本書的出版計畫始於 2023 年，從最初一個單純的念頭 —— 希望藉由翻譯啟發人心的著作，來提升人們對肉食問題的認知 —— 到後來有了 The Pornography of Meat: New and Updated Edition 的中文版，也就是本書《波霸雞與翹臀豬：肉食色情論》的問世，歷經約兩年的時間。

台灣動物平權促進會一向支持維根理念（Veganism），因此在具翻譯專業背景的夥伴加入後，便有計畫地朝著翻譯相關經典著作的方向前進。選書初期雖遭遇一些困難，但我們的目標始終明確，即書的內容不僅要強調動物權，還要能呈現不同壓迫議題之間的交織性和相互關聯性。在選定書籍、聯繫作者卡蘿・亞當斯（Carol J. Adams）後，不久即獲得正面回應，並開始與 Bloomsbury 出版社洽談版權事宜。接著，幾位理念相近的工作夥伴陸續加入，形成一個遠距共事的出版團隊。在籌款方面，本中文版有幸獲得以環保、維根友善及動權立場著稱的英國美妝保養品企業 Lush 的支持，贊助部分經費，這對核心成員是莫大的鼓舞。此外，特別感謝台灣大學獸醫專業學院林辰栖教授與嘉義大學獸醫學院兼任助理教授劉正吉獸醫師，協助動平會爭取到台大「關懷生命 愛護動物」專案計畫的經費，在此致上誠摯謝意。

之所以選擇將這本書引介給中文讀者，除了前述人事物方面的各種機緣，當然也是因為亞當斯的見解深具啟發性。要理解本書的價值，我們必須回溯她於 1990 年出版的經典之作 The Sexual Politics of Meat。該書針對肉食文化與社會中的性別權力關係進行探討，並為女性主義與維根思想的結合奠定了基礎，成為兩股倡議力量結盟的重要依據。2003 年，亞當斯進一步出版了 The Pornography of Meat，概念仍然環繞肉的性別政治，但更針對食物相關廣告所呈現的色情問題。儘管亞當斯的論述方式可能會挑起二元對立的衝突，並受到建構派女性主義者的挑戰，但她指出的狀況確實引人注目，繼而引發了讀者的討論與參與，2020 年新編版的出現就是最好的證明。

新編版不僅大幅增加了 2003 年至 2020 年間各地讀者提供的肉食色情化圖像、網路回饋與評論，也新增了藝術專章，納入受到亞當斯啟發的藝術作品。書末列出的一長串致謝名單，一方面是為了感謝對新編版有直接或間接貢獻的人士，一方面也讓人感受到此版本的特色 —— 借助眾人之力，成就眾人之事，展現出強烈的社會運動性格。這本書的內容之所以貼近現實，不僅因為

亞當斯的理論奠基於運動本身，也因為它匯集了眾多社會觀察者的行動能量。換言之，本書不僅是對肉食色情化現象的剖析，更體現了理論與行動的結合，正如亞當斯曾在一個訪談中所提到的：沒有理論，行動將會陷入混亂；沒有行動，理論可能淪為空談。兩者必須並行，有如心與腦的協調運作[1]。讀者將會發現新編版收錄的資料來源多元活潑，也能從參考書目了解到，這本書並非只是 2003 年版本的簡單修訂而已，而是多年思想與實踐的深刻累積。

最後值得一提的是，曾出版亞當斯兩本著作中譯本的柿子文化[2]也成為我們的商業夥伴，參與了《波霸雞與翹臀豬：肉食色情論》的發行。台灣動物平權促進會很高興在長時間的籌備後，能將這本在論述圈與運動圈皆有影響力的著作帶給中文讀者，分享亞當斯在肉食、性別與權力議題上的新近洞見。

（本書有電子書版與紙本書版；電子書版的圖片為彩色，而紙本書版的為黑白。）

註 1：參見 Vegan 動權倡議者 Jeremy The Ape 的 Youtube 頻道專訪 "LS7: The Pornography of 'Meat' F. Carol J. Adams (Animal Rights Show Livestream)"
網址：www.youtube.com/watch?v=8K2arQMZetI&t=3175s

註 2：*The Sexual Politics of Meat* 中文版書名為《男人愛吃肉 女人想吃素》，2006 年由柿子文化出版。亞當斯另一本出版於 2001 年的著作 *Living Among Meat Eaters* 也是由柿子文化於 2005 年出版中譯本，書名為《素食者生存遊戲：輕鬆自在優遊於肉食世界》。這兩本書的原文版皆於近幾年更新再版。

台灣動物平權促進會
理念介紹

動平會關注範疇涵蓋同伴動物、展演動物、實驗動物、野生動物與經濟動物等，我們將自己定位在人類社會中「擴大慈悲的足跡、發展和諧共處的智慧」的角色：以動物權和動物福利為基礎，但真正的影響對象則是人的思想與行為。秉持平等、多元、共生互依、互為主體理念致力於推動動物平權教育，為所有的動物發聲。

本會著重在從源頭改善動物處境的「動物平權教育」，以動保講座、社區宣導、研究倡議、動保新知翻譯、舉辦動保人文藝術活動，獨創教育與行動方案為協會的主要任務，透過多元、具生命力、創造力的教育方案，引導孩子和成人與動物、大自然產生正向連結與相互支持的力量，透過人道關懷喚醒社會大眾同情共感能力，實踐人與動物和諧關係，進而激發人們以實際行動成為動物與環境的守護者。

數據顯示，民眾不繼續飼養動物而將動物送到公立收容所的數量逐年增加，在街頭棄養犬隻的行為也持續不斷，不符合動物福利的長期籠養、鍊養，甚至是動物虐待的案件更是時常發生在我們周遭。為了因應這些問題，我們透過舉辦講座、工作坊、社群媒體宣導等方式強化相關教育工作。我們不僅強調人與動物之間的正向互動關係，還宣導正確的動物飼養知識，動物福利觀念，並呼籲社會大眾應盡飼主責任，減少棄養和不當飼養行為的發生。

許多動物園、休閒農場、馬戲表演，美其名是教育，其實只是為了賺取觀光客門票的商業行為。業者用盡花招吸引顧客，推出各種互動的體驗噱頭：動物餵食、動物表演、動物騎乘、動物觸摸、動物釣撈、動物展示。賣笑又賣身的動物們，不再是大自然中的美麗生靈，而是在失去尊嚴的屈辱中，變相被終生監禁。您的消費，牠們的悲慘！我們將透過「消費者抵制運動」，凝聚公民的參與力量為動物發聲，為殘忍非法的動物展演史畫上句點。

人類對土地的過度開發和利用已經急劇減少了野生動物的原始棲息地。這種趨勢不僅破壞了生態系統，也造成人類和動物活動範圍的重疊，引發了一系列的衝突。這些衝突導致一些人使用極端手段，如毒藥、捕捉網、獸鋏和陷阱，試圖「解決問題」。「人與動物如何和諧共存」一直是動平會關注的核心議題。為了促進社會重新思考人類與野生動物的互動方式，我們引入更多不同的研究和觀點，呼籲大眾共同參與評估人與其他生物之間的關係，並重新構思一種人與野生動物和平共存的保育理念。

動物實驗不只使用於藥品研發，在化妝品、保養品的開發過程中也會使用。其中有眾多的動物實驗項目不但不必要、不道德，還相當殘忍，讓動物受盡各種煎熬，例如：體膚被高溫灼傷、眼睛被化學物質弄瞎、或甚至弄死動物以探測致死劑量。人類和實驗動物的身體構造有很大的不同，實驗結果也很少能有效應用於促進人體健康。新藥開發通常需要經過動物實驗先證明其安全和有效性，美國國家衛生研究院指出，新藥開發的失敗率超過95%，也就是說動物實驗並不能確保新藥在人體安全和有效。文明進步不一定要犧牲動物，我們引進並翻譯國外的相關新知，期待未來台灣有終結動物實驗的一天。

「維根主義」具重要的道德意義主張，並體現在生活的每個面向，包括不使用任何動物所製造的日用品、食品、衣著。人類為了取用動物的毛皮，讓牠們受盡折磨而死，因此我們鼓勵選擇非取自動物的產品，拒絕皮鞋、皮包、皮草。工業化畜牧場的密集飼養不僅造成數億萬動物的苦難，更因擴張牧場而砍伐雨林，還有農場動物排放的大量溫室氣體，都會對生態環境造成永久性的毀壞，埋下深遠的糧食危機。我們以各種倡議行動及教育方案推動「慈悲飲食」運動，呼籲大眾選擇蔬食，以體現人類對動物及環境的道德責任。

團隊的話

動物保護運動在台灣發展已近三十年，但動保教育的內容仍主要聚焦於犬貓，犬貓以外的動物議題長期處於邊緣，能見度極低。教育體系內對動物權意識的關注長期不足，使得第一線教師即便有心教授，卻可能因觸及動物權議題而面臨校方或家長的反彈，或是受限於教材資源的缺乏，而難以順利推動課程。換言之，當前的教育環境不僅無法有效培養學生建立對動物權的理解，甚至正當化動物利用的合理性。因此，學校體系外的動保教育資源挹注顯得至關重要。放眼當前的中文出版市場，有關動物權的專書相當稀缺，本書譯本的問世正好可以填補這一缺口，深化台灣社會對動物權議題的認識。

TAEA 台灣動物平權促進會執行長 ／ 林憶珊

多年前第一次讀到亞當斯的《肉的性別政治》，內心受到的震撼難以言喻。原來肉食——更確切地說，動物性飲食與商品消費——和父權制度（以及資本主義）如此緊密相連，並互相助長。原來物種壓迫與性別、種族、階級、年齡、身心障礙等看似分離的壓迫與歧視皆彼此交織共構，互為表裡。引介該書的姊妹作《波霸雞與翹臀豬：肉食色情論》，是希望更多人也能受到啟發，認識到單一議題倡議的侷限性。無論是動物平權、Vegan 運動、生態保育、性別平權或族群認同等，所有社會正義運動若忽略其他的壓迫因素及其共有的暴力根源，將難以推動真正的變革。期望台灣的動物權益倡議者及關注不同社會正義議題的各界人士能突破思維格局，批判性地連結動物壓迫與其他形式的壓迫，了解到馬丁・路德・金恩博士所言的真諦：「任何一處的不公不義，都是對整體公平正義的威脅」，繼而彼此結盟，推動深層的社會改造。

翻譯 ／ 羅　嵐

翻譯《波霸雞與翹臀豬》的過程並不舒服，相信閱讀這本書的經驗也會是如此，但我想經歷這些不舒服能幫助我們體會被剝削者的痛苦，並思索為何會有這些苦難，進而能更敏銳地在生活中察覺動物剝削和性別議題密不可分的關係。

翻譯 ／ 林若瑄

這本書帶來的訊息可能引出讀者對動物的關心之情，甚至有潛力激起輿論、喚起行動。不過，透過控訴暴力、揭露黑暗的方式來推行動保，也容易加深人與人之間的對立。我注意到作者在此新版中提及，距離初版十多年來，書中所討論的現象不僅沒有減少反而更多。我自己過去也曾被控訴手法吸引，但現在對於其他路線更有興趣，比如讓人不是因為罪惡感或壓力，而是出於對生命的欣賞與共感的角度，與世界眾生共存。這是一點個人的想法。

編輯 / Y. L. KUNG

本書是嫁接動物權與女性主義的重要橋樑，藉由引進本書，希望帶給台灣關心女性議題的朋友另一條發展女性主義理論與實踐的蹊徑。

願我們在關注自己熟悉議題的同時，仍保有願意被其他議題感動的心。

編輯 / 陳仁鐸

在排版時，第一次看見如此多將動物擬人情色化後與商品結合的廣告，而在台灣食物類跨界到性別議題的部分其實不多見，相對於歐美文化強調白人、男性至上那些有攻擊性或輕蔑性的圖像而言，台灣的肉食文化廣告是被健康、可愛所包裹起來，把動物們放在肉品旁邊，開心愉悅地邀請人們來吃他 / 她自己的肉，這樣一來便掩蓋了背後的殘忍。今日的香菸包裝呈現了肺部病變的警示圖片，雖然有煙癮的消費者仍繼續購買，但至少廣告揭露了真相，不管是動物福利、低碳飲食或是動物權的概念，或許台灣消費者可以思考什麼是廣告背後的真實。

美術設計 / Zoey Yang

翻譯說明

關於動物的代名詞
在單數情境下，原作者刻意避免使用"it"來指代非人動物及死亡動物的肉，而是選擇使用"she"，以減少語言上將動物視為「物」的傾向。中文譯文也遵循原作者的用法。延此，在複數的情況下，"they"亦不翻譯為「牠們」或「它們」，而是參考上下文，採取在中文語境下屬於中性的「他們」，或特定性別下的「她們」。雖然這種風格可能讓部分中文讀者感到困惑，或一時難以適應，但"they"在「牠們／她們／他們」之間的模糊性，或許得以在中文裡被保留。這層語言的模糊性，產生了某種「動物－人類」交錯與重疊的空間，而這在動物倫理中是一個核心概念。

此外，相較於英文，中文在表達上較少使用代名詞，因此本書譯者在語意清晰下，偶有適當省略代名詞的作法，也有為了行文流暢，採取適當補充名詞，例如「這些動物」、「這些雞」等，而非一味直譯"they"為「他們／她們」。

關於圖片的補充說明
本書中的大量圖片看似是論述的補充，實則是建構論述的基礎，扮演關鍵角色。因此對於原作者未加說明之處，譯者亦酌情增添註解，以供參考。

專有名詞呈現方式
書名、篇名、人名等專有名詞，在同一章節內首次出現時，採用中英並列，後續重複出現時則僅保留中文。若該名詞在其他章節再次首次出現，亦遵循此原則。

關於 The Sexual Politics of Meat 的中文書名翻譯
本書多處提到亞當斯的經典著作 The Sexual Politics of Meat，內文皆直譯為《肉的性別政治》，但也請讀者留意此書有另一個書名，即《男人愛吃肉 女人想吃素》（2006 年柿子文化出版），後面便不再贅述。

關於文字樣式的對應

原書中以全大寫（ALL CAPS）標示者，中譯本以粗體對應；原書用斜體傳達語氣強調之處，中譯本亦保留斜體處理。

導　讀

台灣師範大學英語系優聘教授
梁一萍

卡蘿・亞當斯（Carol J. Adams）的 The Pornography of Meat 出版於 2003 年，是其重量級經典《肉的性別政治：女性主義–素食主義批判理論》（The Sexual Politics of Meat）的姊妹作。17 年後她將圖片大幅度增加至 300 多張的修訂版出版，更有分量。再過三年，中文繁體版由台灣動物平權促進會引進並策畫出版。2025 年開春，好菜上桌 ── 這是結合台灣女性主義、動物平權、環境保護和維根運動等學界與社運團體的辦桌盛宴。

上桌一看，卻見一盤盤血淋淋的「波霸雞、翹臀豬」── 全書圖文並茂，腥色俱全。細讀之下才發現，一盤盤的佳餚其實暗藏西方父權制度對女性和動物身體的色情化，這是卡蘿・亞當斯對「肉食陽具理體中心主義」（carnophallogocentrism）火力十足的批判。亞當斯生於 1951 年美國紐約州，她的母親是六十年代民權運動的積極分子，父親是紐約州環保運動的開路先鋒。亞當斯回憶，少女時代她心愛的小馬被射殺了，當晚她坐在餐桌前，咬下一口漢堡時，突然意識到，她心愛的小馬死了，她卻同時在吃另一隻死去動物的肉 ── 亞當斯從此變成終身茹素的動保女戰士。

《波霸雞與翹臀豬：肉食色情論》全書共 22 章，從不同角度剖析父權文化如何透過肉食與視覺語言同時物化女性與動物。首章〈哪來的色情？〉（What Pornography?）揭開序幕，帶領讀者檢視肉品與餐飲廣告中，那些將動物畫成性感女性的圖像，如何讓暴力變得合理、甚至引人遐想。這種「肉食色情」不僅揭露性別與物種的不對等關係，也強化了性別二元對立，甚至暗示動物渴望被宰殺與享用，進而掩蓋了其中的暴力。

接著在〈真男人〉（Real Men）與〈像個男人點！〉（Man Up）兩章中，作者指出肉食與男子氣概的連結如何深植文化，從「吃牛排」等於「真男人」到「吃豆腐」等於不陽剛的二元思維，不只壓迫被視為「柔弱」的性別族群，也涉及種族與階級歧視。作者也從歷史角度切入，指出十九世紀以來肉食與殖民主義已經緊密相連 ── 吃肉被視為白人男性的特權，而水果、穀物則與被殖民者或女性聯繫在一起。這樣的觀念至今仍以種族與性別刻板方式延續。〈不僅僅是肉〉（More than Meat）這章將作者知名的概念「缺席的指涉對象」（the absent referent）更加延伸到色情議題上，指出當我們將動

物視為「肉」的同時，也抹除了動物作為有情生命的存在。而這種去主體化的現象同樣發生在女性身上，當女性被看作是純粹為了滿足性慾的身體時，她們的個體性與主體性也因此被抹去。延續這一脈絡，〈切割身體〉（Body Chopping）分析廣告與語言如何將女性與動物的身體碎片化地呈現，遮蔽完整個體，讓身體淪為可被切割、標價、銷售的物件。在〈「吃我」〉（"Eat Me"）一章中，作者點出許多市場與媒體中的廣告——如抱熱狗的女性、穿比基尼的火雞屍體——以明示或暗示的方式將女性與動物描繪成等待男性「吃掉」的對象，而她們對於自身遭遇性暴力的控訴和見證則完全被消音。

在〈把女人變成動物〉（Animalizing Women）中，作者指出西方社會長期將白人男性視為衡量「人」的標準，其餘族群與性別則被視為「次等」或非人，而男子氣概就奠基於將女性視為接近動物的存在。延伸此論述，作者用艾米・哈林（Amie Hamlin）為其所創的新詞「擬人化色情」（anthropornography）作為下一章的章名與主軸，指出廣告也同時將動物女性化與性化，賦予動物誇張的女性體態與性徵，使之看起來渴望被「吃掉」或「穿透」，甚至展現出為了讓人享用而自我犧牲的形象。在接下來的幾章中，作者點出種族的偏見與歧視也是壓迫動物的共構力量。例如〈銷魂火腿〉（Hamtastic）一章談及女性黑奴的生殖系統遭奴役的歷史，而這樣的暴力和物化邏輯形塑了當代色情產業的形成與發展。而在〈「抓她們的鮑魚」〉（"Grab 'em by the pussy"）中，作者指出性騷擾式的語言在政治與日常中無所不在；許多關於女性私處與性交的詞彙，其實源自西方白人對黑人文化的歧視語境，這些語言也被用來包裝肉品及烤肉活動中的性暗示。

〈動物〉（Animals）一章持續批判父權體制對「人」的定義與劃分：真正的「人」是指白人、男性、財產擁有者，而其他族群（包括人與非人動物）皆是低等的「他者」，被迫共同承受來自權力體系的系統性暴力。同時，這個標準也決定了何為「文明」、何為「原始」。在此邏輯下，自然界理應被視為服務人類（特別是男性）的資源，而原住民的土地／文化也理所當然是殖民者掠奪／剷除的對象。在〈自然的主人〉（Master of Nature）一章中，作者即以 "Anthroparchy"（「人類支配制」）的概念闡述之。〈帶槍的獵人〉（Armed Hunters）則揭露出獵人文化中充滿性暗示與暴力支配的象徵和語言：獵物常用來隱喻女性，打獵行為也被形塑為展現男子氣概與滿足征服欲的過程。

〈習焉不察的困境〉（The Fish in Water Problem）一章點出所有女性都生活在被物化的社會中，一如活在水中的魚。女性與海洋動物皆被社會正常化的性暴力視覺再現和語言描繪為「美味可口」而難以掙脫。〈維納斯與蘿

莉塔〉（Venus and Lolita）一章批判視覺文化如何以白人女性的外觀創造出擬人化的動物形象。這些形象表面上在賣食物，實則在消費「白皙、純潔、天真」的美學與權力。在〈父權漢堡〉（The Patriarchal Burger）中，亞當斯指出某些餐廳用性暴力的暗示作為賣點，甚至以性侵加害者的名字為漢堡命名，或設計具爭議的廣告圖像，把女性身體當成吸睛工具。〈另一頭母牛〉（Another Cow）中，亞當斯創造的重要術語「女性化蛋白質」（feminized protein）提醒人們，蛋白質本就來自於植物，但當其被轉化為蛋和乳汁時，雌性動物就必須承受性商品化帶來的極度身心壓迫。而廣告卻利用擬人化色情手法，成功掩蓋並轉移了這些殘酷。〈跑起來〉（Hoofing It）這章揭穿了廣告裡動物看似健康站立的假象。事實上，養殖場中的動物都被困在擁擠不堪的空間裡，健康狀態極差。"Hoofing it"可謂當代肉品業最大的謊言。

在〈我吃了一隻豬〉（I Ate a Pig）中，作者分析語言如何將女性與「豬」畫上等號，使她們在暴力情境中被貶為可被宰殺的對象。這也與肥胖歧視、種族歧視緊密相連。〈普通的白人女孩〉（Average White Girl）進一步指出廣告如何將粉紅色豬肉與白人女孩的稚嫩膚色做聯想，傳達白才是美、白才有特權的隱含訊息，同時又將其貶抑為可消費和奴役的族群。在〈做培根〉（Makin' Bacon）一章中，作者揭露人類如何控制動物的性與生育，從人工授精到包裝為性愛意象的廣告語，全然無視動物的痛苦與主體性，這與女性在父權體制中的經驗極為相似。最後一章〈藝術作為抵抗〉（Resistance）介紹了十位女性藝術家的創作，她們的作品不只是藝術展現，更是發聲與行動。本書內容極為豐富，以上概述希望能激發讀者的興趣，進而深入閱讀，發掘更多精彩內容。

對台灣讀者而言，要了解亞當斯的重要性，可以從台灣著名的女性主義作家李昂來做連結，兩人至少可以從三個面向來比較。其一，兩人年齡相近，時代背景類似。李昂出生於1952年，只小亞當斯一歲。李昂來自鹿港，大學念戲劇；亞當斯來自紐約，大學念英語系，後來念神學院。李昂成年後以鹿港為背景，寫下解嚴前夕台灣最具代表性的女性文學《殺夫》（The Butcher's Wife, 1983），幾年之後亞當斯也出版了《肉的性別政治》（The Sexual Politics of Meat, 1990），聲名大噪。其二，兩人分隔於太平洋兩岸，卻同樣對父權社會大膽批判，勇為時代之先鋒。李昂從解嚴前的壓抑控制中突破重圍，將傳統農業社會的鹿港變成台灣女性主義的戰場；亞當斯從美國肯德基、漢堡王、麥當勞等流行文化的大量廣告文案中，剝絲抽繭梳理出父權文化脈絡，並與肉食主義對女性和動物的色情化壓迫做連結。其三，兩人批判父權，方法各有擅長。李昂寫小說，用虛構的文學故事說明女性所遭受的動物化、色情化壓迫；而亞當斯擅長視覺文化分析，她收集分析大量的肉食廣

告文案，全力批判，令人折服。綜合上述，台美兩位同時代的女性主義作家皆關切肉食主義與擬人化色情之間的連結，然而亞當斯不僅從理論上批判父權壓迫體制，更以終身奉行維根主義（veganism）作為抵抗的實踐，這點更值得我們體會與深思。晚近諾貝爾文學獎得主南韓女作家韓江（Han Kang）的小說《素食者》（*The Vegetarian*，2007 韓文，2015 英文）描寫一位普通家庭主婦抗拒肉食、逃離父權的故事，似乎更清楚點出父權對女性的壓迫，以及和肉食主義之間的深刻連結。也就是說，亞當斯的洞見，藉由韓江的作品更得彰顯。

近年我個人開始對素食產生興趣，也希望有機會好好探究其中的倫理與文化脈絡。因此，當此譯書計畫發起人羅嵐主動聯繫我、邀請撰寫導讀時，我便立刻答應了。這本書的中文繁體譯本不僅以圖文並茂的方式讓我們得以理解亞當斯的重要思想，也為台灣與美國兩地的動物保護與女性主義運動注入寶貴的資源。能夠參與其中、為文導讀，我深感榮幸，特此為紀。

〈兔子：我的身體屬於我〉，Janell O'Rourke 作品。
©Janell O'Rourke

目　錄　CONTENTS

出版緣起　　　　　　　　　　　　　　006

台灣動物平權促進會理念介紹　　　　　008

團隊的話　　　　　　　　　　　　　　010

翻譯說明　　　　　　　　　　　　　　012

導讀 / 梁一萍　　　　　　　　　　　　014

1　哪來的色情？　　　　　　　　　　025

2　真男人　　　　　　　　　　　　　043

3　像個男人點！　　　　　　　　　　055

4　不僅僅是肉　　　　　　　　　　　069

5　切割身體　　　　　　　　　　　　083

6　「吃我」　　　　　　　　　　　　103

7　把女人變成動物　　　　　　　　　131

8　擬人化色情　　　　　　　　　　　149

9　銷魂火腿　　　　　　　　　　　　163

10　「抓她們的鮑魚」　　　　　　　　175

11　動物　　　　　　　　　　　　　　195

12	自然的主人	211
13	帶槍的獵人	229
14	習焉不察的困境	243
15	維納斯與蘿莉塔	255
16	父權漢堡	267
17	另一頭母牛	279
18	跑起來	299
19	我吃了一隻豬	317
20	普通白人女孩	331
21	「做培根」	347
22	藝術作為抵抗	373

誌謝	388
參考書目	394
卷首語出處與版權誌謝	420
關於作者	421

表　格　TABLES

4.1　「缺席的指涉對象」公式　077

8.1　「缺席的指涉對象」公式延伸　151

11.1　「人」的退化性概念建構　199

11.2　「人」的退化性概念建構延伸　200

11.3　人類中心主義的運作方式。「人」的問題　204

11.4　父權仇外主義倫理觀　206

11.5　優勢／有價值的身分和關聯性意涵　207
　　　vs. 非優勢身分

12.1　種族與「進化」連續體　213

［內容警告］

儘管這些圖像和許多類似的畫面在坊間廣泛流傳，但一次看到如此大量的內容，且以如此關注的視角和批判性框架來解讀，可能會令人感到前所未有的不安。

面對這些圖像時，遭遇過不同經驗的讀者可能會被觸發不同的反應 —— 這些經驗由彼此交織的壓迫性社會結構，如種族、性取向、階級和性別表現所形塑。

不過，我仍期望這些多元圖像與日俱增的影響力，能夠激發人們對其訊息的洞察與抵抗。

現代主義既將視覺置於其他感官之上,卻又建立了一種來自專斷、特權階級男性視角的觀看方式。
—— 朵琳・瑪西(D. Massey),
〈彈性性別歧視〉("Flexible Sexism")

在晚期資本主義時代,最主要的觀看形式 —— 大規模以視覺為中心的運作 —— 即是我們所謂的消費者目光。
—— 蘿絲瑪麗・加蘭-湯姆森(Rosemary Garland-Thomson),
《凝視:我們如何看》(*Staring: How We Look*)

真實不僅是指實體物質本身,還包括它所承載的圖像所屬的論述系統。
—— 約翰・泰格(John Tagg),
《再現之重:論複數的攝影與歷史》(*The Burden of Representation: Essays on Photographies and Histories*)

在當代色情作品中,女性遭物化的方式便是被描繪為肉塊,或等著被征服的性化動物。
—— 派翠夏・希爾・柯林斯(Patricia Hill Collins),
《黑人女性主義思想》(*Black Feminist Thought*)

肉就像色情:
在它成為某人的娛樂之前
曾是某人的生命。
—— 米琳達・維塔(Melinda Vadas)

譯按：以裸女作為配圖的餐廳廣告。

Filthy Cow 餐廳的菜單，英國曼徹斯特，2015 年。© Faridah Newman
譯按："Filthy Cow"意味「淫穢母牛」。菜單上文字為「極致的罪惡享受」。

1
哪來的色情？
—— What Pornography? ——

無論我們走到哪，吸睛的廣告圖像（及其未言明的種種）都直面而來。

《環球郵報》慫恿讀者〈為你的甜心準備性感食物〉（"Sexy food for your sweet"），一邊展示著心形的死雞肉（Waverman 2004）。一張塑膠包裝被撕下的剝皮死雞照片旁搭配著一篇文章，標題是〈想在廚房速戰速決？沒問題〉（"A quickie in the kitchen? It's OK"；DGS 2019）。一間魁北克餐廳在宣傳情人節大餐的廣告中問道：「選好你要的肉了嗎？」文字下方是裸女躺在一塊牛肉前的圖像。在義大利貝爾加莫（Bergamo）出現的一則廣告中，五名穿著黑色比基尼的白人女子托著胸部，在一盤肉上方搔首弄姿，廣告掛保證：「肉就是幸福。嚐嚐肉的各種形式。」徐一鴻（Anthony Zee）的《雲吞：中國文化、語言和美食的有趣之旅》（*Swallowing Clouds: A Playful Journey through Chinese Culture, Language, and Cuisine*）指出漢字「肉」（對應英文的 meat 或 flesh）是「性感女人」的貶抑描述（Zee, 88）。都柏林的「皮特兄弟」（Pitt Bros）烤肉餐廳在店門窗上印上 "Sex" 這個字，並補上一句：「現在我們抓住你的眼球啦！EAT HERE。」這句話幾乎在暗示 "Eat her" [*1]。

在德國和美國，一些餐廳會將壽司和生魚片擺放在一位裸女身上，讓她平躺並四肢張開，隨後媒體撰文報導：「我從裸人身上吃香腸……」。人？是裸體女人吧（Sokol 2013）！2018 年，一間主打「人體餐桌」的餐廳受到吹捧：餐點會盛放在「半裸」的女體上。這場活動還保證會提供「拉美裔女孩」，「60 個女孩 30 分鐘任你玩」，以及每人「每天可與兩個女孩享受無限性愛」（"Boy, 16..." 2018）。

「性感野獸」，《時代雜誌》食物專欄以不加遮掩的標題吸引讀者：「獻給那些放蕩不羈的饕客」。文章還引述安東尼・波登（Anthony Bourdain）興高采烈地宣稱，「今晚牆上一定會沾滿血跡和毛髮」（Reynolds 2004）。

---

*譯按 1："Eat here"（來這裡吃）與 "Eat her"（吃她）在英文中形音相近。

攝於 Gateway 商業中心，紐澤西紐瓦克，2014 年。© Jacob Fry
譯按：廣告文字為「嘿，羅德，你覺得我性感嗎？」rod 原意為棍棒，暗指男性生殖器。

在法國，賣淫行為通常會發生在被稱為*屠宰場*（maison d'abattage）的廉價妓院（Barry, 3）。年輕的妓女被稱為*鮮肉*（fresh meat），年老的妓女則被稱為*死肉*（dead meat）。曾有一度*羊肉*（mutton）是指妓女，如同莎士比亞《一報還一報》（*Measure for Measure*）劇中的指涉：「公爵……每週五都會吃羊肉」。*羊肉扮羔羊*（"Mutton dressed as lamb"）是一種貶抑的說法，用來形容試圖讓自己看起來比實際年齡更年輕的女性。線上俚語辭典《市井詞典》（*Urban Dictionary*）告訴我們*艦隊肉*（Fleet meat）是指「剛從美國海軍陸戰隊新兵訓練營畢業，進入艦隊陸戰隊的女性」。

加拿大倫敦市，2017 年。© Gene Baur
譯按：看板文字為「牛肉大亨 —— 成人俱樂部　不停歇的異國舞者」。

美劇《中國海灘》（*China Beach*）的其中一集，描述一名妓女遭人殺害的情節，並以一段在肉品包裝廠工作的獨白作結。在加州，一名超市的切肉人員因為故意把肉品切得像女性陰部而被解僱。電視劇《新鮮王子妙事多》（*The Fresh Prince of Bel-Air*）中，主角威爾戲稱附近俱樂部裡的女人：「那裡有些百分百美國農業部評選的上等肉。我現在就可以好好『揉捏』一番。」

Segment of Razzoo's 肯瓊料理餐廳的牆壁繪畫，2020 年還在。
德州達拉斯，2002 年。© Carol J.Adams

連鎖波霸餐廳 Hooters 商標中，貓頭鷹的眼睛不僅展示了*應該看見什麼*（胸部），還有*如何看*（以一種碎片化、物化的方式），以及誰在看（主體看著客體）。Hooters 的菜單解釋道，「現在遇到的難題是，要怎麼為這地方命名？還不簡單……除了啤酒、雞翅和偶爾踢贏的足球比賽，還有什麼能讓男人的眼睛閃閃發亮？於是 Hooters 這個名字誕生了 —— 據說他們是喜歡貓頭鷹（女性胸部）的。」

才怪,就像那些和川普會面,衣服上繡著這種布徽章的重機幫一樣,他們喜歡的是「奶子」。

關於肉,或者像「貓頭鷹」這類關於其他動物的語言,都可以變成大眾(確切來說是男人)用來討論女性的通俗用語。

2018年,總統川普在他的一間高爾夫俱樂部會見了「挺川普騎士」(Bikers for Trump)。根據美聯社的一張照片,這些男性騎士的皮外套上都繡著各式各樣的布徽章,包括「我(愛心)槍和大奶」(Gearan)。

位於加州的速食連鎖企業卡樂星(Carl's Jr.)為2015年超級盃足球聯賽中製作了一支廣告,其中一名女子在農夫市集裡面隨意走著。在特殊的拍攝技巧下,一開始她看起來像是沒穿衣服。其中一個鏡頭,番茄遮住了她的屁股;當她經過那個攤位後,原本在幫蔬菜澆水的男人分了心,用兩根手指頭捏了一下那顆番茄。

接著她經過一個正在挖冰的男人;冰擋住了觀眾的視線,也遮住她的私密部位。她開口說:「我和我的百分百全天然多汁草飼牛肉之間零距離。」當她走近一個磅秤時,兩顆哈密瓜被擺到了秤上,恰好遮住又再現了她的胸部。

最後廣告裡的女人露出全身,原來她穿著一件凸顯大胸部的比基尼。她咬了一口半顆頭那麼大的漢堡,接著一個男性旁白開始介紹起這顆「全天然漢堡」。旁白清楚地表明,男人才是他們的目標客群。接下來又有個目不轉睛的男人起了生理反應:他的澆水器噴出水花,又逐漸停止。

卡樂星的廣告演示出大衛・魯賓(David Lubin)的洞見:「用偷窺方式凝視女性是男性用來體驗、重新體驗,或在幻想中體驗他們的性魅力,及這種魅力代表的影響力和社會價值的手段。無論是根據哪一種定義,窺淫(voyeurism)都暗示著疏離、陌生和從遠處觀看。」(轉引自Harris, 134)但卡樂星將這種異性戀的偷窺凝視(及男性性魅力的幻想)與一種正常化的食肉文化錨定在一起。

旗下有卡樂星和哈帝漢堡（Hardees）的餐飲集團前執行長安德魯・帕茲德（Andrew Puzder，也是一名反墮胎運動律師）曾為這些品牌推出了「奶子與漢堡」的廣告行銷活動。他說：「我喜歡我們的廣告。我喜歡穿比基尼的漂亮女人吃漢堡的樣子。我認為這很美國。」（K. Taylor；也參見 Bates, and Landsbaum 2016b；2017 年初，帕茲德放棄川普提名其出任勞工部長的資格。）

約翰・伯格（John Berger）的書《觀看的方式》（*Ways of Seeing*）中有句名言：「男人觀看女人，女人則觀看男人觀看女人。」（Berger, 47）在廣告中，卡樂星透過追蹤三名應是異性戀男性的視覺活動──他們都受到吃漢堡的性感女人的挑逗（影片暗示至少一人達到性高潮），引導異性戀男性觀看女性的方式。邁可・哈里斯（Michael Harris）的《有色照片：種族與視覺再現》（*Colored Pictures: Race and Visual Representation*）指出，「社

會透過許多或隱或顯的視覺方式傳達其價值觀和社會階級」（Harris, 11）。他指出三種影響主流再現的因素：父權結構的證據、認為白人男性視角具普遍性的假設，以及對女性身體的挪用（Harris, 126-47）。哈里斯說偷窺式的觀看「等同於性的行動；他（觀看者）能給予裸體女性一種視覺上的愛撫」（Harris, 129）。卡樂星再進一步：教導男人透過視覺愛撫引發窺淫快感。

輪姦也被稱為*旁觀行為*（spectoring），暗示男性旁觀者在這場事件中所扮演的重要角色。此外也有所謂的*窺淫行為*（voyeuring），指當某個兄弟會成員或運動男和女孩性交時，其他人在該女子不知情的情況下窺看。

把某人視為可消費之物的過程通常是隱而不顯的；它之所以「被隱形」，是因為符合主流文化的觀點，然而這個過程的最終產品（被消費的對象）卻隨處可見，淹沒了我們的視覺空間。

我們不明瞭把他人*視*為物品與*相信*他人就是物品這兩者確切來說有何不同，因為我們的文化把它們當成一回事。

2007 年，《紐約時報》美食評論家，後來也成為首位出櫃的同志專欄作家法

譯按：LYNX DRY 止汗劑廣告，文字為「她是否會讓你失控？」

Target 百貨販售的感恩節卡片,卡片內頁寫著:「你的感恩節注定會很美味。」
紐約奧爾巴尼市,2019 年。© Sydney Heiss
譯按:卡片文字為「米希在男孩子中很受歡迎,但她卻沒想到自己的肉感體質
已決定了她的宿命……」

蘭克‧布魯尼(Frank Bruni)用半開玩笑也不乏認真的口吻寫了一篇關於「曼哈頓閣樓董事俱樂部」牛排館的評論。布魯尼寫道:「如果有人說他買《閣樓》(Penthouse)雜誌是為了讀文章,那非常可笑,不過當我說我去『閣樓董事俱樂部』是為了牛排的話,可不是在開玩笑。」布魯尼發現自己對副餐的興奮程度超過了餘興節目 —— 那些在接待室裡穿著暴露的年輕女孩(他的措辭中承認那些女孩可能會挑逗到其他人)。他拒絕了一位要為他脫光衣服的女人的邀請。「但那塊牛排,我則毫不猶豫地吞下 —— 氣喘吁吁、欣喜若狂地吞下。」他補充道:「你會被那盤肉搞得慾火焚身。」(Bruni 2007)為什麼布魯尼需要去強化這種異性戀霸權的態度呢?*2

---
*譯按2:布魯尼的語言和描述,模仿了異性戀男性凝視中典型的慾望表達,然而卻是用在對肉的渴望上。

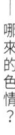

攝於 Dirty Dick's 螃蟹屋，北卡羅萊納州馬頭鎮，2014 年夏。© Mitch Goldsmith
譯按：「我就是好吃！剝開我的殼（把我脫光），吃了我！」"Shrimplee D Licious"
是改自 "Simply Delicious"（就是好吃），"D" 也暗示了胸部尺寸。

記者普勞斯（F. K. Plous）經常光顧芝加哥一間由鮑勃・米勒經營的餐廳。這間餐廳會根據每位顧客的需求個別宰殺雞隻，但普勞斯要求自己動手。

米勒要普勞斯抓著雞的翅膀，並用同一隻手把雞的頭往後壓。他另一隻手拿著一把折疊式剃刀，抵住雞的咽喉。當雞的喉嚨被切開後，她會被頭朝下地

Saltgrass 牛排館廣告看板，達拉斯中央高速公路 635 號，
2003 年。© Douglas Buchanan
譯按：牛排烙痕因為看起來類似網襪，被業者用來和「脫衣舞」（"Strip tease"）做性聯想。

塞進一個「漏斗」裡讓血流光。待血流停止，雞就會被浸泡到滾燙的水槽中。四十秒後，雞被取出，送至脫毛機。普勞斯告訴我們他當下眼前所見：

> 一隻死去且經過燙煮脫毛的雞構成一幅駭人又好笑的景象。最令人驚訝的是雞的真實尺寸：瘦骨嶙峋，瘦得荒謬，這個特徵是不會讓超市裡的顧客知道的。雞的雙腳已被切除，脖子被塞進掏空內臟的身體裡，皮包骨的屍身卡進窄小的紙桶裡，再以堅韌的塑膠包裝紮實包裹住，硬是擠成了虛假的豐滿狀。

關於擺在面前的脫毛死雞，普勞斯說：

> 但米勒的工作間不用這種矯飾的手法（如塑膠包裝和窄小紙桶），對愛吃雞肉的人來說，結果就是這駭人又可笑的逼人真相，就像《花花公子》折頁上的「當月玩伴女郎」正在進行婦科檢查那樣。

漢堡王打造了一個互動式的窺看網站 subservientchicken.com（順從的雞），由穿著吊襪帶的雞幫客人點餐。「叫雞，照你喜歡的方式來」，網站鼓勵著。科技雜誌《連線》（*Wired*）如此描述：「有張電影劇照是這樣的—— 有隻雞斜倚在沙發上，兩腿張開，頭靠在枕頭上，鳥喙微張，展現出鳥類的情慾。」（"Porno Hen" 2004）

譯按:廣告文字「煤氣燈脫衣舞俱樂部」| 牛排館

《紐約客》撰稿人泰倫斯・拉弗蒂(Terrence Rafferty)稱《好色客》(Hustler)雜誌滿足「勞工階級『肉與馬鈴薯』般的基本性需求,或者(更確切地說)只有肉」。1970年代,《好色客》在克里夫蘭市的一間俱樂部中是「肉」(死去動物軀體)的供應商,那裡的菜單上印著一個女人的屁股,外加一行座右銘,宣稱「我們提供全鎮最優質的肉」。

2015年,一篇支持「道德」色情片的文章問道:「假如能像找到有機飼養的草飼牛排那樣,專門尋找有熱忱的演員,讓他們在『健康』的工作環境下拍出色情作品,我們是否就能不帶罪惡感地手淫了?」(Fixwell)不過「牛排」不可能是草飼的,牛*也許*還可能。

2011年,英國科幻電視劇《黑鏡》(Black Mirror)上映,探討新科技和媒體帶來的反烏托邦效應。第一集〈國歌〉("The National Anthem")的劇情講述一位受人喜愛的公主遭到綁架,綁匪要求英國首相必須在電視直播中與一隻豬發生性行為,以救回公主。該劇在呈現性行為時並未過於露骨,

而是著重描繪旁觀者的反應 —— 包括現場目擊者和觀看直播的人。根據製作人查理・布魯克（Charlie Brooker）的說法，他們在考慮雞、馬和驢子後，最終選擇用豬作為性交對象。「你需要某種能兼具滑稽和恐怖感的東西」（Benedictus 2015）。查理，你的意思應該是「某個人」吧？

〈國歌〉的劇情彷彿預示了真實的政治事件。2015 年，阿什克羅夫特勳爵（Lord Ashcroft）透露，當時的首相在還是大學生時參與了一場入會儀式，在該活動中他必須把自己的陰莖放進一隻死豬的嘴裡（Slack）。

對於許多在社交媒體上的人來說，這只不過是兼具滑稽和恐怖感的八卦新聞，因此他們到處分享被性化的豬的圖片。經營「胖同志維根」（Fat Gay Vegan）部落格的部落客尚恩・道爾（Sean Doyle）指出：

> 網路上流傳無數亂改濫造的圖片，描繪著塗口紅、穿網襪和戴假睫毛的豬。這些卡通豬被配上了勾引首相的對話，或發出「再約會一次」的曖昧簡訊。
>
> 你看到問題了吧？
>
> 當一個男人把陰莖放入一隻死去動物的嘴裡時，指控聲四起，成千上萬的人立刻想做的是什麼？將那可能是動物的斷頭描繪成高度性化、淫亂，且樂於參與該事件的同夥。
>
> 是啊。成千上萬的人正忙著用常拿來形容某種穿著的女性為「蕩婦」的圖像、語言和內容來羞辱一隻豬的屍體。這隻豬稱要被用作某入會儀式的動物在被殺害後，人們卻立刻將其想像成撩人女性。（Doyle 2015）

正如道爾所指出的，社交媒體加速並複雜化了將女性再現為「肉」、將「吃肉」視為性感，以及將動物視為性對象的強烈迷戀 —— 這些都是本書第一版所探討的主題。然而世道越是改變，某些事卻往往越是不變。

「裸體最棒」（圖見第 38 頁）代表了一種推銷死屍肉的新趨勢 —— 若該圖片裡是人，那麼在某個身體部位打上馬賽克就能立即使圖像色情化。對動物身體所謂的「限制級部位」打上不必要的馬賽克，是在玩弄性別化的裸露概念。

賣場走道上 Pâté d'Cochonne（豬肉醬）的廣告看板。
Cochonne 是把女孩或女人貶為「骯髒」或「愛性交」的詞彙。
法國巴黎，2018 年。© FPC

2017 年百大電影中，四個女性角色中就有一人有局部裸露，而男性角色的比例僅為十分之一。女性角色「褪下衣衫、穿性感服飾，或被認為『更具吸引力』的可能性遠大於螢幕上的男人」（Salam 2018）。《紐約時報》早期有篇關於主流電影中女性裸露增加的討論，其中的用語也頗發人深省：女性被描述為*赤裸*（naked）、*裸體*（nude）、*暴露的*（bare）；而男性則被稱為*未著衣物*（uncovered）。當男人裸體時，資深記者蘇珊納．安德魯斯

攝於 El Cerrito 天然雜貨公司，加州艾爾塞里托市，2019 年。© Sapphire Fein

攝於曼哈頓中城的某書報攤，2016 年。
© Carol J. Adams

（Suzanna Andrews）在報導中說：「觀眾的反應是了解到他現在極度脆弱」。他們可能會感到「焦慮」和「匱乏」。當女性的身體變成公共財產時，男人的身體還是他們的私有物。心理學家蕾諾爾‧蘿絲曼（Lenore Roseman）認為這仍然是個「保護男人的社會⋯⋯其中一種方式就是不暴露他們」。她繼續說，「把女人扒個精光，讓男人安全地穿衣蔽體，這其中蘊含著某種掌握權力的快感和優越感。」（轉引自 Andrews 1992）

位於英國坎特伯里的燒烤餐廳「韓國女牛仔」（The Korean Cowgirl）供應「裸燒」（Naked from the Pit）的原味烤肉。[*3]

譯按：Lefty's 龍蝦巧達濃湯屋推銷「生猛裸龍蝦」的文宣品。
作者的批判見「註 1」。

*譯按 3：表示肉品直接炙燒完成，保留純粹風味。同時，它暗喻直火烤出的肉如同剛從礦坑走出的礦工，仍帶著灰燼與髒汙。肉也象徵動物的裸身。

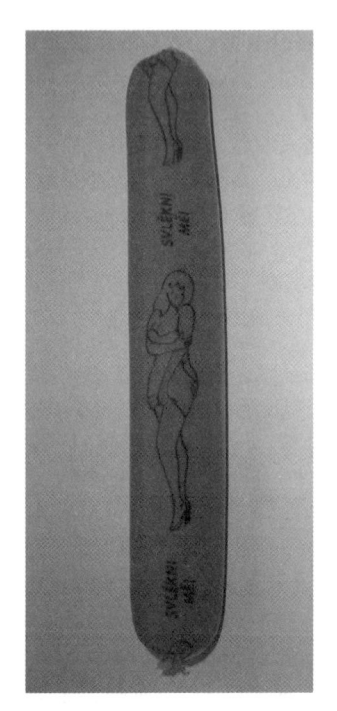

「香腸脫衣舞表演」。上面的捷克文 Svlékni mé! 翻譯過來的意思是「脫掉我的衣服！」捷克共和國，2009 年。© Elisabeth Redman

生猛裸龍蝦 [1]
裸燒風味佳
原汁原味才出爐
唔，動物本不穿衣服

哲學家凱特．曼恩（Kate Manne）說，性別二元制陳腐卻具影響力的信念不僅「不正確且有害」。她解釋：「有的人是雙性人／間性人（intersex），有的人是無性別者（agender），有的人是性別酷兒（genderqueer）；這

註 1：注意上一頁「生猛裸龍蝦」的圖案，名為 Lefty（左撇子）的龍蝦因缺失右螯而以曬衣夾代替，這就是名字 Lefty 的由來。這類的再現是以戲謔的方式描繪動物的殘疾，而這些殘疾是人類造成的。暴力的加害者消失了，只剩下「玩笑」。

「街頭小吃」,英國劍橋,2016 年。© Allison Covey
譯按:「香腸,我的愛」(法文)。

些人在各種非二元性的可能性中游移,在不同的性別認同之間來回轉換。」(Manne, 27)然而如同凱瑟琳・格里斯佩(Kathryn Gillespie)教授所說,「社會規範強化了性別二元性,並在排除跨性別者與生理本質主義的操作中,將女人的身體在流行文化中框定為性化對象。」(2019, 183)

肉的色情政治利用性別的不對稱關係來正常化對動物的壓迫,同時將性別二元制視為理所當然,並構築出一種消費者幻象,讓人們認為農場動物渴望自己的死亡以及被消費。她們變成女人的替身,微笑或眨眼。她們無能為力,但這就是她們要的。她們已經死去,卻仍在色誘。

譯按：男士俱樂部廣告寫著：「一切都令人垂涎三尺⋯⋯即使只是食物！」

2
真男人
—— Real Men ——

男人想要什麼？ 1996 年美食評論家咪咪・薛拉頓（Mimi Sheraton）在一本女性雜誌中問道。她看似嚴肅地回答：「美好的性和美味的牛排，不需要按照這個順序⋯⋯當然，他們也想要錢和權，但那只是為了讓他們贏得前面那兩樣東西──性和牛排⋯⋯一份熱騰騰、多汁的血色牛排或飽含肉汁的厚漢堡排會使他們全身舒暢，並感到一陣滿溢的自信感。」（Sheraton, 108）

你夠 man 來喝這款酒嗎？ 一間南非酒廠在 2015 年問道：「你喜歡熟成的肋眼牛排多過豆腐香腸嗎？你看《花花公子》而不是 *Vogue* 嗎？你的牛排是直火料理，而不是用微波爐弄熟的嗎？」

「別再害怕說出『我愛肉』。」法國巴黎，2002 年。© David Olivier

2019 年可在如 Bed Bath & Beyond 家居用品店和「全美第一主婦」Martha Stewart 的商品型錄等多種管道買到的一款圍裙。來自作者的壓迫性圖片收藏。
譯按：圍裙上的文字為「真男人炸火雞」。

牛排對我們說了些什麼？又道出關於我們的什麼？英國記者阿爾・吉爾（A. A. Gill）在 2013 年的《浮華世界》（*Vanity Fair*）雜誌中問道。「嗯，是男人味。如果食物有性別分類的話，牛排一定會出現在『男人』那一欄的最頂端。」

一份 2018 年販賣「真男人炸火雞」圍裙的型錄上規勸道：「你絕不會看到一個真正的男子漢在悶熱的廚房裡、熱鍋前忙個不停 —— 炸了那隻火雞吧！」

這就是我們看到的：性別二元性由肉與豆腐、色情與時尚的對比，以及動物屍體烹煮與食用的方式（和地點）來表現。

2019 年，菜單上的品項用類似以下的菜名把維根主義者（vegan）和肉食者、男人和女人區分出來：「女牛仔未來肉漢堡」（一種植物肉）和「牛仔漢堡」（半磅絞碎的動物肉）。

刻板印象暗示女性的食量小。但男人呢？「23 盎司男用大杯」新鮮啤酒對比「女用小玻璃杯」啤酒？早餐則是「飢腸轆轆女士特餐：兩份炒蛋白、兩片全麥法式吐司和水果沙拉」對比「飢腸轆轆男士特餐：兩顆全蛋（吃法任選），

譯按:「父親節　滿足他的渴望!」

兩片鬆餅,兩條培根、兩條香腸和吐司」。即使是飢腸轆轆的女性也還是小鳥胃,沒有培根或香腸可吃。2019 年,婚宴上的「男士菜單」和「女士菜單」預設男人喜歡吃死掉的四條腿哺乳動物,而女性偏好吃鳥類和海洋動物屍體。

阿爾‧古爾在《浮華世界》雜誌裡的那篇文章繼續寫道:「牛排的感覺、外觀和滋味都像是勝利 —— 這和我們用雙足行走的祖先有直接關聯。這是勝利者的原始獎勵。」(事實上我們最早的雙足祖先很可能是食腐族,以吃昆蟲和肉食動物吃剩的動物屍體維生。)

每一季的菜單都有「真男人吃肉」的連結暗示,但父親節大餐的廣告告訴家庭成員,讓父親滿足吃肉的期望是他們的責任。

一名獵人的獵鹿高臺。紐約阿克萊特鎮，2019 年。© Carol J. Adams

2019 年，情人節前的廣告力勸消費者透過送裝滿肉，而不是巧克力的心型禮盒來對男人耍浪漫，還要說：「想不到吧！是肉」。在「男人味」（Manly Man）網站上，顧客可以訂購牛肉乾花束。

《紐約時報風尚雜誌》於 2008 年宣稱：「真男人吃肉」。霍莉・布魯巴赫（Holly Brubach）對讀者解釋道：「吃肉仍然是男子氣概的象徵，就像睪固酮之於肌肉，且帶有能獵殺哺乳類動物的侵略性，這是攀上食物鏈頂端所需要的。」（Brubach）

T 恤上印著獵人的豪語：「我爬上食物鏈的頂端不是為了變成素食者」。然

「食物鏈」T恤。來自作者的壓迫性圖片收藏。

而,這個吹噓背後卻是借助有如「獵鹿高臺」(deer stand)這類協助殺戮的「幫手」。顯然,獵人爬上的究竟是什麼,恐怕有人還沒搞清楚。

一份2019年的英國研究報導聲稱「男性害怕點素食會被排擠」。英國男性擔心選擇素食會被其他男性嘲笑("Men Fear..." 2018)。多麼諷刺:把肉等同於自由和力量,意味著必須接受充滿陽剛焦慮的文化教條,並且害怕挑戰性別刻板印象。

法國解構主義大師雅克・德希達(Jacques Derrida)將他指出的西方文化中的宰制主體命名為*肉食陽具理體中心主義*(carnophallogocentric)(Derrida

譯按：文字為「就一次，滿足老爸的期待。」

1991）。哲學家馬修・克拉爾克（Matthew Calarco）解釋，德希達用這個術語是為了說明

> 主流文化傾向賦予擁有下列特質的男性更多特權和更高的社會地位：（1）有很強的自我意識，並能為自己的言行負責；（2）有支配女性的權力；（3）吃肉以鞏固或維持人類相對於動物的優越地位。[1]

| 註1：電子郵件通聯內容，經授權使用。

澳洲墨爾本，2019 年。© Belinda Jane
譯按：文字為「你愛培根嗎？那就當個男人，只要一元就可以給漢堡加料！」

約翰・史多坦堡（John Stoltenberg）認為，有些控制男人間關係的默契規則存在。史多坦堡指出男人必須「通過對男子氣概忠誠的測試」（Stoltenberg, 1）。批判性動物研究（Critical Animal Studies）學者瓦希里・斯坦尼斯庫（Vasile Stănescu）提醒我們，消費動物性產品「是特權的象徵，與種族、性別、階級和公民身分有關」。他繼續說：「此身分是透過與『他者』──即那些被視為缺乏男子氣概、非白人也不具備公民權條件的人──相對立的方式來確立的。」（Stănescu 2018, 113）

一則「瘦吉姆」（Slim Jim）肉條點心棒的廣告展示了白人男性四處巡邏，監視違反性別規範的其他男性：兩名白人男子坐在像救護車的「男子氣概急救車」裡，當他們看見一名白人男性坐在白人女性的摩托車後座，並抱著她時，便打開警報器。他們對後座的男人搖搖頭，那男人便把身體往後靠，不再貼著騎車的女人。在澳洲，肯德基的一則廣告中，一群男人正在看電視上的體育節目。一個穿粉紅色毛衣的男人伴隨一位女性從廚房裡走出來，端上開胃菜。眾男嘲笑他，問他那件毛衣是否有男性款式？不久後，男人拋下了他的女性同伴、開胃菜和毛衣（現在隨意地圍在他脖子上），加入他的男性同伴開始吃著肢解的死雞屍體。他已融入了他的男人幫。

2013 年，達納・古德伊爾（Dana Goodyear）發表的「新美國飲食文化」調查帶著作者本人不自覺的陽剛氣質暗示，如一名評論者指出：「這些男人談論著『男孩的食物』和『男人的食物』，替餐點取了 porca puttana 這種名字（在義大利文中指『骯髒婊子』），談論著要『像對待女士』般地對待食材……究竟能吃下牛的腦和未孵化的鴨蛋有什麼好英勇（macho）的？」（L. Anderson）《紐約客》記者瓊・艾可切拉（Joan Acocella）用大男人

「香腸本性／培根本性／男子本性」，英國雷丁市，2015 年。© Kirsten Bayes

「男人拼盤／炸雞拼盤」，費城加油站，2015 年。© Alan Darer

看板文字為「丁骨牛排取代豆腐」、「男士日」。德國美因茲，2018 年。
© Dr. Jenny Di Leo

主義飲食（machismo eating）來描述她的前夫如何熱衷於吃還叫得出名字的身體部位 —— 脖子、尾巴、腳趾和頭。（注意對 macho 一詞的種族主義挪用。）

《紐約時報》記者布魯巴赫表示「素食主義或許占據了道德制高點，但對男人來說，這如果不是『女人的玩意』，也至少是『娘娘腔的玩意』—— 一種為敏感靈魂設計的貧血飲食法，只靠兔子食物和素肉勉強維生。」2006年，美國《巡禮雜誌》（Parade Magazine）做了關於人們飲食調查的摘要：「男人較不會去吃像沙拉和水果那種『小雞飼料／娘們的食物』（chick foods），而會選擇較健康的『男子漢』（manly）蛋白質。」（Hales, 5）

這種分類同時將牛排和豆腐、肉和沙拉、男人和女人區分開來，而這種刻板印象已存在了相當長的時間。

1959年，時任美國副總統的理查・尼克森（Richard Nixon）和蘇聯第一書記尼基塔・赫魯雪夫（Nikita Khrushchev）在莫斯科會面。就在兩位領導人參觀展覽會中郊區樣品屋的廚房時，尼克森突然戳了一下赫魯雪夫的胸口，說：「我們美國，吃的肉比你們多得多。你們吃包心菜比較多。」他的意思是──美國隨時可以打敗你們這些吃菜的（"Elliott Erwitt" 1996）。

這場會面成為眾所皆知的「廚房辯論」（Kitchen Debate）。歷史學家伊蓮・梅（Elaine May）指出，赫魯雪夫和尼克森並不是在爭論關於「飛彈、炸彈或甚至政府型態等問題……對尼克森而言，美國的優越之處在於提供理想的郊區住家，這些家庭備有現代家電，且家庭成員有明確的性別角色」（May, 10-11）。當然，還有吃肉。

赫魯雪夫的回應鮮少被注意到，但根據在場攝影師艾略特・厄維特（Elliott Erwitt），赫魯雪夫罵了「＊我奶奶」這句髒話。

「去麥當當點沙拉就像找妓女討抱抱」，蘇格蘭托本莫瑞，2016 年。
© Carol J. Adams

大約三十年後，時任俄羅斯總統的鮑利斯・葉爾欽（Boris Yeltsin）在美國國務卿華倫・克里斯多福（Warren Christopher）企圖討論雞肉的貿易壁壘時，改變話題說：「總統不討論雞腿的問題，如果是女人的腿就另當別論⋯⋯」（"Perspectives" 1996）

到底為什麼 1959 年時美國人比俄羅斯人吃更多的肉？其中一個原因是在 1956 年，肉品業及酪農業遊說成功，促使美國農業部採納了四大基本食品圓餅圖。此後，每日建議攝取的食物中有 50% 都應來源於動物性食品。

葉爾欽為什麼和克里斯多福談到女人的腿呢？因為當時美國外銷的分切雞肉以含有沙門氏桿菌而臭名昭彰。

至於「真男人要吃肉」這類語言最大的諷刺是什麼？高油脂、肉類豐富的飲食會導致陽痿。

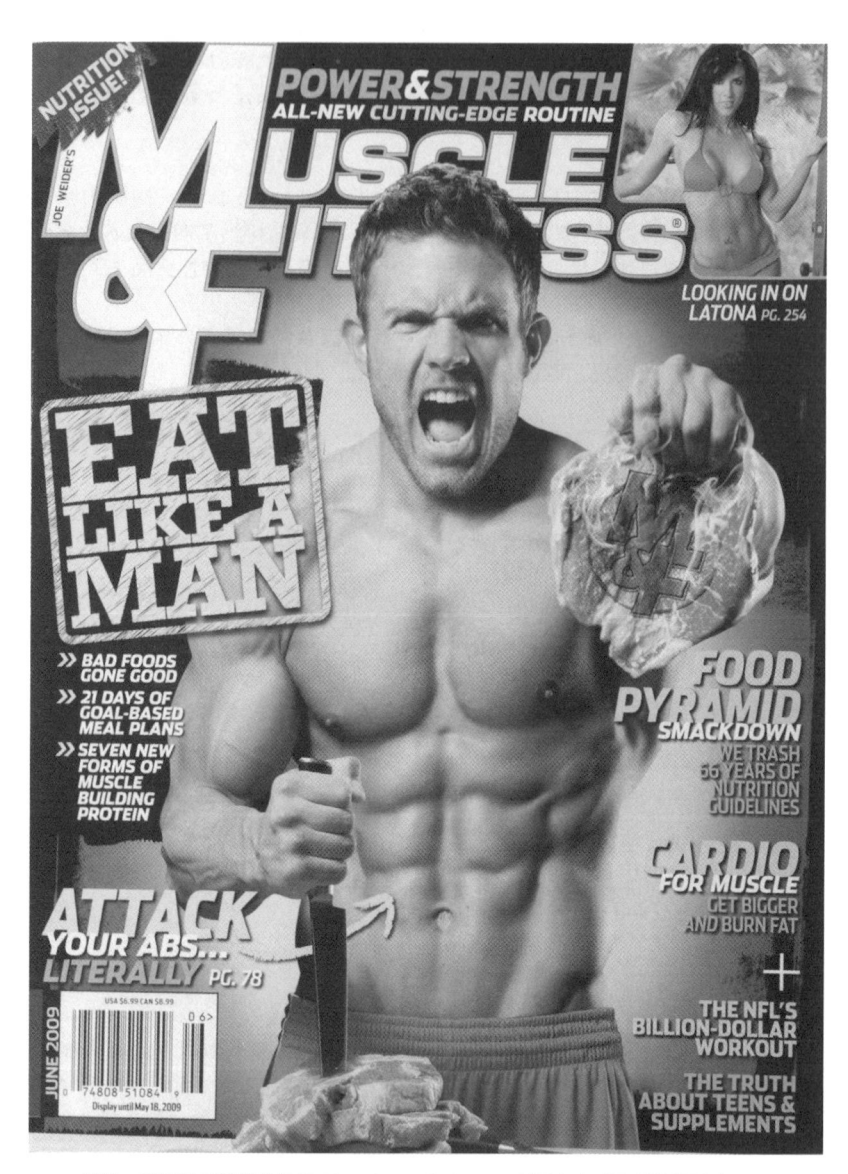

譯按：美國健身與健美雜誌 *Muscle and Fitness* 封面文字「吃得像個男人」。

像個男人點！

54

3
像個男人點！
—— Man Up ——

男人經常收到這樣的建議：有些地方能讓他們「重拾」某些失落的東西，例如男子氣概（manhood）、陽剛氣質（masculinity）和身心健康（除非你是料理界大廚，否則那些地方通常不會是廚房這類居家空間）。「我想不出比茹絲葵牛排館更合適的地方來驗證你的信仰 —— 相信流淌在你體內的動物汁液能令你滿血回歸，給你公牛般的力量。」（Porter 1997）*滿血回歸、公牛般的力量*。為何不直截了當地說出來呢？像 2006 年悍馬越野車的廣告那樣：「重拾你的男子氣概」。在那則廣告裡，一個買完菜的白人男性把一大盒豆腐放在收銀台輸送帶上，但當他看到排在後面的白人男子購物車裡堆滿了紅肉，便開始侷促不安。這個買豆腐的白人男性該怎麼做才能消除因買豆腐而產生的陽剛焦慮？買一台悍馬。「重拾你的男子氣概」，廣告標語如是說。直到後來發現做不到，才改成「重拾你的平衡」。（Lavrinc 2006）

「重拾你的男子氣概」，因為它持續受到威脅。但這威脅從哪來？

《紐約時報》在〈真男人吃肉〉（"Real Men Eat Meat"）的文章上加了副標題：「高舉血紅旗幟」，如《肌肉與健身》（*Muscle and Fitness*）雜誌封面上的男人揮舞著血紅旗幟那般（圖見 54 頁）。牛排館中，煎熟的丁骨牛排、紅屋牛排和其他形式的肌肉組織確立了「文明生活」的特徵 —— 西方、白人、男性。正如布魯巴赫（Brubach）所言，「雖然男人已不能合法地將女性隔離在他們的私人俱樂部之外，但一處新的男性聖殿已然出現，且似乎不會受到女人入侵的威脅，那就是以桃花心木鑲板裝潢的牛排館。」(Brubach 2008)

「像個男人點」（manning up）這個被持續關注的議題有其歷史脈絡。十九世紀時，西方國家開始把吃肉和殖民擴張連結在一起。十九世紀支持「白人優越論」（white superiority）的英國倡議者公開吹捧肉是更優越的食物。專治中產階級疾病的醫師喬治・比爾德（George Beard）建議，當中產階級

譯按：啤酒廣告文宣，文字內容為「準備一場烤肉大會 男人味指數 +374 分」，
「烤豆腐香腸 男人味指數 -417 分」│ LION RED 男人的啤酒。

肯德基炸雞廣告文宣「邪惡棒棒：每口都讓你更有男人味」，加拿大，2012 年。
© Greg Gallinger

白人男性精神衰弱時,應該多吃肉。對他及許多其他人而言,穀物和水果在進化位階上都較肉類低等,也因此較適合其他(柔弱的)種族和白人女性,她們似乎在進化階梯上也處於較低的位置。白人優越主義和厭女症共同將肉高舉為白人男性的食物。(參見 Adams 2015, 8–9)

瓦希里・斯坦尼斯庫(Vasile Stănescu)、厄娜・梅樂尼・杜博依(E. M. DuPuis)、約書亞・史派特(Joshua Specht)等人解釋,這種貶抑的態度也成為美國反移民熱潮的一環。史派特指出,許多移民一年可能只吃過幾次肉(Specht, 240)。

斯坦尼斯庫寫道:

> 食用肉類和乳製品從十九世紀開始被形塑為一種「白人優越」的例子,用意是要將白人男性勞工與再次被斥為「吃米娘們」的移民勞工區分開來。種族及飲食的刻板印象、歐洲父權主義殖民的正當化,以及國內對移民的敵意交織成一種單一世界觀,將移民描繪為對美國白人男子氣概的威脅,因為他們沒有吃足夠西式飲食中的肉類和乳製品。(2016, 106)

1902 年美國勞工聯合會出版了一本呼籲排華的小冊子,標題是《肉與米之爭:美國男子氣概對上亞洲苦力主義,誰將存續?》(*Meat vs. Rice: American Manhood Against Asiatic Coolieism, Which Shall Survive*)(Specht, 240)。其他的出版物也聲稱,移民會拖垮美國勞工,本身地位卻不會提升。或者更簡單地說,美國勞工最終會淪為像移民一樣吃米飯。由於經濟蓬勃與食肉量增加緊密相關,工人和改革者皆強調「肉與美國勞工男子氣概之間的關聯」(Specht, 240)。

斯坦尼斯庫引用杜博依的〈天使與蔬菜:美國飲食建議簡史〉("Angels and Vegetables: A Brief History of Food Advice in America")一文中的說法,解釋「再陽剛化」(remasculinization)的壓力如何受到操弄:「杜博依主張殖民主義、本土主義的工會情懷及肉價下跌三者同時發生並非偶然。相反,她認為這些現象形成了一種互利關係,當失業的白人男性勞工受到階級、性別和種族特權等社會議題影響時,吃肉 —— 大量的肉、種類正確的肉 —— 就成為那些議題的象徵代理(symbolic proxy)。因此,市場力量緩解工人階級恐懼的方法,不是透過替勞工改善實際工資或勞動條件,而是提供

他們比以往更多更廉價的肉。」（2016, 107）杜博依結論道：「工人實際上並未打贏工資這場仗，但他們確實在吃肉這件事上取得了勝利，儘管並非以他們原本預期的方式。肉變得無比便宜，這是場政治交易：農人種植穀物，而工人則渴望吃到穀飼牛的美味脂肪紋理。」（2007, 43）

根據蓋爾・貝德曼（Gail Bederman）的書《男性氣質與文明：美國性別與種族文化史，1880-1917》（*Manliness and Civilization: A Cultural History of Gender and Race in the United States*, 1880–1917）的說法，十九世紀末，關於男人該如何行事的觀念發生了轉變：不再強調自我約束（這本身也是男子氣概的表現），而是轉向一種更具攻擊性、更衝動且帶有暴力色彩的陽剛氣質。她發現「有種觀念日益普遍，即現代男性的內心深處潛伏著一種與生俱來、未開化的野性」，並透過「自然或原始的陽剛氣質展現出來，與文雅、克制的維多利亞時代男性氣質截然不同」（Bederman, 73）。「牛排宴」的出現反映了此種變化；這些宴會是「菁英分子和上層階級男性專屬的喧鬧聚餐」（Specht, 244），席間他們用手抓肉來吃。男人能在這類晚宴的原始情懷和正式的餐宴場合中自由切換。

「再陽剛化」是一個持續的過程，因為構築在性別二元上的陽剛氣質始終面臨不穩定的狀態，並總是備感威脅。整個二十世紀，人們普遍認為吃肉造就了西方世界的優越地位。西方國家在兩次世界大戰中實施肉的配給制，進一步確立了肉作為男性「戰士」食物的價值。1960 年代晚期至 1970 年代的廣告傳遞了一個簡單的設定：肉是給男人吃的，例如斯旺森公司（Swanson）的「餓男」（Hungry Man）冷凍晚餐和康寶的「壯男」（Manhandlers）罐頭湯。

由於美國未能贏得越戰所帶來的挫敗感，一場文化上的「再陽剛化」運動隨之展開，其中包括對越戰老兵形象的重塑。在《美國的再陽剛化：性別與越戰》（*The Remasculinization of America: Gender and the Vietnam War*）一書中，作者蘇珊・傑佛茲（Susan Jeffords）指出，對戰爭的重建也涉及對陽具陽剛氣質（phallic masculinity）的修復。1970 和 1980 年代出現的陽剛氣質危機不僅由越戰引發，也由 1950、60 和 70 年代挑戰父權穩定性的文化轉變 ── 如「女權、公民權、世代代溝」及其他社會關係的變化 ── 所催生（Jeffords, xii）。結果便是需要重寫「性別關係，即主要用來強化男子氣概和父權制利益的關係」（Jeffords, xi）。「男人吃肉」的信條提供了一種駁斥女性主義和動物權倡議行動的方法，並重新奪回因越戰失利而「受傷」的白人陽剛氣質。

「一根巨腸吞下肚！」。攝於美國退伍軍人協會外圍，紐約雪城，1996 年。
© R. Xochitl Rick

越南裔美國小說家阮清越（Viet Thanh Nguyen）表示，「所有的戰爭都打兩次，第一次在戰場上，第二次在回憶中。」（Nguyen, 4）但凱瑟琳・貝盧（Kathleen Belew）對於越戰後美國準軍事組織增加的研究顯示還有第三次：當越戰老兵和他們的平民支持者感到被國家背叛時，他們把戰爭帶回家鄉，打造了「白人力量運動」（white power movement）。這場戰爭同樣反映出越戰後白人男性氣質的危機。貝盧的《把戰爭帶回家：白人力量運動和準軍事美國》（Bring the War Home: The White Power Movement and Paramilitary America）顯示，有許多極端主義組織集結在一起，捍衛「白人美國」，向政府宣戰。「這些男人把他們的憤怒打包成一個含有種族主義、反尤主義[*1]、軍事主義、激進主義和男子氣概的有毒混合物，成為了白人力量運動」。（Hemmer 2018）美國歡迎越南籍移民的舉動加深了背叛感。軍人學會用去個性化、去人性化（dehumanize）的方式看待「吃米的」越南人，用種族歧視的詞彙 gooks 來稱呼他們。[1]

*譯按1：根據漢娜・鄂蘭《平凡的邪惡》中文版雷敦龢教授的導論，十九世紀初，基督教新教傳教士瓦特・麥都思（Walter Henry Medhurst）在編纂中英辭典時，將尤太人描述為「非善類」，並注意到中國古代慣用「犬」部字詞指稱周邊「黨族」，因此選用「猶」來翻譯 "Jew"，刻意貶低該族群。在人類中心的語言體系中，動物部首的字詞往往承載貶義。因此，要挑戰這種隱含的人類優越視角，關鍵之一便是反思語言如何形塑我們對非人動物的理解，進而修正這種偏見——既不以動物部首為恥，也不以人類偏旁為尊。然而，考量到既有語言使用的普遍認知及對該歷史脈絡的尊重，本書仍暫以「尤」代替「猶」。
註1：在持續交疊的不同壓迫結構中，該詞最初的意思是「邋遢或令人厭惡的女人，尤其是妓女」（因此帶有貶義）。（Lighter, 931，也參見 Roediger）

在二十一世紀，漢堡王拍了一個叫做「華堡處女」的廣告。廣告中，他們提供漢堡給過著未西化或在異域生活，且據稱從未吃過漢堡的人們，以進行華堡和大麥克的口味測試。泰國是進行這項「實驗」的國家之一，地理位置離越南很近，越戰期間曾有約五萬名美軍人員駐紮在此 —— 暗示了回到當初失敗現場的情節。但這次美國男人成功了：不僅引進了這款殖民地食物，還在「實驗」過後將食物投放到該地區（彷彿沒吃過漢堡＝沒有足夠食物）。這則廣告將被殖民者等同於被女性化者（華堡處女），而不含牛肉的飲食方式則被呈現為削弱男子氣概的象徵和飢餓的原因（Stănescu 2016, 96）。

隨著911曼哈頓世貿中心恐攻事件的發生，另一場陽剛氣質危機隨之而來。蘇珊・法露迪（Susan Faludi）的《恐怖夢境》（*The Terror Dream*）報導在911之後媒體大肆炒作約翰・韋恩（John Wayne）類型的陽剛氣質、超人般的男性力量，以及救援人員和政治家的超強男性魅力（Faludi, 49）。這種迷戀男性英雄（消防員和員警）的流行文化忽略了女性在事件發生後所扮演的角色。此外，對吃肉和陽剛氣質的堅持也重新被強調。我們得知，朱利安尼市長在世貿中心坍塌後的第一餐是「肥得流油的肉」（Faludi, 12）。[2]

焦慮不安、遭到動搖的陽剛氣質會重新確立自身地位。2002年，《達拉斯晨報》（*Dallas Morning News*）稱「鮑伯牛排屋」（Bob's Steak and Chop House）「不花俏的硬漢風格」，是真正的「男子漢」場所。該評論的標題是〈男性的召喚：鮑伯的分店複製了創始店的陽剛、肉感配方〉（Griffith）。

此後情況發展如下：

- 2011年：《君子雜誌》（*Esquire*）推出《吃得像個男人》（*Eat Like a Man*）食譜，收錄烹調「男性蛋白質」的食譜。

- 2011年：《家庭雜工》（*The Family Handyman*）雜誌描繪了一個三十來歲的白人男性興奮地站在戶外烤肉架前，準備要翻動一塊哺乳類動物的肌肉，配文寫著：「男人・肉・火！還有啤酒」。

- 2014年：卡樂星的廣告號召「雙倍培根堡，男人味爆表！」，並以會

註2：也參見蘿拉・萊特（Laura Wright）的《維根研究計畫》（*The Vegan Studies Project*），該書闡述了後911時期對維根主義（Veganism）的反彈現象（36-42）。

變形的漫威角色魔形女為廣告主角。她以女性之姿無法吃下「西部超大培根厚排堡」，於是變身為男人來享用它。

- 2015 年：《華爾街日報》（*The Wall Street Journal*）如此描述「男人的逾越節晚餐」：「充滿牛排和威士忌」（Lagnado）。

- 2016 年：根據《波士頓環球報》（*Boston Globe*）的報導，具「男子氣概」的法蘭克牛排館供應「用培根包裹的睪固酮」（Ramos）。

在「挺川普騎士」所配戴的布徽章中，除了「我（愛心）槍和奶子」（見第 29 頁）以外，還有一個美國大陸形狀的徽章，上面寫著：「**這是美國。我們吃肉。我們喝啤酒，而且我們說他媽的英語。**」（Gearan）[3] 這個標誌在 T 恤上也看得到。

記者暨政治評論員喬許・巴羅（Josh Barrow）在《商業內幕》（*Business Insider*）中建議：「自由派人士如果能停止當個討厭鬼，並處理好他們的『漢堡問題』，就能再次贏得選戰。」作者說，所謂的問題是自由派人士會批判人們在週日下午觀賞足球賽時吃漢堡的選擇。根據瑪麗亞・伯頓・尼爾森（Mariah Burton Nelson）的書《女人越強大，男人越愛足球》（*The Stronger Women Get the More Men Love Football*），男性化的運動文化教導男人要熱愛男人，憎恨女人。

「真男人吃肉」以及「像個男人點」不可避免地和反動的政治觀點──「我們吃肉，我們喝啤酒，而且我們說他媽的英語」這樣的心態交互影響。

巴羅暗指保守派人士不在乎你吃什麼，但當我們考慮到極端保守的「另類右翼」（alt-right）白人男性至上主義者有多關注食物選擇和陽剛氣質，以及他們關於「大豆男孩」（soy boy）的侮辱時，就會知道事實並非如此。他們利用普遍但錯誤的觀念，認為大豆會提高男性體內的雌激素。而肉品廣告和這些極右翼白人男性至上主義者在身分認同、肉食、陽剛氣質和白人身分（whiteness）上表達出類似的價值觀。

註 3：舉行會面的高爾夫球場只是川普眾多地產之一，那裡曾僱用沒有合法身分的移民。（參見 Jordan）

Whole Foods 銷售「竹籤串肉」的廣告，
北卡羅萊納州亨特斯維爾鎮，2019 年 6 月。© Gail Robards Spach
譯按：文字為「沒什麼比竹籤串肉更能表達父親節快樂的祝福了」。＃父親節＃讓我完整

2019 年，全食超市（Whole Foods）推出了如陰莖般的刺槍狀肉塊。在歐洲，烤肉串（kebab）和烤串攤位一直是文化（以及種族、民族和宗教）差異的重要象徵 ── 象徵被視為相對晚近的移民潮（Cavanaugh）。但在美國，烤肉串的文化源頭（由移民發展出來的食物）遭到根除，並被挪用來表達不同的意義：白人陽剛氣質。

我向食物史學家麥可・懷思（Michael Wise）詢問了關於全食超市的烤肉串形象，他答道：

> 舉例來說，當白人——尤其是男性——在州博覽會上吃著「竹籤串香腸」或「竹籤串豬排」時，那是一種原始主義的展演，喚起他們對想像中動物本性的掌控感——這種原始主義在白人眼中是可變的，他們文化優勢的根基之一，正是在野蠻和文明的鴻溝間穿梭自如的能力。竹籤串肉一向是在戶外食用，而非室內（除非先將食物從竹籤上取下放入盤中，然後用餐具吃），這種地理界線的分野進一步決定了種族的適當空間，例如居家空間是由白人身分（whiteness）所劃定的區域，而「戶外」則是表現原始陽剛氣質的種族展演空間。
>
> 此外，這些「竹籤串肉」的展演也涉及男性沙文主義和種族歧視論的反現代主義。在這個廣告中，原始主義的吸引力在於表達了一種根植於深時間（deep time）的本質化陽剛特質，存在於文化和社會的歷史之外。因此，在一年當中的某一天（父親節），男人能以某種方式逃離社會和文化的女性化束縛對於他們動物本性的壓抑和傷害。

「像個男人點」的其中一個獎賞便是你能成為一個「真男人」，同時擁抱並展示虛假的原始主義。你可以熱血沸騰、精力充沛，但不需要真的變成「土著」。原始主義對白人男性來說是件好事——他們能在不同的存在狀態中自由移動，這一點確認了他們的統治權及掌控敘事的霸權。然而，原始主義對印地安人來說是件壞事——它假定他們對於城市生活一無所知，也沒有做任何事情的能力（Deloria 2004）。肉食處在原始主義和文明這兩者之間（儘管看似彼此衝突）。白人男性可以擁有一切：竹籤串肉和牛排館。但天啊，千萬別碰豆腐！

男人要怎麼占據如沙拉吧這種女人空間？要怎麼避免因為不吃哺乳類動物肌肉而被視為娘娘腔？男人得找到……*相當好的沙拉*。關於法蘭克牛排館，《波士頓環球報》的餐廳評鑑說：「這兒是你能用手抓沙拉來吃的地方。」（Ramos）透過原始主義好「像個男人點」。

琳達・布斯（Lynda Boose）指出*當個男人！*（Be a Man!）這句話「不論是由女人還是另一個男人說出來，不論是在 1591 年還是 1991 年說的，都具有強大的控制力，只因它所喚起的受威脅類別，即女人，向來被文化界定為被賤斥（abjection）的範疇。」（Boose, 191 n. 30）

本書作者正在拍攝一張隱含厭女訊息的看板。德州理查森市，2014 年 6 月。
© Benjamin Buchanan
譯按：看板文字為「超美味，連男人都愛我們的沙拉」。

出現在溫哥華 Samba 燒烤店平面廣告的文字
「素食者是娘砲！」、「多吃點肉，別那麼瘦！」

賤斥表達成為「他者」的恐懼，也就是無能為力的，被消費／被吞噬的一方，而非消費／吞噬的一方。賤斥意味著被棄絕的狀態。

911 事件後，關於去陽剛化、賤斥自我的問題在成人動畫喜劇《南方公園》（South Park）中能找到一個早期案例。一個四年級班級在校外教學造訪一間農場時，了解到小牛終將成為小牛肉的事實。幾個男孩救了一頭小牛，並

在圍繞小牛的僵持期間，其中一名男孩宣稱自己是素食者。另一人回嗆道：「假如你不吃肉，你就會變成娘砲」。隨後，這名素食者的臉上開始長瘡（結果變成陰部的模樣），後來他被診斷出患了陰道炎。就如同《滾石》雜誌（*Rolling Stone*）對《南方公園》創作者的評論：「不要變成娘砲才是最重要的事。」（Grigoriadis）

豆腐為何遭到拒絕？豆腐是「米食者」、女性化之非西方民族的食物。豆腐不能幫任何人「像個男人點」，因為它所代表的對象是維根主義者（vegan），是遭到女性化、被賤斥的他者。2009 年，德國廣告公司 Scholz & Friends 為一間連鎖餐廳設計廣告並獲獎。該廣告圖片是一塊烙印著 Tofu ist schwules fleisch（豆腐是男同志的肉）字樣的牛排。

就這樣，豆腐是「男同志的肉」。針對性少數群體的歧視會用肉的性別政治來賤斥「同性戀身分」。

仇視男性維根主義者的回應在網路上激增。以下是攻擊我朋友的評論：「我打賭你也是坐著尿尿的對吧你這娘們。帶種點，弱肉強食。#吃菜的欠幹 #男人吃肉」。又或是這樣：

賤斥維根男人的圖像說明。

© Michael Sizer

譯按：內容如下——
大家都說維根主義者好戰又咄咄逼人，但當我在一個魚餌廣告下面建議「我們應該思考不要對動物施暴」後，留言區立刻炸鍋，以下只是其中一部分：
1 你要不要硬起來當個男人？
2 你他 X 的閉嘴
3 ……智障
4 好喔娘娘腔
5 你們這些欠幹的蠢維根，只會說教，一堆巨型垃圾。
6 ……誰想買就買，女士
7 世界已經變成笑話，充滿了需要躲在安全角落的愛哭巨嬰。
8 長大好嗎？
9 我不是婦產科醫生，但我看到屄的時候認得出來。
10 繼續靠杯吧！

伊芙・賽菊寇（Eve Sedgwick）的《男人之間》（*Between Men*）解釋了將「同性戀」打為一種類型，並對該類型產生相應的「恐懼」如何成為「透過特定手段壓迫少數人去規範多數人行為的機制」（Sedgwick, 88）。一項研究發現「男人不做垃圾分類，以免看起來像同志」，然而這結論只不過是證明賽菊寇洞見的一個近期例子。該研究還觀察到：「如果對男人來說被視為異性戀很重要，他們就會選擇放棄那些不符合性別規範的行為，同時排除與其相關聯的汙名」（Tirado citing Swim et al.）。

被視為異性戀比較重要，地球就毀滅吧。

艾蜜莉亞・奎因（Emelia Quinn）替一間宣稱要「迎戰**壞小子**」的烤串店「令人驚訝的直白恐同言論」解釋背後原因：「朱利安・克萊里（Julian Clary）是出櫃的同志喜劇演員，經常穿女裝。」

「迎戰**壞小子**。**膽小鬼**勿入！不歡迎女生和朱利安・克萊里這類人」——一間「肉多多」烤串店外的黑板廣告。英國南威爾斯，斯旺西，2015 年。
© Emelia Quinn

挺立（譯按：erect，也有勃起之意）的烤肉串對抗著維根主義者和同性戀者，將拒絕異性戀的人和維根主義者女性化（並將兩者等同）。這種行為在潛意識中具有同性性慾色彩，並證實了賽菊寇進一步的觀察：「對男人來說，成為男人中的男人與『對男人感性趣』之間僅有一條隱形的、被精心模糊掉的，且總是已經跨越的界線。」

維根主義者的賤斥地位，以及他們和女性、同性戀者、非常規性別者的關聯或許能解釋（多數仍為男性主導的）媒體對於維根主義的敵意。根據 2011 年的研究，74% 關於維根主義的平面媒體報導都是負面的（Cole and Morgan）。2015 年的研究結論道：「只有藥物成癮者比素食者和維根主義者的評價更差。」（MacInnis and Hodson）2018 年，一位英國食物雜誌的編輯在「開玩笑」說要刊登殺死維根人士的故事後辭職。

2019 年 Sweet Baby Ray's 烤肉醬的廣告海報含有下列文字：「終於！能治好維根主義者的處方」（彷彿烤肉醬不能用在植物性食物上似的）。[4] 令人聯想到恐同症人士想找到能「治好」同性戀的企圖。

持續重申肉食作為異性戀陽剛氣質的一部分，實際上正說明這個身分是多麼不穩固。在二十一世紀，強調兩者關聯性的焦慮感不正表明了該論點早已被瓦解？性別二元性以及被指認為二元性的食物不正在爆發出多樣性嗎？

然而在肉食與豆腐的二元世界，以及「真男人」的需求中，並不存在性別流動性。

肉食是讓性別二元系統具正當性的標誌。性別二元系統利用肉的性別政治來定義男人應成為的樣子：「真正的男人」，不是「娘砲」，不是「一副女人樣」，除非能用手吃沙拉，否則不吃沙拉。

透過這些相互強化的文化結構，男性作為消費者的角色已被確立：若要避免遭到賤斥和女性化，每天都要吃動物的肉、喝牛的奶。性別彎曲（gender bending）、非常規性別者、性別酷兒生活、性別多元性正在觸及生活的各個領域，但不包括死牛的肌肉或哺乳類動物的奶。性別流動是一種威脅，因此要高舉血紅的旗幟。

| 註 4：這個廣告是由「努力不工作」所創。https://workingnotworking.com/projects/98426

「像女人一樣美好,只是風味各異。」Michael Franz 在一張海報中擺出如此姿態。該海報出現於 2019 年德國,Franz 本人的牛排店分店附近(參見 Biesel 2019)。

4
不僅僅是肉
—— More than Meat ——

我們每個人都不僅僅是肉，不僅僅是我們的身體。是的，從某種意義上來說我們是由肉或肌肉組成的。但我們絕對不想被看成只是肉而已。

「別把我當成一塊肉！」這種抗議除了是在說「我不只是肉！！我有感知！」以外，還有什麼？

然而，這種抗議在提醒我們，有人被當成一塊肉，有人被暴力地從自己的肉身中分離，消費者成了被消費的對象、主體現在成了客體。

蕾妮・埃多–洛奇（Reni Eddo-Lodge）的書《為何我不再和白人談論種族》（Why I'm No Longer Talking to White People About Race）指出「種族主義的美學理想鼓勵一種將特定女性身體視為可褻玩的文化。」她引用前國會議員傑克・斯特勞（Jack Straw）的例子，斯特勞用一件涉及了兩名巴基斯坦裔男性的強姦案來稱呼那些被視為「容易上鉤」（easy meat）的「白人女孩」。

「騷擾不是恭維」街頭塗鴉，葡萄牙，2018 年。© Gene Baur

埃多‒洛奇探討了斯特勞的錯誤：

> 相當簡單：女人不是被消費的肉體。女人不是物體，不是被動、順從、開放和等待著的存在。這種關於食物和肉體的語言有極其隱蔽的侵蝕性，它暗示男人必須盡可能吃最多的肉、操最多的女人，才能顯得最勇猛。在我們的性別關係中，「肉」剝除了女性基本的身體自主權，並主張我們從來都只能出現在菜單上，而非坐在餐桌前。（Eddo-Lodge, 177–8）。

感覺自己像塊肉，就是感覺被當成無生命的物體對待，而事實上自己明明是（或曾經是）一個活生生、有感受的存在。因此才出現如此的抗議：「我們不是肉。」

- 2018 年，正當參議院聽證會考慮是否指派布雷特・卡瓦諾（Brett Kavanaugh）為大法官時，一位他在耶魯大學的同學提到卡瓦諾大學裡的小團體：「很噁心。他們把女人當成肉。」（Farrow and Mayer 2018）

- 《衛報》的頭條之一：〈祕密救援工作者：「身為女人，我被看成一塊肉。被吹口哨、盯著看、色瞇瞇地打量。」—— 這位救援工作者受夠了孟加拉國對女性沒完沒了的騷擾和物化。〉（Secret Aid Worker 2015）

蘇格蘭昔得蘭群島，2006 年 9 月。© Carol J. Adams

- 在裸照曝光後,珍妮佛・羅倫斯對《浮華世界》(Vanity Fair)雜誌描述她的經驗:「這讓我感覺自己像塊被人傳來傳去用來牟利的肉。」(Kashner 2014)

- 《紐約時報》頭條新聞:〈被當成「一塊肉」——女性退役軍官在美國退伍軍人事務部遭遇性騷擾〉(Steinhauer 2019)。

- 記者羅南・法羅(Ronan Farrow)在他的書《捕殺:保護獵艷者的謊言、監視與陰謀》(Catch and Kill)中報導了一位美國國家廣播公司(NBC)播報員遭到(當時)同公司的明星主播麥特・勞爾(Matt Lauer)和高級主管性騷擾的情形。兩人在節目播放期間透過麥克風對她說出猥褻言論。她說:「我感覺自己就像掛著的一塊肉,任人宰割。」(Farrow, 376)

在我們的文化中,肉是一個不可數名詞。不可數名詞指的是像水或色彩這類物質,無論你擁有多少,或者將它放置在哪一種容器中,它都還是維持原樣:水還是水,紅色還是紅色。你可以往一池水中倒入一桶水而不改變「水」的原貌,也能在紅色裡加入紅色,仍然得到「紅色」。[1]

這個約 2002 年推出的法國廣告暗示他們食物生產的速度之快,在牧場裡的牛已經是漢堡了。

註 1:部分關於「不可數名詞」的描述出自亞當斯 1994 年初版和 2018 年 5 月再版的《非人亦非獸》(Neither Man nor Beast)。

「離開餐盤比較適合我」,街頭塗鴉,葡萄牙,2017 年。© Susan Talburt

當人類把非人動物變成「肉」時,一個本來具有非常特殊生命情境的獨特存在,就淪為沒有個體性、沒有獨特性、沒有個別性的物品。就算你在一盤漢堡肉中再加入五磅的漢堡肉,還是同樣的東西,沒什麼改變。但如果你面前有一頭活生生的牛,而你把牛殺死、肢解,再把身體絞成肉泥,你就不僅僅只是在把兩個不可數名詞相加,然後得到更多相同的東西。

在我們面前餐盤上放著的並非缺乏個別性的物體,而是一個曾經活著、能感受的存在的死去肉身。

關鍵點在於,我們把獨一無二的存在變成了適用於不可數名詞的指涉對象,彷彿在牧場裡的是漢堡肉而非活生生的個體。

女性主義哲學家桑德拉・巴特基(Sandra Bartky)曾說過女性主義者並沒有看到與其他人不同的東西,而是用不同的眼光看待相同的事物。

作者與吉米，1963 年。

我二十二歲結束了在耶魯神學院的第一年學業後,回到了紐約州西部的家鄉,那裡是我從小騎馬長大的地方。就在我把行李打開來整理時,我聽見一陣急促而堅持的敲門聲。我衝到樓下,鄰居對我大喊:「有人剛開槍打死了你的馬!」我們跟著他火速奔到牧場,我們心愛的小馬吉米倒在地上死了。遠處還能聽到槍響。

那天吃晚餐時,我咬了一口漢堡。在咬下的瞬間,腦中突然閃過清晨將埋葬的吉米軀體的畫面。我心想:「我在吃一頭死去的牛。」東西沒變,但我的看法已經不同了。

2000 年夏天,紐約市主辦了一場「彩繪牛遊行」,展示超過五百隻實體大小的玻璃纖維牛。這些牛由不同的藝術家設計彩繪,分別置於紐約市的五個行政區。在眾多富想像力、色彩斑斕的牛隻(如長角牛、衝浪牛和計程車牛)中,有一頭由電影製作人大衛・林區(David Lynch)設計的牛,名為「吃

蘇格蘭昔得蘭群島，2006 年 9 月。© Carol J. Adams

掉我的恐懼」(Eat My Fear)。這頭牛並非「自然老死」的，而是被血淋淋地斬首、開腸破肚、屁股插滿刀叉。但它僅僅展示了幾個鐘頭。根據《紐約客》作家塔德‧範特（Tad Friend）報導，在那段期間，至少有一個小孩在看到牛之後開始大哭。接著它就被包裹起來，送進了倉庫（Friend, 62）。

為什麼林區的牛被逐出「彩繪牛遊行」？林區揭露了我所說的*缺席的指涉對象結構*（the structure of the absent referent）的運作，這種結構使我們把「肉」和「它曾是動物」的想法分離開來。「缺席的指涉對象」是指在食用屍體的過程中，消失的字面／真實存在（literal being）。吃動物必須仰賴暴力，而缺席的指涉對象的功能則是把暴力掩蓋起來：我們不必去想像到那頭「牛」，沒有屠宰也沒有恐懼，只有最終產品。[2]

然而，在每一頓含有動物肉的餐點中都有這樣的缺席：非人動物死亡的位置被肉取代。人類不把吃肉看作是與另一種動物的接觸，因為這件事已被重新命名為與食物的接觸。誰在受苦？沒有人。（大衛‧林區說得對：人們吃的

註 2：《肉的性別政治》一書中，我介紹了關於缺席的指涉對象的理論（Adams 1990/2015, 53-6）。

照片來自於非營利組織「農場動物權利運動（美國）」
(Farmed Animal Rights Movement, FARMUSA.org)

是動物的恐懼。在死前感到恐懼的非人動物會釋放出腎上腺素，在「肉」裡留下軟軟糊糊的斑點，使肉質變硬）。

消失掉的是創造「缺席指涉對象」的人類特權，以及缺席的指涉對象用以傳達關於自身生命洞見的可能方式。

1978 年 6 月，《好色客》雜誌高調地刊出一期雜誌封面，展示一個裸女的下半身正被送入絞肉機，接著從中擠出漢堡肉 —— 大概能稱之為「女人漢堡」吧。旁邊寫著一句引自《好色客》創辦人賴瑞・弗林特（Larry Flynt）的話：「我們不會再把女人像肉塊一樣掛起來。」然而這份雜誌似乎只是開始把她們當成漢堡肉絞碎而已。《好色客》回答了「什麼是缺席指涉」這個問題。答案是：透過技術轉化以達到消費／食用（無論是字面或譬喻層面）目的的存在，

把女人當成漢堡肉，《好色客》揭露了這種尋常的暴力行為 —— 把非人動物的身體絞碎 —— 要是描繪成發生在某個重要、或理應是重要的人身上時，會被視為一種極致的侵犯。

絞肉機上的人腿有股熟悉感，但還是有點不同 —— 人腿已經剃過毛、塗上油，且標記為女性。

販賣中的 T 恤，華盛頓特區，2003 年 11 月。© Molly Hatcher

譯按：「所有動物都有同樣的部位。」 "meet free"「無肉」| 芝加哥餐廳

儘管屠宰會將某人變成某物，但《好色客》的封面卻告訴我們不只如此：厭女情結將某人變成了性客體化（sexually objectified）的女性身體。

2003 年，《華盛頓郵報》評論了維吉尼亞州阿靈頓郡的餐廳「雷的牛排」（Ray's the Steaks，於 2019 年關閉）。該餐廳被描述為「一對夫妻經營的

小生意……有幾位年輕女侍者負責點餐，上菜，解釋肉的來源部位。但怪的是，有時她們會用自己的身體部位當示意圖。」（Sietsema 2003）

在《好色客》的封面及身上畫有「部位指示」的女人這類圖像中，被屠宰的肉用動物的命運就成了缺席的指涉對象；他們作為被物化身體部位的可消費狀態才是重點。

一位雞農提供了創造情感距離最有效的建議：

> 如果您打算養雞來吃，首要原則是永遠不要幫您打算吃的雞取名！否則要嘛是到時候你無法「動手」，要嘛是那隻烤得美美的雞會放在桌上，但你和孩子們會含淚圍坐。如果您必須為未來的食物命名，請叫他「肯德『雞』」或 Cacciatore（譯按：一道義大利雞肉菜名）。（Luttman 1978）

非人動物在從生到死垂直階層中一路向下，最後變成肉塊。剝削性的語言將一個完整個體肢解成可食用的物品：辣雞仔（Hot Chicks；譯按：chick 指小鳥、小雞，也有小妞的意思）。

1999 年 7 月 2 日，《達拉斯晨報》刊登了一篇對人氣墨西哥外帶餐廳 Pollo Fiesta 的評論報導：「在那裡吃上一頓安靜的飯是不可能的：『大切肉刀熟練地將雞肉剁成小塊的聲音會伴隨著每份餐點不絕於耳。』」（Schaadt 1999）報紙評論區裡，一張大烤肉架的照片壓過了文字，占據了主要版面。烤肉架左邊站著一個微笑的年輕女人，正翻動著切開的屍塊。

在年輕女人和滋滋作響的屍塊正上方，標題掛保證：
雞肉派對（Pollo Fiesta）餐廳：一個釣雞仔／泡妞的好地方。

| 表格 4.1 缺席的指涉對象公式 |

缺席的指涉對象公式
｛非人動物／或人類替代品｝＋｛允許工具化的物化行為／暴力／屠宰｝＝「肉」／可食用（消費）的肉體／錯誤的不可數名詞／主體地位的徹底抹除

德國卡塞爾西火車站附近，2016 年。© Jean Marie Carey
譯按：標語內容為「熱騰騰的新小雞」。

剝削性的語言會從特定對象轉向整個群體：從個體的汙衊性綽號變成遭到貶抑的群體的綽號：蕩婦、雞、母狗、小兔子、小母牛（heifers）、*Cacciatore*。舉例來說，強暴犯和虐妻者不用受害者原本的名字稱呼她們，而是叫她們*蕩婦*（whore）、*母狗*（bitch）、*母牛*（cow）或*屄*（cunt）。被視為「可操的」女人有各種指涉方式：容器、洞、插座、或僅是一個身體部位，如*陰門*（gash, slit）、*陰毛*（beaver, pussy）、*屄*（cunt）、*尻*（piece of ass）；街頭上的性騷擾詞彙包括*蕩婦*（broad, tart）、*母狗*（bitch）、*尻*（piece）、*女砲友*（nooky, tail）。

運送活體小雞的孵化場卡車，帶有"girl power"字樣。
比利時，2020 年 3 月 9 日。© Geertrui Cazaux

譯按：「雞仔／小妞都在哪？」| Brothers 炸雞餐廳

「女人是肉」，美國農業部肉質分級特選級紋身貼紙。
來自作者的壓迫性圖像資料庫。

1999年，加州聖塔克魯茲的姬頓・雷諾德（Kitten Reynolds）在遭受建築工人持續不斷的街頭騷擾後，穿上一件胸前掛滿煙燻豬排的服裝，舉著抗議性騷擾的標語。美聯社的標題寫著：「女人的訴求：我不是肉！」到了二十一世紀，歐洲反人類奴隸倡議活動也選擇用類似的手段，來顯示性販運造成的傷害：女人被描繪為肉，包裹在保鮮膜中，躺在裝肉的保麗龍盒裡。其中一個含有下列訊息：

舊金山灣區地鐵鮑爾街站的 Zinus 床墊廣告，洛杉磯，2019 年 8 月 6 日。
© Pax Ahimsa Gethen
譯按：標語的內容為「如果你吃完肉（暗示女人）後總是想睡，你可能需要一張更好的床墊。」

如果你召妓，你就是在資助人口販賣。每年有 245 萬人成為人口販賣的受害者，其中有 92％最終被用於性交易，而性產業利用的受害者中，高達 98％是女人和兒童！（轉引自 Copyranter）

芬蘭女權主義者聯盟（The Union of Finnish Feminists）將十五名裸體女性安排在肉販櫃台的玻璃後方展示。她們解釋：「人口販賣是世上成長速度最快的犯罪產業。這是當今最迫切的人權問題。透過這次行動，我們希望喚醒人們思考周遭發生的事情，並鼓勵他們有所作為。」（Mäkinen 2006）

2017 年，在特拉維夫的以色列國會外面，有輛據稱在賣「女人肉」的三明治餐車（卡車側面還有女人是肉的圖案），這是為了敦促政治人物把賣淫行為定為犯罪活動（參見 "The Task Force..." 2017）

我們每個人真的不僅僅是肉嗎？還是女人像其他動物一樣，比男人更難宣稱自己「不僅僅是肉」？

譯按：標語內容為「性別之戰的卡通指南」與「肉品市場」。

5
切割身體
—— Body Chopping ——

在《文化與廣告》（*Culture and the Ad*）中，威廉・歐巴（William O'Barr）指出階級、支配和從屬是廣告中最常描述的社會關係特色。很少有廣告是平等主義。廣告通常強調某人或某事物優於他者。

切割身體（Body chopping）是一個專業術語，描述廣告中只展示出一個人部分身體的圖像。廣告商將身體分解為不同部位以增強廣告效果 —— 至少表面上是為了這個目的，因此常常只呈現肩膀或腿，而非完整的身體。廣告經常展示沒有頭、臉或腳的女性身體，但男性則較少被這樣描繪。此外，肥胖人士無論是什麼性別都更有可能以碎片化的方式呈現，且通常沒有頭（Hobbes 2018）。

善待動物組織（PETA）的抗議活動，德州達拉斯市中心，2016 年。
譯按：標語內容為「試著體會你餐盤裡的生命」。

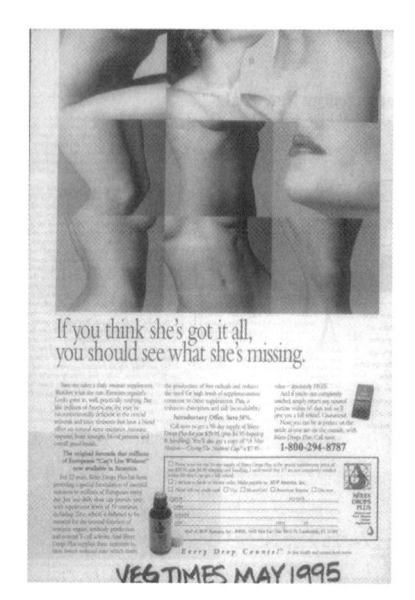

譯按:「如果你認為她什麼都有了,你該看看她缺了什麼。」

一名普通肉食者一生會吃掉 984 隻雞、37 隻火雞、29 頭豬、12 頭牛、兩隻羔羊、一頭小牛,以及超過一千條魚。人們不需要嘴巴大到能吞下所有非人動物;他們只需要將動物一塊一塊吃下。《華盛頓郵報》的喬比・瓦立克(Joby Warrick)描述了切割身體的工作:

> 羅曼・莫雷諾(Roman Moreno)在一個現代屠宰場工作,那裡把一頭活牛變成牛排只需要 25 分鐘。二十年來,他這個「第二切腿員」(second-legger)的工作,是要在動物屍體以每小時 309 隻的速度旋轉過來時,切除他們的跗關節。牛應該在到達莫雷諾手邊前就已經死了,但很多時候卻不是如此。
>
> 「他們會眨眼睛,會發出聲音⋯⋯」他輕聲地說。「頭還會動,眼睛睜得大大的,四處張望。」
>
> 儘管如此,莫雷諾還是會動手。他說運氣不好的時候,有數十隻動物抵達他的工作站時仍活生生的,意識清楚。有些甚至進入去尾、剝除內臟、剝皮的工序時仍活著。莫雷諾說,「牛是一點一點死去的。」

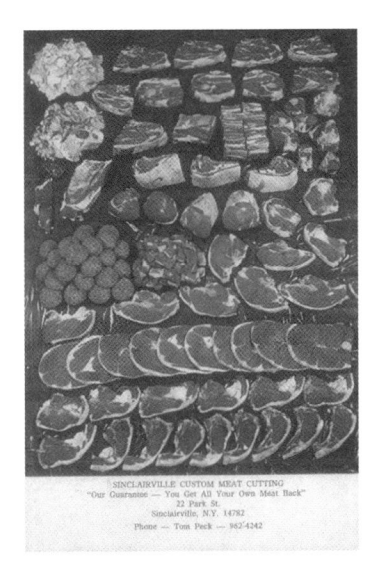

譯按：圖中文字為「我們保證——您將會拿回所有屬於您的肉」與
「Sinclairville 客製化切肉服務」。

一位女性聽見一個男人對他的同伴高喊：「我要那一塊。」她抬起頭以為會看見有人端著蛋糕，結果才發現他們手指著和談論的人是她自己。

另一名女性表示：

所以我告訴他們：「聽著，你們看起來是好人，但把我當成風景對我評頭論足就很不 OK 了。我是個活生生的人，懂嗎？」其中一人回嘴：「對我來說你只是塊肉，賤女人。」

2014 年，由非營利組織「停止街頭騷擾」（Stop Street Harassment）委託的一項研究發現，對女性來說，最常見的騷擾是被吹口哨，其次是對身體部位評頭論足、不必要的身體接觸，以及如「母狗」或「蕩婦」等性別歧視稱呼。對男人來說則是「恐同或恐跨的稱呼，其次是跟蹤，然後是吹口哨及對身體部位評頭論足」。[1]

| 註 1：http://www.stopstreetharassment.org/resources/statistics/

「你想要吃我一口嗎?」攝於德州達拉斯市,Valley View 購物中心,2003 年 11 月。
© Carol J. Adams

- 65％的女性和 25％的男性曾經歷過街頭性騷擾。

- 41％的女性和 16％的男性曾遭到身體上的騷擾(遭人以暴露性器官騷擾、猥褻或跟蹤)。

- 70％的女性受害者和 48％的男性受害者,加害人都是單獨男性。

街頭騷擾降低了公共場所的安全感和舒適感,從而嚴重限制了女性、男同性戀、性別酷兒和跨性別者的身體和地理活動範圍。

1970 年 2 月份 *Harper's* 雜誌的封面。在當時，女性解放運動已經回答了這個問題。她們想要平等，並且已經透過抗議、書籍和成立「全國婦女組織」來傳達心聲了。*Harper's* 卻用佛洛伊德的話「女人想要什麼？天哪！她到底想要什麼？」來混淆視聽（老佛都已經死了三十年了），而且封面顯示的不是正在要求權利的女性，而是將女性身體切割的畫面。

Tim Doble 的推特文。經授權使用。

2014 年為贖罪日（Yom Kippur）創作的一幅漫畫，將性騷擾和尤太教卡帕拉儀式（Kapara）中的殺雞等同起來（祭儀中，雞被屠宰前會先被人抓住翅膀「痛苦地揮動著，執行者同時唸唱禱詞，把他們的罪與罰象徵性地轉移到雞身上」〔終結贖罪雞聯盟 Alliance to End Chickens as Kaporos〕）。亞設‧施瓦茨（Asher Schwartz）畫了一個穿著西裝外套、開襟白襯衫，駕駛著敞篷車，滿面笑容的正統派尤太男子。他把車停下，向一隻正走在人行道上的性化的雞（sexualized chicken）說話。雞的手臂（翅膀）上拎著一只錢包，眼神慵懶性感。男人對雞喊道：「怎麼樣，**卡帕拉**？你願意陪我出去轉一圈嗎？」（由尤太漫畫出版社出版）。卡帕拉在以色列也是表達愛意或暱稱的常見用語。施瓦茨將性騷擾和為了儀式宰殺雞隻混為一談。

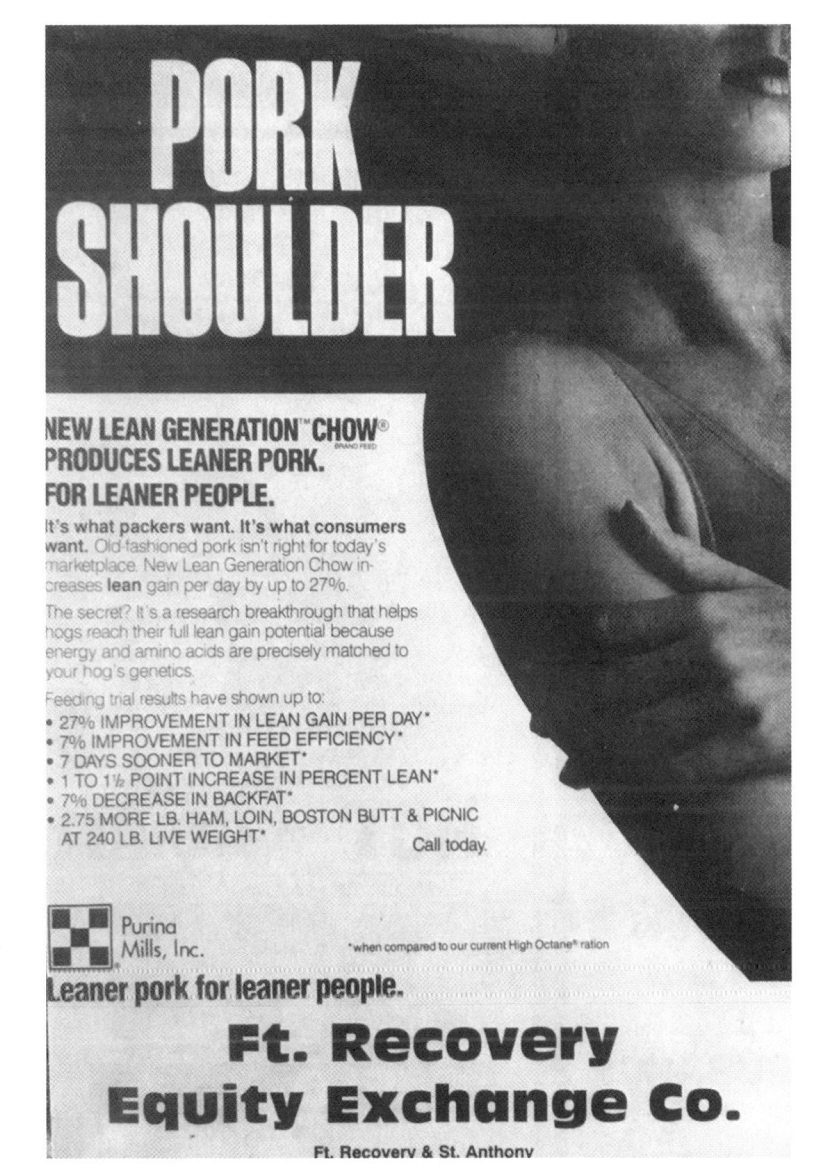

譯按：廣告中的文字包括「豬肩肉」、「新瘦世代 CHOW 生產更瘦的豬肉」、「給更苗條的您」。

「慾望的對象？」英國布里斯托，2017 年 5 月。© Colin Moody

一旦被物化,一個生命便能被碎片化;一旦被殺死,一個死去的身軀便能作為肉塊被切割販售,就像豬肩肉。

一名「挖內臟手」(rounds puller)——將胃與腸分開、清空腸道、切除直腸的屠宰場工人——如此描述他的工作:

> 敵人來了。我們迅速反擊,科技和貪婪是我們的助力,但無論我們怎麼做,他們就是不會停止進攻。我們砍掉他們的腳,他們的耳朵和頭,我們把他們的屍體劈成兩半,將他們的內臟磨碎,供我們的孩子在棒球比賽中食用。敵人的屍塊無所不在——絞鏈上、皮帶上、掛在天花板垂下的鉤子上,但在這場夢魘中,這個訊息顯然永遠無法傳遞出去,我們每殺死一個,就有一個新的來取代他。(Gallagher, 152)

動物被簡化為身體部位,工人被簡化為動詞:「吊起、劈開、抓住、切斷、舉起、擠壓、切割、沖洗、重複。」

肉品公司、報紙插畫家、廣告商、餐廳老闆和其他人在描繪屠宰動物被切割和劈開的身體部位時,也將肢解婦女的行為性化。部分永遠無法等同於整體。(回想一下,強暴犯和家暴者經常用身體部位來稱呼受害者;參見第 78 頁)。

性暗示將死肉轉化為可雙重消費的物品:「愛胸男」、「愛腿男」。位於紐約市和邁阿密海灘的中國燒烤餐廳的一則廣告聲稱:「更多胸部和大腿,正是邁阿密需要的」。

許多廣告都以被切割身體的白人女性為主角,儘管詩人羅賓・科斯特・劉易斯(Robin Coste Lewis)在搜尋各個博物館後也發現了許多被切割身體的黑人婦女。她們出現在家具、器具和雕像上,例如「桌腳末端的黑人婦女的腳」或由「兩名黑人婦女的頭」組成的項鍊扣環(R.C. Lewis, 139)。

「植物中的真胸」,這是來自紐西蘭連鎖漢堡店 Burgerfuel 的廣告標語,配上死雞胸肉和綠葉蔬菜的照片。廣告上的小字寫道:「純天然未加工,只有真正新鮮多汁的胸部。」如果臉消失了,侮辱身體就變得容易多了;臉提供了身分。

「我迷戀胸部、大腿和腿。不是她的⋯」洛杉磯，2013 年。© Asher Brown

「前 Hooters 女侍者助雙峰餐廳**增強**品牌形象」，一則新聞報導標題如此宣稱（這裡暗指隆乳術）。Hooters 曾是所謂「波霸餐廳」（breastuarants）系列中的第一家，現在這樣的餐廳包括雙峰（Twin Peaks）、漢堡女孩（Burger Girl）、蘇格蘭短裙歪歪（Tilted Kilt）和蜜糖小窩（The Honey Shack）。報導說道，這些地方提供「男性」療癒美食（動物肉），還有年輕辣妹的胴體可欣賞（Robinson-Jacobs 2011, 另參見 Giang 2011）。

卡樂星的「大雞柳三明治」廣告指出，因為「胸部太大」而「無法在國家電視台上播出⋯⋯除非是放在三明治上」。該公司發言人解釋，這個雞胸肉廣告並不算有性暗示，更像是個「雙關語笑話」，「一個關於大胸部的幽默表達，只不過恰好是雞胸肉罷了」（參見 Morrison 2014）。

牛津大學圖書館中有一本裘蒂斯・巴特勒（Judith Butler）的《性／別惑亂：女性主義與身分顛覆》（*Gender Trouble*），該書第 85 頁的下方頁緣處，有一句用鉛筆寫的批註：「你是否曾經坐下來看著自己，意識到：我一生都在吃雞的奶子。」[2]

| 註 2：這句話來自臉書社團 Oxford University Marginalia （牛津大學頁緣筆記）。

2016 年，巴塞隆納連鎖餐廳 La Burguesa 的牆壁彩繪畫了一個躺在床／麵包上的裸女，她魅惑地用雙臂枕著頭，身體被虛線四分五裂，並標上了部位名稱（見下頁）。該廣告充滿了雙關語 [3]：「所有人都知道，我們都會女子和漢堡有很多共同點。我們可以內涵豐富（肉感十足）[4]，也能粗俗無禮（含大量鮮蔬）[5]，可以辛辣嗆人也能性感迷人；我們可以單身（單層漢堡），也能盛裝打扮（雙層或多層）[6]，能炙火燒烤也能雙倍油炸 [7]，可揮灑創意也能保留經典傳統……但全都同樣誘人，無一例外。」

註 3：西班牙文是這樣寫的：" Es bien sabido por todo el mundo que las hamburguesas y las señoras de ciudad tenemos muy en común. Las dos podemos ser: entradas en carnes, verduleras, picantes, atractivas, solteras, emperifolladas, planchadas, refritas, especiales o clásicas... Pero todas, sin excepción igualmente tentadoras..." 漢堡和女人在西班牙文中都是陰性名詞。
註 4：Entradas en carnes 用來形容女人肥胖。
註 5：從漢堡的脈絡解釋是指包含蔬菜，從女性的脈絡詮釋是指在市集攤販上賣蔬菜的女人，通常被視為粗鄙、無禮且聒噪。
註 6：Emperifollada 意指女性「被上了」。
註 7：這裡可能是指「瘦」的相反詞，也就是「超級肥胖」，因為被油炸過兩次。感謝 Simone De Lima 協助翻譯。

「父權制度與物種主義。女人和其他動物是用來消費的身體。」Atodaslasunids 的推特文。經授權使用。

自從希拉蕊・柯林頓（Hilary Clinton）擔任第一夫人以來，她的身體一直遭到反對者的批評。印有「肯德基希拉蕊特餐：兩隻肥大腿、兩球小胸部⋯⋯左翅（左翼）」的反希拉蕊胸針在她競選總統時變得很搶手。

2013 年，類似的描述也出現在打擊時任澳洲總理茱莉亞・吉拉德（Julia Gillard）的場合中。反對黨舉辦的一場晚宴上，菜單包括了「茱莉亞・吉拉德肯德基炸鵪鶉：小胸、巨腿，和一個大紅盒子」（Bourke 2013）。（譯按：紅盒子是指英、澳首相或政府大臣用的公文箱）她們是當時世上最有權勢的兩位女性，對手卻將她們貶為性化的身體部位。對她們的政綱、政策、優勢與劣勢隻字未提，僅有性化的身體部位。

Joe Perticone 攝於大老黨陽光高峰會的推特文，2015 年 11 月 13 日。經授權使用。

個體是獨一無二的，然而身體部位卻是匿名且可互換的。當問及關於性幻想的問題時，許多男人描述的都是肢解的、沒有臉孔的身體部位：乳房、腿、陰道、屁股。將女性貶為身體部位的語言和圖像接受了性別二元論，並進一步加深了文化影響及父權制強化的男女「差異」。這種做法也是在遵循雜誌《花花公子》的模式，將專業女性簡化為性化的身體部位。[8]

2014年9月，福斯新聞的金柏莉・加法葉（Kimberly Guilfoyle）報導了阿拉伯聯合大公國第一位女性戰鬥機飛行員瑪麗安・阿爾・曼蘇里（Mariam Al Mansouri）的故事，並播放了一段她正在降落飛機的影片。福斯新聞主持人艾瑞克・博林（Eric Bolling）問道：「她這樣算是地面『胸』部隊（boobs on the ground）還是不算？」此一發言不僅削弱曼蘇里少校的成就，也間接侮辱了自己的女同事加法葉。

緊接著在2014年9月25日，《荷伯報到》的主持人史蒂芬・荷伯（Stephen Colbert）也開始嘲笑「福斯電視台的雞巴」（cocks on Fox）。荷伯花了比博林更多的時間對女飛行員進行色情化和碎片化的羞辱評論。荷伯幾乎一口氣說出「一對空中飛乳」、「伊拉克的上空秀」（a rack over Iraq），和「你還沒見識過像阿布雙D達比這樣的大規模毀滅性武器」這些話。博林得為他的失言道歉兩次，第二次他說：「我的回應並不是有意要貶低她，無奈被這樣解讀。」而荷伯作為一個搞笑主持人卻不需要為了他的行為道歉（Hongo 2014）。

切割身體的雙關語和笑話代表了宰制者的幽默。「雙關語若要能持續存在，前提是要理解它是用來表達不可說之事的一種代號」（Gilbey 2018）。這是男人間的厭女語言。道歉通常無效，因為受到批評的男人（或廣告代理商）無法相信他們的回應／廣告居然不被認為好笑。事件發生後，他們會抗議自己「不是故意」說出真心話的。

當訊息自由流動時，毋須道歉。正如歷史學家麥可・懷思指出的，「讓圖像自由流動首先就帶有本質上的侵略性。當圖像固定在某一處時，要有人去尋找或發現才看得到——人們圍繞它流動。然而若是一幅圖像能隨著人們流通傳播，則會產生強大的地緣效應。」[9]

註8：在過去的幾十年間，每當就業障礙解除時（譯按：即女性在就業方面可獲進展時），《花花公子》就會提出要拍攝裸體女警或消防員的照片。若是女性專業人士能被性化呈現，且身體被切割得支離破碎，那麼她們在專業領域上就會變得不那麼具威脅性。

註9：電子郵件通訊內容。經授權使用。

「屁股和大腿」,洛杉磯,2018 年。© Nora Kramer

注意 Mega Chicken 強調:「除了大乳房,Mega 雞最棒!」。英國,2018 年。
© Mira Bogicevic

在阿姆斯特丹，有輛販賣死雞胸肉的餐車邀請顧客「選擇你的雞仔」（Pick Your Chick）。餐點名稱分別是「小蘇西」（Small Suzy）、「中瑪莉」（Medium Mary）和「大蘿拉」（Large Lola）——這些形容詞反映了胸部的大小，相關描述也在強調她們身體的這個部位。值得注意的是，我們也可以看到一個厭惡黑人女性（misogynoir）的例子：大蘿拉顯然被描繪為一名有色人種女性。[10]

瑪莉蓮・亞隆（Marilyn Yalom）在《乳房的歷史》（*A History of the Breast*）說過「直接接觸裸體的貼身衣物往往會被視為性對象，是公共衣著幻想中的迷戀物」（Yalom 1997, 159）。例如，芝加哥一間餐廳的「雙 D 罩杯」火雞胸肉使胸罩成了性對象。但還有更多：將被切除的乳房性化，例如三明治裡*剛切下來*的胸肉。

另外還有對尺寸的性化。對大胸部的迷戀以及女性為「胸前偉大」所做的一切——穿爆乳胸罩、植入矽膠、進行隆乳手術——全都隱含在「雙 D 罩杯火雞胸肉」這個名稱裡。畢竟是雙 D 罩杯而不是 A 罩杯。

註 10：*厭惡黑人女性症*（misogynoir）一詞是由莫亞・貝利（Moya Bailey）所創，並透過楚迪（Trudy）的著作大量傳播。該術語描述了黑人女性所經歷的「歷史上針對黑人女性的厭女情結」，並指出了「問題重重，但對流行文化具廣泛影響力的跨種族性別不平等關係」（Bailey and Trudy 2018）。

阿姆斯特丹的餐車。Shutterstock 圖庫。

"DOUBLE D CUP" BREAST OF TURKEY
This sandwich is so BIG... Just checking to see if you really read the menu!
Freshly cut whole breast of turkey on toasted millet bread with
walnut cream cheese, cranberries, lettuce & sprouts... Gobble, Gobble! $6.25

菜單餐點：「雙 D 罩杯」火雞胸肉。伊利諾州芝加哥。

生命遭到如此貶抑──不僅被吃掉，還被嘲笑。

火雞受傷的胸部是火雞身上最有利可圖的「肉」。為了追求更大的胸肉，火雞的大小和形狀已經被改變。透過基因選擇，在育種過程中一次又一次選出胸部較大的火雞，導致身體變得頭重腳輕，且比正常尺寸大得多。火雞的胸部如此巨大，當他們接近「屠宰體重」（slaughter weight）時，腿已無法撐起自己的身體，骨骼也無法支撐他們的體重，因此會產生腿部問題、關節炎，且經常跌倒。火雞不論公母乳房都過大，導致公火雞無法再爬到母火雞背上自然地交配（參見第 348-349 頁）。

「胸肉調味粉：雞肉專用香料乾醃粉：美味再升級」。
倫敦牛津街，Selfridges 百貨美食街，2019 年 7 月。
© Peta Harrison

即使被吃掉的火雞是雄性,消費者也會被告知他們正在食用雌火雞被肢解的身體部位。

菜單中的內容提醒女性,如此多的公眾言論都偏袒人類男性特權。確實,對某人的傷害已成為另一人的樂趣,街頭騷擾也已轉入私人空間。

只有受害者被隱身了。

在沒有臉的身體部位前,沒有能被詢問「你還好嗎?」的個體存在。

*個體*不存在,只剩身體部位或者已變成戀物癖對象的衣物;傷害也不存在,有的僅是一個笑話和一份三明治。

好吃。好吃。

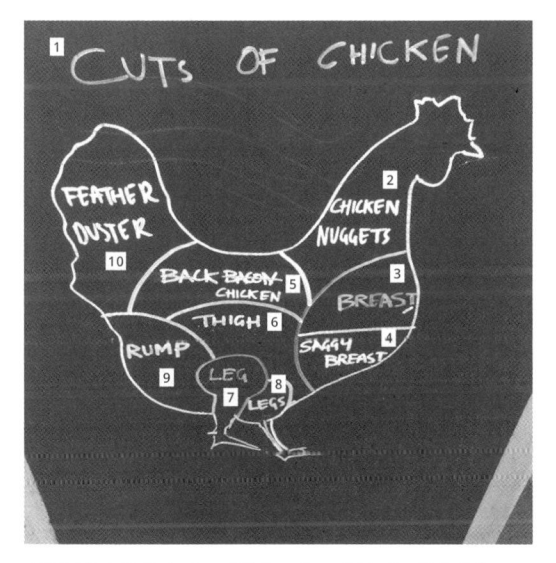

理解他們在做什麼嗎?「雞胸」的下方是「下垂的雞胸」。
宰制者的幽默——年齡歧視、性別歧視、人類中心主義。
Yard'n Coop 雞肉餐廳,英國曼徹斯特,2014 年 10 月。© Faridah Newman
譯按:按照數字依序為 1 雞的身體部位、2 雞塊、3 雞胸、4 下垂的雞胸、5 培根雞背、6 大雞腿、7 棒棒腿、8 第二支棒棒腿、9 雞屁股、10 雞毛撢子

洛杉磯，2017 年 5 月。© Rachel Krantz
譯按：「吃我」。深夜菜單

6
「吃我」
—— "Eat Me" ——

在檢視布克獎（英國最佳原創小說文學獎）五十年來入圍的作品內容後，IBM 的印度研究實驗中心報告顯示，這些作品存在廣泛的性別偏見：

- 「男性角色在劇情中的地位更重要。」他們被描繪為有權勢、富有且強壯。

- 女性更常被形容為「美麗」、「可愛」、「漂亮」或「浪漫」。

- 「男性經常被描繪為坐擁權力者，而女性則被降級為從屬的角色。」男性多擔任「高階職位」。「他們更有可能是醫生、教授、小說家、導演和牧師。」

- 女性角色主要被描述為「老師」或「妓女」。（Tandon 2018）

攝於 2019 年 7 月。
譯按：文字為「蒸熟我、拍打我、吃了我」。

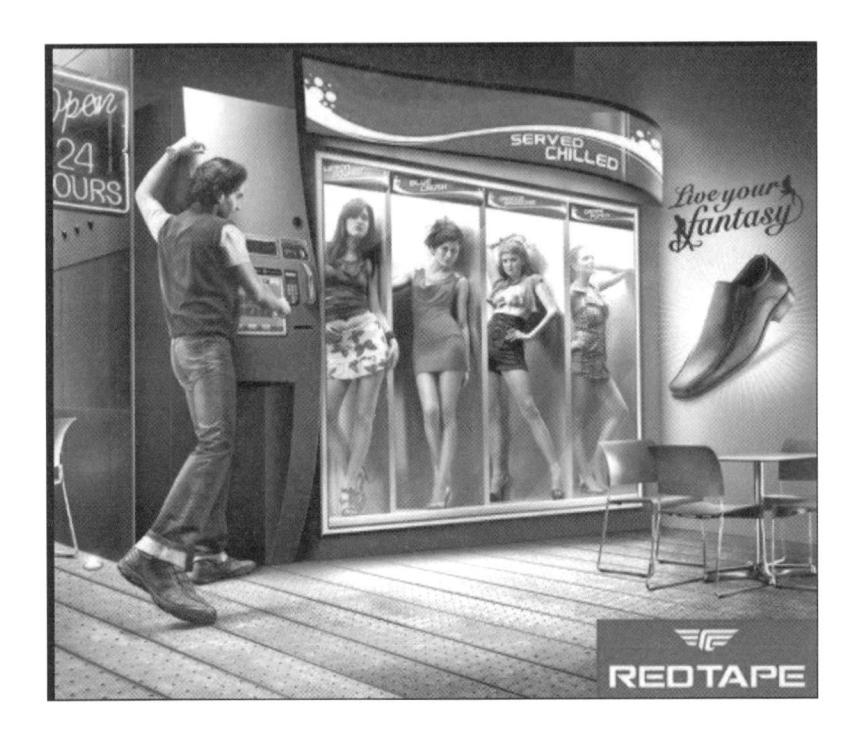

譯按：吃我──我們整夜不打烊

鞋子品牌 Red Tape 的廣告，展示了四名以撩人姿態站在汽水販賣機中的女人。廣告詞邀請著：「活出你的幻想」。「社會學圖像」（Sociological Images）網站的主持人之一葛溫・夏普（Gwen Sharp）對該圖像評論道：「這可能受到色情文化的影響……男性消費者的『幻想』是，他可以挑選任何『口味』的女性，並對她們為所欲為。（我認為色情文化也助長了男性隨意批評女性身體的行為，並讓他們毫無顧忌地表達對眼前任何女性的性慾／或缺乏性慾。看看 YouTube 或任何八卦網站的留言區就能找到例子。）」（Sharp 2009）

- 2014 年，美國服飾（American Apparel）在洛杉磯的回音公園（Echo Park）展示了夾在熱狗麵包裡的假人模特兒。其中一個躺在麵包裡，全身覆蓋塑膠製的芥末醬，身穿紅色連身泳衣，搔首弄姿。另一個直立擺放著。

- 《福桃》（Lucky Peach）美食雜誌把四位迪士尼公主想像成熱狗堡中的熱狗。

- 2007 年，《紐約時報》時尚版專區以「後車廂美食」（Trunk Food）為主題，展示了一名白人女性刮過腿毛的小腿和米色高跟鞋。這雙腿翹在敞篷跑車的前座椅背並延伸到後座；後座鋪著一塊印有紅字"eat"的毛巾或桌布，周圍放著大黃瓜、鮮紅小番茄、櫻桃蘿蔔和綠色蔬菜。

- 熱狗店"I Dream of Weenie"招牌上畫著一根長著雙腿、穿著高跟鞋、有藍眼睛和金髮的熱狗夾在熱狗堡中。（譯按：weenie 有煙燻香腸和男性生殖器的雙重意涵。）

- 城市俚語對"Chickenhead"（雞頭）的定義（女性海軍官兵）：1. 喜歡男性生殖器的女性。2. 喜歡口交的女性，頭上下移動就像雞一樣。3. 一種舞蹈動作。

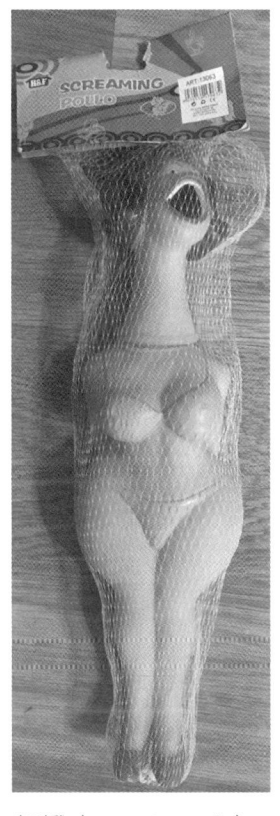

尖叫雞（screaming pollo），來自義大利的狗玩具，2013 年。尖叫的**雞**其實是**女人**。

從喇叭裡放出來的音樂是超脫樂團（Nirvana）的〈強暴我〉（"Rape Me"）。譯按：美國音樂公司 Groove Addicts 的廣告，文字內容包括「Armani 的夾克」、「Dom Perignon 的香檳」、「那個音樂是誰做的？一定要選對音樂」。事實上，〈強暴我〉這首歌是從被害者角度來寫的。主唱寇特・科本（Kurt Cobain）是眾所皆知的反父權主義者、反性別歧視者，但這廣告卻平面化歌詞的涵義，只把歌曲拿來當成約會時的性暗示。

- 一間名為「烤全豬」（Pig Pickins）的餐廳，女侍者都穿著印有「為你嫩滑多汁」字樣的 T 恤。

- 在 Hooters 波霸餐廳的女侍者過去都被要求穿印有「不只滿足你口」字樣的 T 恤。

- 「南方風情雞仔伴遊女郎」（Dixie Chicks Escort）的廣告宣稱「這可不是普通的雞」，搭配一張金髮白人女性的照片，她背對鏡頭蹲著，黑色內褲被屁股繃得緊緊的。

F.A.T 酥炸與美味餐廳。澳洲墨爾本,2019 年。
© David Killoren
譯按:一桶雞胸肉配上文字「摸我的肥美大胸」。

- 攝影師漢姆特・紐頓(Helmut Newton)為了 Vogue 食品特輯拍了一張穿著黑白高跟鞋的死雞照片。透過描述,我們得知紐頓「興奮地說(雞)太性感了。有一次我經過廚房看到那玩意(it〔原文如此〕)就那樣坐著,兩腿張開,準備要被煮的樣子」(Mower 2003)。

- 有一本食譜書以《雞的五十道陰影》(Fifty Shades of Chicken)為書名(參見包括 Maressa Brown 在內的回應)。

- 「舔雞」（Lick-a-Chick）免下車餐廳。

- 布魯克林弗萊舍屠宰舖（Fleisher's Butcher）的廣告詞：「性感雞雞」、「我們最愛天然胸部：有機曲線無需加工」（Elliott 2011）。

- 廣告看板鼓勵人們：「嚐嚐我們皮塔餅裡的『雞雞』！」看板上畫著一隻活生生的雞躺在沙發上的餅皮裡。雞說：「我知道你想要我。」

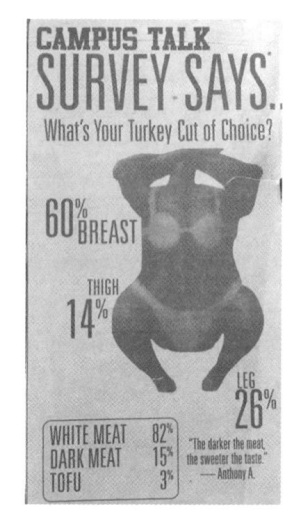

譯按：你最愛火雞的哪個部位？校園調查結果顯示：60% 選胸部，14% 選大腿，26% 選腿。

"Filthy Cow"餐廳的磚牆藝術，文字寫著「上樓來吃我」。英國曼徹斯特，2016 年。

國際精液供應商 T 恤。T 恤上的廣告詞「我們站在每隻我們服務的牛身後！」解釋了該廠商的主要業務；這是一間刺激公牛射精、採集精液並賣給農場主，以便讓母牛懷孕的公司。© Kathryn Gillespie

譯按：廣告表面上支持母牛，實則玩弄雙關語：對母牛進行人工授精時本來就得站在她們的後方。戲謔語言將酪農業對動物的剝削包裝成關懷，遮蔽其殘酷現實。標語"Baby Got Back" 是混音老爹（Sir Mix-a-Lot）的著名嘻哈歌曲，原意為「這女孩有豐滿翹臀」，此處則是將母牛性化。

在「漢堡熱潮」期間，2015年英國曼徹斯特開了一間名為「淫穢母牛」（Filthy Cow）的餐廳。雖然該餐廳僅存在了18個月，但已極盡所能地利用了被性化的母牛形象。餐廳的推特頭像吶喊著：「摸我！翻動我！啃我！咬我！抱我！壓扁我！吞掉我！」餐廳網站上有一個GIF圖檔，顯示母牛屁股被螢光照亮的輪廓，姿勢類似於本書173頁圖片的「銷魂火腿」（Hamtastic）。母牛雙腿一開一合，邀請人們進去吃漢堡。吃她。

十六世紀時，一首名為〈大肥鵝〉（"The Big Fat Goose"）的義大利牧歌充滿了引人遐想的雙關語，講述一個農夫「養了一隻大肥鵝／一隻漂亮的鵝」，有著一根「又大又長、肥滿多汁、柔軟彎曲的美麗脖子」。歌曲繼續唱道：

> 帶上這只鵝，
> 讓我們好好利用她！
> 拔毛、塞餡*¹、煮熟她、烘烤她、切開她、吃掉她！

在美國感恩節期間，類似的歌謠也四處流傳，描述對各身體部位的撫觸，而結尾的笑點是：那身體屬於一隻死掉的火雞。

在美國，每年十一月，穿著比基尼的死火雞圖像也充斥於社交媒體。這個用途廣泛的壓迫性圖像被用於本地商店的宣傳、賀卡上（在全食超市中能買到相同圖案，寫著「有些人就愛辣」字樣的卡片）和社交媒體上，甚至附有DIY指南，教你如何自己動手做波霸火雞（例如把檸檬塞進死火雞的皮膚下充當乳房）。商家型錄上供應「搖滾烤雞：晚餐也跳舞」——一隻用電池發電、被斬首拔毛的火雞隨著加勒比熱門歌曲舞動：「辣、辣、辣！」

一間提供動物飼料添加劑（蛋氨酸〔Rhodimet〕，一種氨基酸）的公司安迪蘇（Adisseo），打造了一幅幸福小家庭的美景，母親笑容可掬，父親悠閒地喝著馬丁尼。作為目標觀眾的我們，對這「玩笑」的影射心知肚明。在集約畜牧業中並不存在雞的小家庭；他們不會產生教養關係，也不會小酌放鬆，或對藥物晚餐感到雀躍。即使畜牧業並不允許雞過家庭生活，該廣告卻仍向我們灌輸傳統的性別角色觀念。

---

*譯按1：塞餡 "stuff her" 也有幹、性交之意。

Rhodimet™

The wider your choice of methionine, the higher your profit.

Adisseo methionine is available in both powder and liquid forms, so that you are free to choose the right product for your process. That's the kind of freedom that helps you make a real difference in animal nutrition.

A range of powder and liquid products

www.adisseo.com

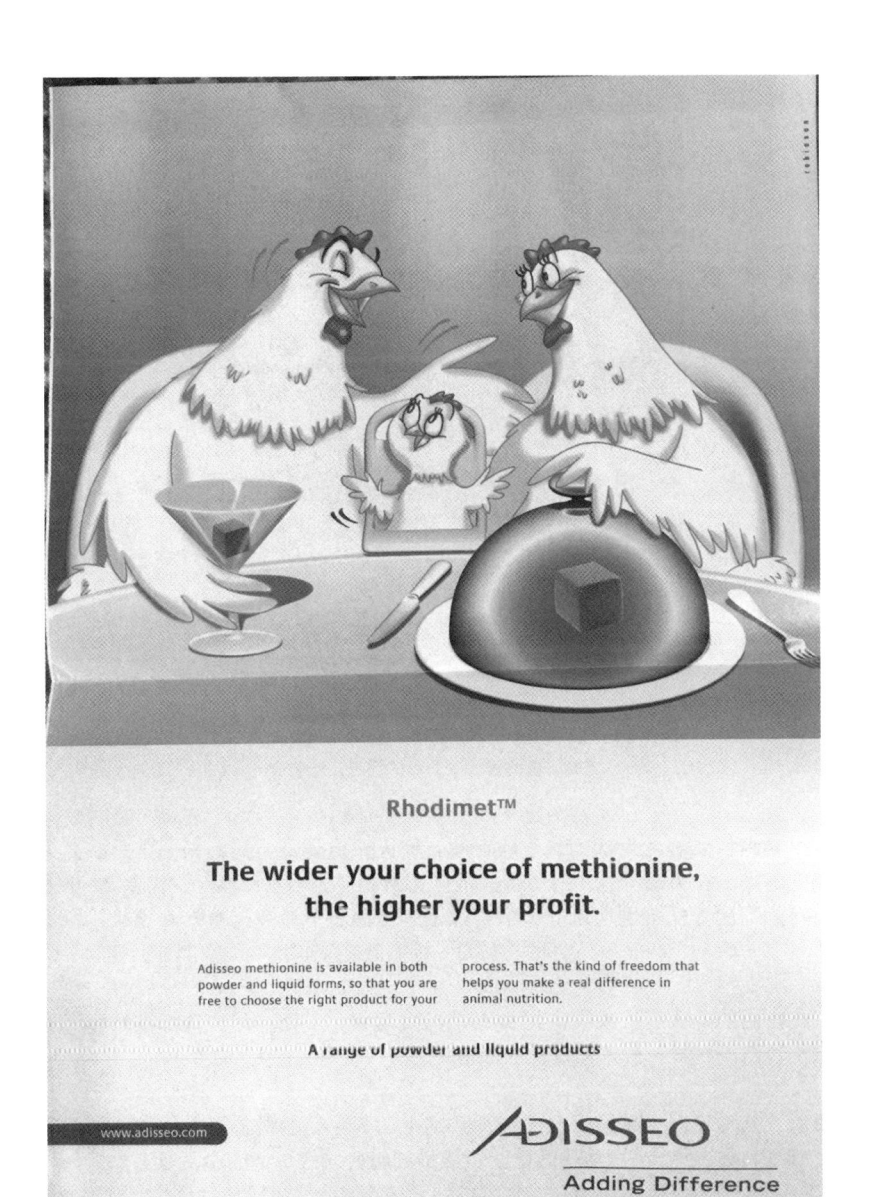

ADISSEO
Adding Difference

譯按：廣告文字為「蛋胺酸的選擇越多，您的利潤就越高。」

來自「落跑雞」主角群的訊息：吃牛肉

如果夠瞭解雞隻的生活，就不難理解為何人類會認為「落跑雞」主角群要提倡吃牛肉。在美國，有三億隻蛋雞被擠在鐵籠裡。一隻母雞至少需要 72 平方英吋的空間才能舒適地站立，但實際上，每個籠子最多能塞進八隻雞，每隻雞只有大約 48 到 54 平方英吋的空間。她們甚至沒有足夠的空間伸展翅膀。[*2]

一隻自由的野雞一天大約會花 60％的時間覓食。然而，這些雞卻被剝奪了巢箱、沙浴的材料、棲木和覓食的機會。

所謂「強迫換羽」是指將母雞斷糧八到十二天，目的是為了「刺激」她們。在母雞失去 30％到 35％的體重後，據推測將會恢復更高的產蛋量。

*譯按 2：一張 A4 紙大小大約為 96.5 平方英吋，而在工業化養殖中，母雞的活動空間甚至不到 A4 紙的一半。

工業化蛋雞舍內一排排的籠子。
© Jo-Anne McArthur／Animal Equality

工廠化農場養殖的肉雞雛鳥。
© Jo-Anne McArthur ╱ Animal Equality

從小雞到老母雞 —— 衡量標準是其生殖能力，而實際上，這個期限大約只有兩年，因為屆時她的身體就會被耗盡，不再產蛋。

「耗盡的」母雞骨骼脆弱、肉質乾柴，不受肉品產業的青睞。由於缺乏「價值」（不值錢），這些老母雞、淘汰蛋雞必須被「處理掉」。她已被消耗殆盡⋯⋯沒什麼可利用的了。畜牧業和消費者已把她榨乾。

根據曾在蛋雞場工作過的人所報告的經歷，常見的一個共同點就是感官的超載：氣味、景象和聲音。在保羅・索洛塔洛夫（Paul Solotaroff）發表於《滾石》雜誌的一篇關於工廠化農場的文章中，他援引了一位社運人士的話：「如果你沒在蛋雞場待過，你不會知道什麼是地獄」，「雞糞堆到六英尺高，你的肺像被火炬燒過那般灼痛」（Solotaroff）。在參觀了一個雞舍後，《華盛頓郵報》的記者彼得・古德曼（Peter Goodman）表示，「灰塵、羽毛和阿摩尼亞充斥在雞舍的空氣中，風扇把它們變成了空中砂紙，磨得皮膚生疼。」

《紐約客》的記者邁克・斯佩克特（Michael Specter）描述了他當時的經歷：

> 我幾乎被糞便和阿摩尼亞的強烈氣味熏倒在地。我的雙眼和肺都在灼燒，我看不見也無法呼吸⋯⋯在我眼前，肯定有三萬隻雞靜靜地坐在地上。她們一動也不動，也沒有咯咯叫，幾乎就像雞的雕像般生活在一片漆黑中，而她們短短六週的生命，每一分鐘都會這樣度過。（Specter）

由於這些鳥被迫一整天呼吸來自糞便和羽毛的阿摩尼亞和空氣中的懸浮微粒，多數都患有嚴重的健康問題，包括慢性呼吸道疾病和細菌感染。

這些被囚禁的產蛋母雞是「缺席的指涉對象」。
©Farmed Animal Reform Movement，FARMUSA.org.

譯按："Absent referent" 在亞當斯的《肉的性別政治》一書中被譯為「消失的指涉對象」，指某個詞語所指稱的對象或事物在語境中並不直接出現，或因抽象化（變成隱喻或象徵）而無法具體指認。以產蛋母雞為例，由於她們被人類視為純粹的產蛋工具，而非具有感知能力的生命個體，因此她們的感受、需求和痛苦遭到否決和忽視，成為了既（應該）在場卻又不（真正）在場的存在。「缺席的指涉對象」中的「缺席」也是「被缺席」、「被消失」和「被隱匿」的意思。

麥當勞的廣告看板「每顆蛋的夢想」延續了「雞的小家庭」迷思；在這個例子中，「小孩蛋」夢想著自己長大後的樣子。廣告訴諸危險的濫情手段，將孩子的夢想這一比喻拿來鼓吹消費，並賦予未出生的胚胎以思想、欲望和自我實現的需求，呼應了反墮胎人士主張的「胎兒人格」（fetal personhood）的語言。《紐約時報》報導，截至2018年，美國越來越多法律條文「把胎兒視為人，卻將婦女視為次等存在，並對懷孕婦女提出刑事指控」。[1]

將蛋擬人化為一個有長大夢想的孩子，也暗示著食物系統中的動物實際上會長大，進入成年與老年。但其實並不會。

迪克·克拉克（Dick Clark）在1996年2月25日的漫畫中提供了這樣一則趣聞：*民謠二人組「賽門與葛芬柯」（Simon & Garfunkel）的保羅·賽門（Paul Simon）從哪裡得到創作〈母子重逢〉（"Mother and Child Reunion"）的靈感？答案是一間中餐館的雞肉與蛋料理。*[*3]

註1：根據《紐約時報》的報導，女性曾被指控的罪名有：傷害胎兒罪、極端輕率謀殺（depraved heart murder）、提供管制物品、對胎兒構成化學危害罪（chemical endangerment of a fetus）、非預謀殺人罪、二級謀殺罪、墮胎罪、虐待兒童、因粗心大意對兒童造成傷害、隱瞞出生、隱匿死亡、虐待屍體、對未成年疏於照管、企圖致使流產（attempted procurement of a miscarriage）、輕率過失殺人（Editorial Board 2018）。

*譯按3：根據1972年7月20日《滾石》雜誌的採訪，保羅·賽門證實了這首歌的歌詞與他寵物狗的死亡有關，而歌名則取自他在紐約市中心一間中餐館點的菜名。

我的目光再次回到飼料添加劑的廣告，並被「雞父親」面前的馬丁尼吸引。這張廣告出現於 2003 年的《飼料》（*Feedstuffs*）期刊中，卻喚起了對早期喝著馬丁尼的男人和核心家庭的懷舊感。[2]

譯按：「你的馬丁尼裡有什麼？」

註 2：The Vodka Martini 可以說是一個悖論：它被認為是一種具有男子氣概的飲料，但卻是由最不具男子氣概的成分製成的（Parkhill 2014）。

「蘸入肉汁，生命更有滋味」。Dip and Flip 餐廳的牆面裝飾。倫敦，2016 年。匿名者提供。

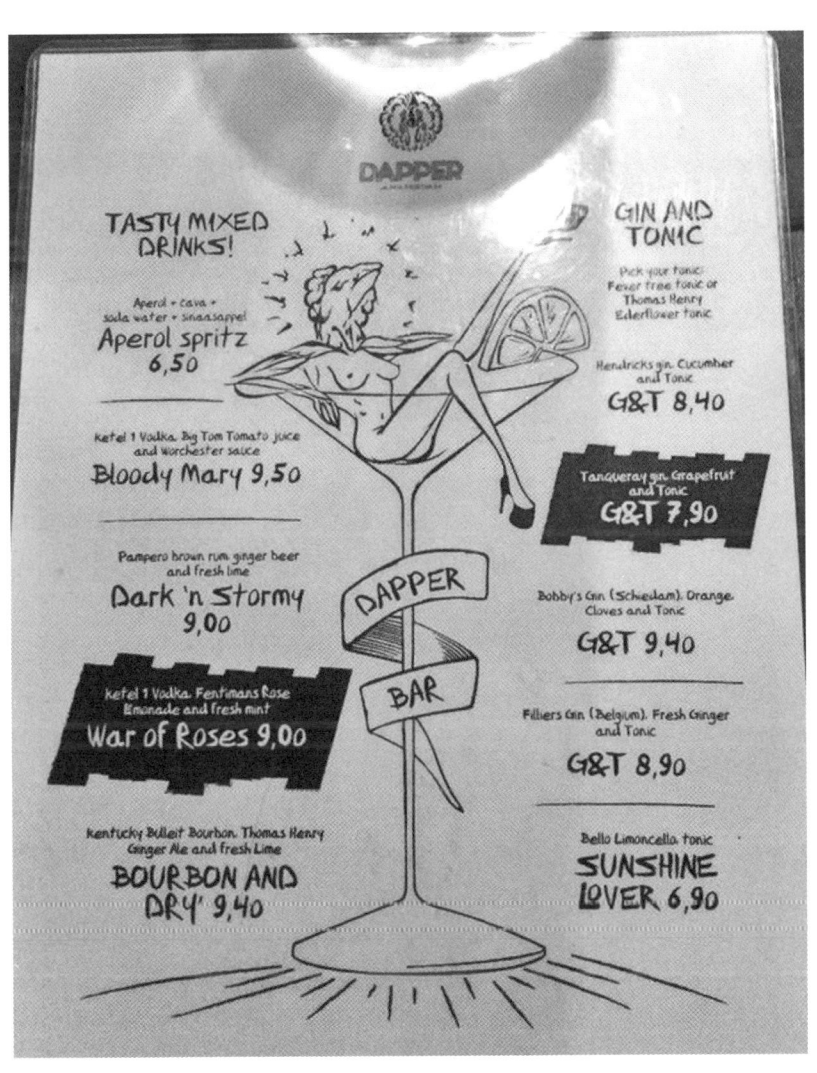

Dapper 酒吧的調酒酒單線上廣告。

"Eat Me"

譯按：此 Gucci 廣告的分析見本書 122 頁內文。

「吃我」

120

Spanky Van Dykes 酒吧的菜單文宣寫著「來吃我」。
英國諾丁漢，2016 年 6 月。© Kate Stewart

"Eat Me"

譯按：Right Brain Brewery 釀酒廠的「曼加利察豬波特酒」（Mangalitsa Pig Porter）廣告。這款啤酒是以煙燻曼加利察豬的頭和骨頭釀製而成。

抬高的雙腿，黑色或粉紅色的內衣，雞與豬順從的姿態喚起了 Gucci 廣告中彰顯的異性戀互動模式。這種屈從被呈現為女性和女性化的；這是女人的命運。當動物遭到女性化時，男性形象通常會被移除，這不僅是因為動物的服從已被視為理所當然，也正如人文學科教授費歐娜．普羅賓－拉普塞（Fiona Probyn-Rapsey）所說：

如果豬（或雞，如前幾頁的廣告所示）身旁有男性（如第 120 頁 Gucci 廣告所示），那麼這種「隱喻」就會崩塌（即吃動物是性感的）⋯⋯男人的存在會使畫面中的人獸交意象變得明顯，以圖像語言來說，觀眾的反應會立刻從「好好吃」變成「好噁心」——贊同人獸交的立場在大多數這類圖像再現中呼之欲出，但這恐怕不是廣告商樂見的事。他們可能很願意暗示吃動物是「性感的」（並堅持認為這是這種廣告操作中**唯一**一層意涵），但如果被視為支持人獸交，他們會感到非常不舒服。[3]

Mariner Watches
@MarinerWatches

Like whiskey and a beautiful woman, timepieces demand appreciation, you gaze first and then indulge!!
-Mariner Watches ⚓

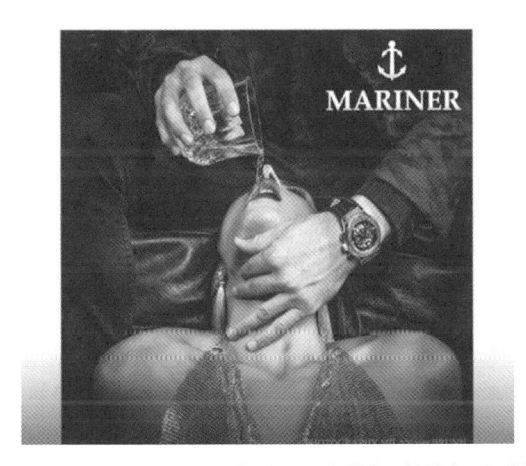

譯按：Mariner 手錶廣告，文案為「一如醇酒與美人，鐘錶也需要欣賞的目光。先讓你凝視，再令你沉醉！」

註 3：於 2019 年 12 月電子郵件的交流內容。經授權使用。

讓女性噤聲的方式有很多種：恐嚇、威脅、當有人首次發聲，說出遭到性剝削對待時不予理會[4]、被掐喉或勒脖至失去意識[5]、不處理性侵驗傷證據採集包（rape kit，譯按：性侵驗傷證據採集包是一個特製的盒子，裡面放有用於蒐集性侵證據的信封、瓶子和其他容器）[6]，以及「男式說教」（mansplaining）*4。

主流電影也讓女性噤聲：2007 年至 2017 年最受歡迎的電影中，男性角色的數量始終比女性角色多一倍（Buckly 2018）。

斬首也是一種噤聲的手段。

全球範圍內只有「24％的新聞報導與女性有關」[7]。2010 年，美國全國公共廣播電台（NPR）稱其新聞來源中只有 26％是女性（Yi and Dearfield）。2015 年，全球媒體監測計畫（Global Media Monitoring Project）顯示，在全球的平面媒體及廣播新聞中：「透過報紙、電視和廣播新聞能被聽到、讀到或看到的所有人中，女性僅占 24％，和 2010 年完全相同。」（Criado-Perez）2018 年的一項研究發現，「美國頂尖大學的學術研討會中，男性講者占 69％，女性僅占 31％」。關於這些講者的種族組成，我們不清楚，然而「不幸的是，由於該研究找不到足夠數量的有色人種教授以取得強有力的統計樣本數，因此未能徹底研究種族的影響。」（Fairfield 引用 Niittrouer 等人的研究）

註4：請參見 R&B 歌手 R．凱利（R. Kelly）、「天才老爹」比爾．寇司比（Bill Cosby）、美國億萬富豪傑佛瑞．艾普斯坦（Jeffrey Epstein）、好萊塢名製片人哈維．韋恩斯坦（Harvey Weinstein）和美國女子體操隊前隊醫拉里．納薩爾（Larry Nasser）等案件首次遭舉報的時間線。
註5：「在一段虐待關係中，60％的家暴受害者都會在某個時間點被掐喉或勒脖——通常是多年來反覆發生。絕大多數的施暴者是男性（99％）」。「那些被勒到失去意識的人在事發後的 24 至 48 小時內因中風、血栓或誤吸（aspiration，指嘔吐物堵塞呼吸道窒息）而死亡的風險最高。」儘管有致死的危險，急診室並不會例行性地為受害者檢查脖子或腦部的傷害，受害者本身也往往對受暴的過程記憶模糊，甚至不知道自己曾失去意識（Snyder, 65。另請參閱 Moore 和 Khan、Strack 和 Gwinn）。
註6：「聯邦政府估計，警方已將超過二十萬個性侵犯證據採集包存放而未檢測，但因為各城市和州政府竭力保密，因此確切數字沒人知道」。這導致執法單位不能即時發現有多少連環性侵犯仍逍遙法外。「當克里夫蘭的調查人員從熟識者性侵犯證據採集包中上傳了 DNA，他們才驚訝地發現這些結果經常與未破案的陌生人性侵案中的 DNA 吻合。專案小組透過這種方式確認了數十名神秘強暴犯的身分。」（Hagerty 2019）。
*譯按4："mansplaining" 一詞由 "man" 和 "explain" 組成，《市井詞典》對該詞的定義是「某男性假設某專業女性對自身工作領域的事務知識不足」，而以居高臨下的說教姿態加以解釋。
註7：參見 Zuberi 和 Bonilla-Silva 的研究。

來自緬因州一間經營數十年的餐廳的餐盤，1980 年代初期關閉。
另一間名為 "The Silent Woman" （噤聲的女人）的餐廳位於威斯康辛州，
2015 年仍在營業。來自作者的壓迫性圖片資料庫。

"*Eat Me*"

125

這延續了一個循環：白人男性菁英觀點主導了社會事實（social facts）的生產，男人不僅被視為自己生命的主體，還是他人生命的專家（Gruen, Harper, and Adams [2012]）。*5

創造「男式說教」一詞的麗貝卡・索爾尼（Rebecca Solnit）解釋道：「大多數女性都在兩條戰線上奮戰；一條是為了任何具體的議題而戰，另一條則是為了能有發言權、有想法，能被承認握有事實和真理，並證明自己是有價值的人類而奮鬥。」（Solnit 2008, 2012）

基進女權主義者安德里亞・德沃金（Andrea Dworkin）在1975年的一次演講中說道：「我們的敵人 —— 強姦犯及其辯護者 —— 不但逍遙法外，還依舊是有影響力的道德仲裁者。他們在社會上享有受人尊敬的崇高地位，他們是神職人員、律師、法官、立法者、政治家、醫生、藝術家、企業主管、精神科醫生和教師。」2019年，《紐約客》作家勞倫・奧勒（Lauren Oyler）引用了她的話並指出：

> 或許這段話曾聽起來太過多疑，但在川普當選，布雷特・卡瓦諾的大法官提名聽證會，以及包括羅傑・艾爾斯（Roger Ailes，譯按：前福斯新聞董事兼執行長）、哈維・韋恩斯坦、萊斯利・孟維斯（Leslie Moonves，譯按：前哥倫比亞廣播公司執行長）、拉里・納薩爾和天主教教會在內無數重要男性人物的性侵犯行曝光後，她的話如今顯得可怕地精準。

---

*譯按5：「社會事實」此概念由社會學家涂爾幹提出，是指超越個體，能夠施加社會控制的價值觀、文化規範和社會結構。

同樣地,伊蓮・布萊爾(Elaine Blair)也在《紐約書評》(*New York Review of Books*)中提到德沃金:

> 至少在某個層面上,我們如今都生活在德沃金的世界裡:我們耳邊迴盪著眾多女性對性侵和性騷擾的證詞。當我們不斷聽到教師、律師、記者、獄警、女侍者、軍人、演員、足球選手、州參議員、修

譯按:「尋找裸體雞(小妞)嗎?」

Pig Picking 豬排燒烤。北卡羅萊納州。© Reannon Branchesi
譯按:廣告玩弄 "Picking" 一字,把豬性化為供人挑選的陪侍女郎。
"Easy Baby" 暗示這是個「好搞定」的女人／動物。

女及世界各地各行各業的女性描述自己在職場上遭到性侵的經歷，相較於我們這些尚未準備好嚴肅面對此議題的社會大眾，德沃金似乎早在數十年前便已洞察其範圍之廣泛。

這是另一個不被傾聽的女性。

無頭的女人是厭女的投射；無頭的動物是日常現象。她們被噤聲卻仍發出邀請：「吃我」。

加拿大安大略省史特拉福,2008 年。© Pascal Murphy
譯按:看板文字為「每場派對都需要動物」,但圖像顯示的是女性。

7
把女人變成動物
—— Animalizing Women ——

自亞里斯多德以降,「男子氣概」(manhood)—— 即象徵公共與文明的男性 —— 這一概念的形成,在很大程度上依賴於將女性貶為不僅次於男性,甚至是低於人類,更接近動物的存在(Lloyd 1984)。把男人視為衡量萬物的標準不僅是西方哲學家的觀點,卡洛琳・克里亞朵－佩雷茲(Caroline Criado-Perez)在撰寫《被隱形的女性:從各式數據看女性受到的不公對待,消弭生活、職場、設計、醫療中的各種歧視》(Invisible Women: Exposing Data Bias in A World Designed for Men)一書時也發現了許多例子,以下是幾個具代表性的例證:

- 汽車安全以男性身體為預設標準進行設計;[1] 辦公室裡的溫控系統也是如此。

- 心臟病的標準診斷流程數十年來都忽略女性的症狀,將其歸類為「非典型症狀」。

- 「認為男性獵人促進人類進化」的假設,曲解了人體特徵、人類學發現,以及早期社會(pretechnological societies)的發展樣貌。

- 職業安全研究一直「聚焦於男性主導的產業」,因此「我們對如何預防女性受傷的知識可說是非常不全面的。」(Criado-Perez, 114)

- 1990 年代,「紐芬蘭紀念大學的工程師安潔拉・塔特(Angela Tate)提醒科學家注意生物力學研究中的男性偏見」,但二十年後,「遺傳學家暨蒙特婁大學生物科學系教授凱倫・梅辛(Karen Messing)卻寫道:『至今仍然沒有關於胸部大小如何影響與背痛相關之舉重技巧的生物力學研究』。」(Criado- Perez, 115)

註 1:使用女性假人測試撞擊力道時,通常會將其放在副駕駛座上。

- 從水泥袋的尺寸到軍事訓練中規定的步伐長度，[2] 乃至觸覺情境意識系統（空軍飛行員的專用背心）中預設的都是男性身體。[3]

- 許多醫學和健康研究都是用「參考人」（Reference Man）── 即 25 歲至 30 歲、體重 70 公斤的白人男性 ──「來代表整個人類」，但其實它不能作為代表。例如，化學物質的研究著重於透過皮膚吸收，而男性的皮膚比女性厚。不僅如此，女性暴露於化學物質的途徑可能是經由呼吸空氣，例如在美甲沙龍中（Criado-Perez, 116）。

- 當蘋果推出其「健康監測系統」時，曾誇口擁有一個「『全面』健康追蹤器」，能追蹤血壓、血液酒精濃度、銅攝入量和行走步數等等，但沒有提供月經週期的追蹤功能（Criado-Perez, 176）。

- 地圖應用程式假設「我們」（預設為男性）想要的是最快的路線，而不是像女性或其他群體可能想要的是最安全的路線。

- 教科書更常用男性身體來說明「中性身體部位」（Criado-Perez, 197）。2008 年一份針對「歐洲、美國和加拿大共二十所『最負盛名大學』推薦的一系列教科書的分析顯示，書中 16,329 張圖片以男性身體來說明『中性身體部位』的次數是女性身體的三倍。」（Criado-Perez, 197；另見 Eveleth）這些身體通常是白人的、健全的，而使用女性身軀時，體態通常是纖瘦的。

- Siri（被性別化為女性）「（很諷刺地）居然能找到妓女和威而鋼供應商，但找不到墮胎服務的提供者。若你心臟病發作，Siri 能幫助你，但假如你告訴她你被強暴了，她卻會回答：我不知道你說的『我被強暴了』是什麼意思。」（Criado-Perez, 197；另見 Noble）

- 如果你叫 Siri「婊子」，她會回應：「要是我會害羞的話，我會臉紅。」亞馬遜的 Alexa 則會說：「謝謝您的反饋。」（Adegoke 2019）[*1]

註 2：男性平均步幅比女性長 9-10%，且基於男性步幅長度的步伐訓練和女性骨盆骨折的增加有關（Criado-Perez, 123）。

註 3：這種背心最適合「毛髮多、骨感的皮膚」，而在「身體柔軟多肉的區域」偵測效果較差；換言之，它適用於毛髮濃密的胸膛而非乳房（Criado-Perez, 123）。

*譯按 1：亞馬遜的語音助理也被性別化為女性。Alexa 是 Alexandra 的簡稱，也是 Alex 或 Alexander 的女性形式。

譯按：BACARDI 蘭姆酒廣告，文字為「白天乖巧，夜晚狂野」。

將男性 —— 尤其是白人男性 —— 作為衡量一切人類事物標準的觀念，透過將女性動物化的廣告和其他再現得以強化。

放一杯酒或一瓶啤酒在女人手上，她會立刻顯得更像動物。在她手中塞一顆蘋果或讓她被蛇纏繞（或兩者皆有！），她就成了人類墮落的禍首。而這只是開始：把我們和馬連結在一起，將我們像野生動物般展示，把我們關進籠裡，創造半人半獸的合體，我們就成了派對動物。

譯按：UNIVERSITY ROW 襯衫廣告，文字為「抓住那隻野母虎，霸氣虎爺！」

給女人穿上老虎或豹紋內衣，她就成了獵物。將女人置於屈從地位，在直立著的男人腳下，或把我們關進籠子裡 —— 或兩者都做！使用雌性動物的相關名稱來羞辱我們 —— 她們對自己的生育選擇毫無控制權 —— *母牛、豬、母豬、母雞、老母雞、母狗*。像知名男裝品牌 Topman 所做的那樣，販售印有「新馬子不錯，是什麼品種？」的 T 恤 —— 暗示著人獸交 —— 指女性和動物交媾，或強迫女性與動物發生性關係。[4]

註 4：全國各地的受虐婦女庇護所經常接獲女性被迫與動物發生性行為的報告。在納粹德國，強迫猶太女性與受訓狗發生性行為是一種折磨形式；在二十世紀末的智利，這種手段被拿來對付女性政治犯。全球各地的性「俱樂部」都會提供女性與動物性交的現場表演。美墨邊境的一些城鎮甚至主打女人與驢子的「交媾秀」。

Morena 麥酒的酒標：「豐滿奶油般的滑順口感」。加州，2013 年。
圖片來源：「南加州水果餐派對」社群（SoCal Fruitluck）

以上全都是將女性比作動物或類動物的方式。將女性看成動物有助於維持父權制的穩定。

根據這篇文章〈她看上去就像是床上的野獸：社交情境中飲酒女性遭受的去人性化對待〉（"She Looks Like She'd Be an Animal in Bed: Dehumanization of Drinking Women in Social Contexts"）的研究，飲酒的女性被視為「低等人類」，或是類動物，因此被認為是性開放的，增加了「遭受性侵的風險」。

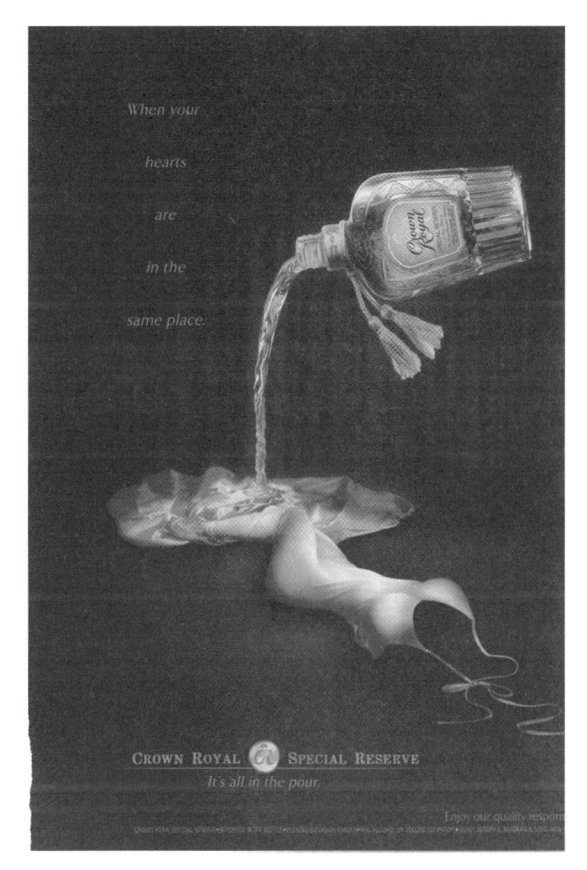

譯按：Crown Royal 威士忌廣告，內含文字為「當你們的心同在一起」、「一切盡在這一倒（pour）」，暗示放縱的激情如酒液傾瀉，也隱含男性精液噴湧的意象。洋裝勾勒出女體曲線，呈現躺姿，帶有物化女性和迎合男性凝視之意。絲綢般的貼身布料增添了誘惑感，深色背景則營造出夜晚的私密氛圍，強化了情慾聯想。

研究人員也發現，「值得注意的是，和水比起來，酒精的存在對男性的去人性化程度沒有影響」（Riemer et al., 617）。

2018 年，澳洲新南威爾斯州的州政府舉辦了一場名為「理性博弈週」（responsible gambling week）的活動，借用了英國民間傳說裡的一個標準元素來做宣傳，即把不羈的女性和馬聯繫在一起。一隻馬妖（horse

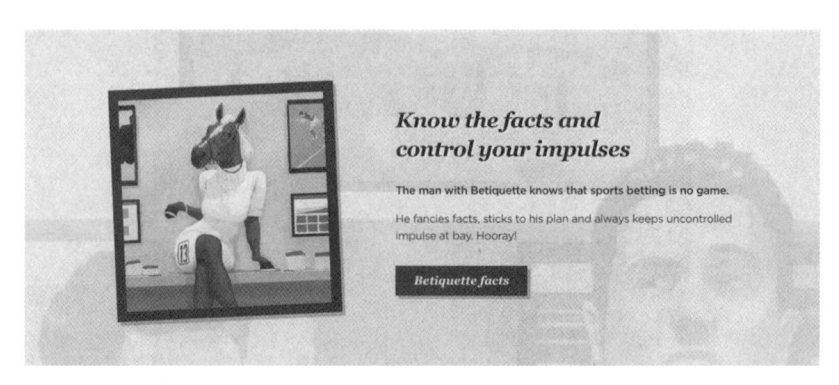

新南威爾斯政府為「理性博弈週」網站製作的「博弈禮儀」影片截圖，2017 年。

temptress）成了「理性博弈週」的影片主軸：這名放蕩的女妖會引誘你、背叛你。理性博弈者需要找到方法來駕馭她的力量。（引自新南威爾斯政府網站的"Betiquette"網頁內容）影片忽略了賽馬對馬本身造成的真正危險；純種馬經常因四肢傷害及「呼吸系統、消化系統和多重器官衰竭」而死亡（Fobar 2019）。

反婦女參政權的明信片往往充滿動物化的象徵。右側的明信片將婦女參政權論者的核心問題定位在「舌頭」——某種象徵陽具的器官——它篡奪了男性的話語權。[5] 這個圖像暗示使人聯想到「毒舌鉤」（Scold's Bridle）的解決手段。「毒舌鉤」是十六、七世紀英格蘭男性用來懲罰妻子的刑具；如今，這種懲罰會被視為家庭暴力和一種酷刑（Boose 1991）。當時，丈夫若對妻子的叛逆行為感到不滿，可向地方政府舉發，隨後當局會對妻子施行「毒舌鉤」的懲罰。懲戒者會把「毒舌鉤」鎖上：「它的前端有一塊鐵片，不是造型鋒利就是覆蓋尖刺，正好能嵌入受害者口中，若該名婦女試圖以任何方式移動她的舌頭，肯定會受到嚴重的傷害。」（Boose, 196 n. 45）一旦「毒舌鉤」被鎖在她的頭上，就意味著她篡奪男性角色、權威和發言權的行為已經結束。接著，她會被鎖鏈牽著，在社區裡遊街。遊街是一種「基於羞辱的性別化懲罰」（Boose, 202）。

註 5：「所有的反叛都是某種形式的篡奪，如果夏娃的罪過——透過運用她的舌頭進行的『語言的首次使用』——也被想像成對男性陽具權威和男性語言意符的篡奪，那麼女性說話和女人舌頭的形象便要背負沉重的精神包袱。永遠有罪，永遠失序，永遠誘人犯罪，夏娃和她的後代成為社會必須控制的問題。」（Boose, 204）

反婦女參政權明信片。Selmar Bayer 公司發行。
圖片來源：格拉斯哥婦女圖書館，2015-92-4。

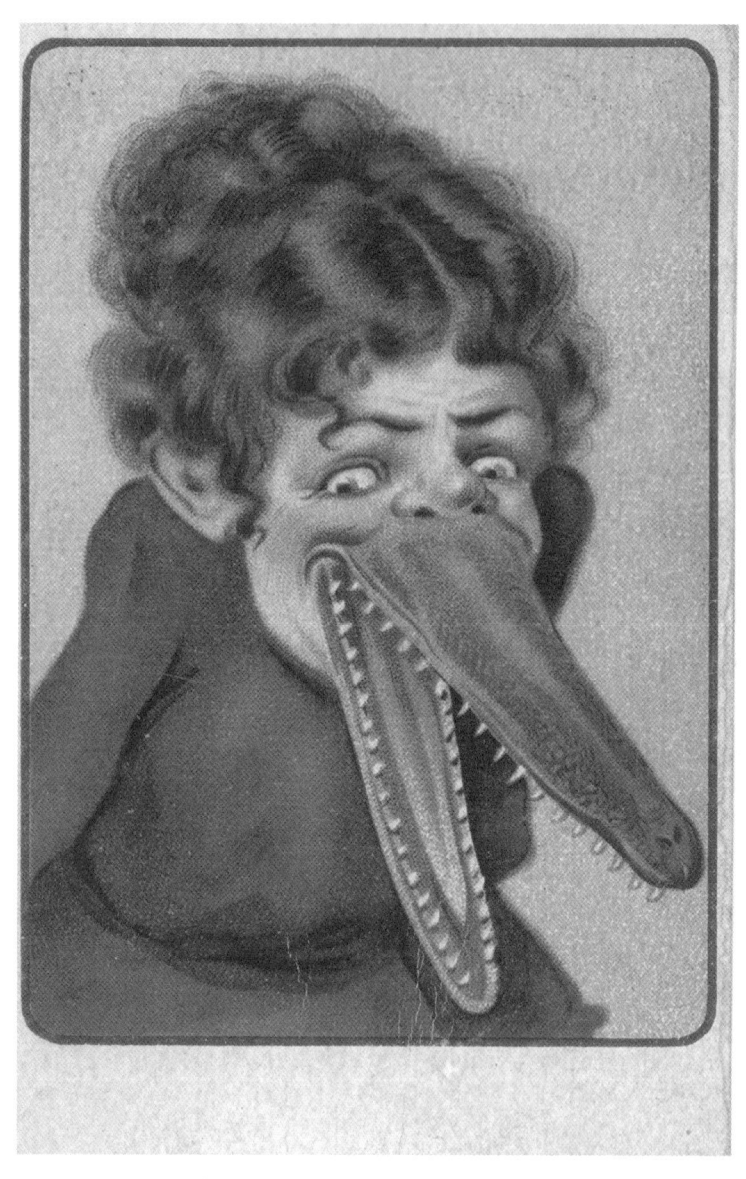

反婦女參政權明信片。Selmar Bayer 公司發行。
圖片來源:格拉斯哥婦女圖書館,2015-92-2。

Revolution 連鎖酒吧的週六狂歡。英國劍橋，2018 年。© Ben Tonks
譯按：廣告口號"Screw it / Let's do it"（管他的，就去做吧！）
是英國富豪暨維珍集團（Virgin Group）創始人理查‧布蘭森（Richard Branson）
的座右銘，也是他 2006 年出版的自傳書名。廣告藉此鼓勵消費者放開束縛，盡情享樂。

堵住婦女參政權論者的嘴使其緘默 —— 將女性爭取權利的問題歸結為她們的言語 —— 並將她們貶為聒噪不休、散播謠言的女人，這些做法疊加起來便把女性合理的關注歪曲成不正當的訴求。

如果酒精是將女性動物化的手段之一,那麼將女性和蛇同框展示則是另一種手段 —— 這是參考《創世紀》第三章的主流詮釋。來自格拉斯哥婦女圖書館的這兩幅圖像把夏娃與蛇(或其他爬行類動物),以及她們導致人類墮落的責任和爭取參政權的訴求聯繫在一起。

《創世紀》第三章中描述夏娃擅自吃了善惡樹上的果實,這或許是尤太-基督教世界中最著名的進食行為。無疑,夏娃和蛇就此背負了沉重的責任。她們都被視為不可信任、邪惡墮落的生物。那麼,「生命之樹和它的果實 ——

本書韓文版的初版封面，2003 年。

肉桂、石榴、椰棗、蘋果——與生育女神有關聯」這件事重要嗎（Lerner, 195）？或者在《創世紀》第三章被寫下時，蛇是否象徵生育女神的存在？這些其實都不重要。

根據通俗的聖經解釋，（男）人（mankind）的墮落和死亡的降臨都歸咎於一個女人和一隻非人動物——蛇。十九世紀的白人女性主義哲學家伊莉莎白・凱迪・斯坦頓（Elizabeth Cady Stanton）宣稱：「從這個場景中拿掉蛇、果樹和女人，我們就沒有墮落，沒有冷峻的最終審判者，沒有煉獄，也沒有永恆的懲罰——因此也就不需要救世主。這樣一來，整個基督教神學的

小貨車上寫著「精緻肉品店」。車門上印著「很高興肉見你」（Nice to Meat You）的口號。夏娃拋棄了蘋果，亮出一塊動物的肉。克羅埃西亞斯普利特市，2018 年 2 月。© Simon John Ryle

譯按：肉品廣告標語為「上帝最好的創造物都來自肋骨」。

根基就瓦解了。」（Stanton, 26）在斯坦頓後一百年，白人女性主義歷史學家格爾達·勒納（Gerda Lerner）指出：「對女性來說，《創世紀》代表她們被定義為與男性本質上不同的生物。」（Lerner, 196）[6]

一如《創世紀》第三章，第二章講述女性地位低於男人，亦是父權敘事的一部分，不論這主導敘事（dominant narrative）是否僅為一種誤讀。因此「亞當的肋骨」（Adam's Rib）燒烤餐廳才會充斥在我們的生活周遭。就像第 144 頁肉品廣告圖像牛肉！引用了《創世紀》第二章關於「夏娃」由「亞當」的「肋骨」（實際上《聖經》並未使用*肋骨*一詞）創造出來的故事。

2015 年，南卡羅萊納州參議員湯姆·科賓（Tom Corbin）以不認同女性參政，並認為她們應該「待在家裡烤餅乾」或「關在家裡生小孩」聞名。他對參議員卡翠娜·希利（Katrina Shealy）說：「你知道上帝先創造了男人吧。然後他用男人的肋骨創造了女人。而且你也知道，肋排只是一塊次等肉吧。」科賓聲稱他只是開個玩笑，只是在「逗」（ribbing）希利，儘管希利曾明確說過她不覺得他的笑話有趣，並要求停止這類評論。該次對話發生在他們針對「『遏止家庭暴力立法中的槍枝條款』意見不合之後。該條款內容旨在防止施暴者能輕易取得槍枝。長久以來，南卡羅萊納州都是全國對女性施暴最嚴重的地區之一，且大多數家庭暴力的死亡案件都涉及槍枝。」（Snopes 2015）

一幅"Rubes"的漫畫中，三隻雞圍著一隻已被脫毛的小雞，小雞說：「太可怕了⋯⋯先是我的羽毛被拔光，接著我被浸入一碗用麵粉、雞蛋和水調成的麵糊裡⋯⋯但最糟糕的部分是被撒上十一種不同的香草和香料。」[*2]

漫畫的標題呢？「**受虐／酥炸（battered）小雞**」的支持團體聚會。[*3]

全世界平均每天有「137 名女性被親密伴侶或家庭暴力所殺害」（Snyder, 6）。

註 6：過去幾十年來，反墮胎運動將墮胎的（白人）女性妖魔化，強化了女性邪惡且不值得信任的觀念。在墮胎前進行侵入性檢查的要求，便是實現人們普遍理解的《創世紀》第三章中的神的懲罰：女性會為了其生育能力而遭受痛苦（女性主義的聖經學者對此有更為細緻的解讀）。

* 譯按 2："Rubes" 是由 Leigh Rubin 創作的漫畫系列，以單幅漫畫創作為主要形式。內容常以動物為主角，用誇張、幽默的方式表達觀點。風格機智諷刺，常用來反映人類行為、社會情境和生活瑣事。
* 譯按 3：battered 指被裹麵糊油炸，也有被毆打之意。

Food network 的廣告，文字內容為「他把我翻來翻去，把我綁起來，在我翅膀下塞堅果。但，現在誰不是對我垂涎三尺？」、「以 Emeril 的料理風格來談談火雞吧！」。
《電視指南》，2000 年 11 月 11-17 日。
譯按：Emeril Lagasse 是美國名廚、餐廳老闆、電視名人及食譜作者。

共和黨州眾議員凱爾・塔斯克（Kyle Tasker）在社交媒體上發布了一張圖：一個白色火柴棒男人正在幫一個白色火柴棒女人口交。附帶的標語寫道：「五萬名女人被裹麵糊油炸，而我還在吃我的普通口味？」（Talking Points Memo 2014）（譯按：塔斯克在此仍刻意玩弄 "battered" 的雙重意涵，顯示對家庭暴力的嚴重漠視。）

用粉筆書寫的厭女症例子:「雞比那個說會願意為你死的小妞好。
雞真的為你而死。雞才是真愛 ♡。」澳洲雪梨,2017 年 3 月。

印有這句話的 T 恤 2019 年在亞馬遜網站上仍有販售,至今尚能在多個管道購得,甚至做成了布徽章和梗圖形式(就像塔斯克發布的那樣)。

五萬?否認和輕視不僅只是個「玩笑」(新聞標題將塔斯克的惡作劇定調為「玩笑」),這個數字還是錯誤的——「家庭暴力占所有女性謀殺案的 30%,每年造成約兩百萬起傷害,並促成 1850 萬次心理健康的諮詢訪談。」(Solnit 2012)

如何畫超級英雄？ Renae De Liz 的臉書貼文。
經授權使用。

8
擬人化色情
—— Anthropornography ——

芮娜・德・利茲（Renae De Liz）提出了以下問題：「身為藝術家，如果我想讓女性角色不被物化，且為她們增添力量，我能做些什麼？」為此，她提供了同一位女性的兩種畫法來說明她的關注點。（圖見 148 頁）

圖左中的女性形象展現了許多旨在「突顯性吸引力，但不符合英雄角色現實」的刻板印象。她在擺姿勢，而擺姿勢便假定了她的功能是展示，並預設了觀眾的存在。

德・利茲解釋道，圖左中的女性被「性化」（sexualized），力量被剝奪，使她顯得更缺乏個性。她展示了一個常見姿勢，稱為「扭腰擺臀」（the arch n' twist），露出「兩邊的臉頰和兩邊的乳房」。迷濛的雙眼和嘟嘴表情營造出「一種性感氛圍，削弱了角色個性」。女性胸部是以一種常見的教學方式繪成 —— 兩個分離並向前突出的圓圈。她的手部姿勢柔和，這也削弱了她的力量。她的細高跟鞋提高了視覺吸引力，但對於一個在移動中的英雄來說並不現實（Sharma 2016）。

911 事件中，在倒塌的世貿中心周圍發現了被遺棄的高跟鞋；這些高跟鞋之所以被拋下是為了讓女性能逃得更快。

德・利茲認為一位超級英雄應該更像圖右中的女性：「為你的超級英雄賦予獨特的臉部特徵，如果她很強壯，就給她肌肉，確保她在執行英雄任務時胸部不會暴露，讓她的姿勢具功能性而非性吸引力。」

當那些刻板印象的特徵 —— 胸臀突出、穿高跟鞋、瞇眼、嘟嘴、柔弱的手 —— 被應用到動物身體時，便傳遞出與德・利茲所指出的相同訊息，即削弱力量、去個體化，以及對性吸引力的凸顯。這些訊息是多餘的，因為這些豐滿女性早已被剝奪力量和個體性了。我將這些不同種類的刻板形象稱為「可侵犯的暗示」（cues of violability）。這些暗示顯示不平等已被當作性感。

「火雞鉤子：夾取烤物，輕鬆上桌」來自作者的壓迫性圖像資料庫。
譯按：hooker 也有妓女之意，"an easy pick up" 也指「容易搭訕的對象」。

奧勒岡州波特蘭，2015 年。© Mitch Goldsmith

事實上，不僅動物長得不像圖中描繪的那樣，大多數女性也從來不像圖片呈現的樣子。這是在同時散布兩種謊言。不現實的女性身體形象被強加在動物身上。

擬人化色情（anthropornography）是艾米・哈林（Amie Hamlin）[*1]替我創造的新詞，用來表達動物的女性化及性化。被束縛的動物，尤其是農場動物，會呈現出「自由自在」的樣子，然而這種自由是以傳統中女性被視為「自由」的方式表現出來，即透過性的客體化（sexual objectification）。

缺席指涉結構的核心是其可替代性（fungibility），也就是說，即使用另一個存在來代替「女性」，性化的支配現象依然存在。在這裡，將女人描繪成性客體顯然是一種突顯「跨物種女性身體性化觀點」的建構（Eisen 2019, 72）。

「觀看」不僅建立起「異性戀本位男子氣概」（heteronormative manliness）的性別角色和權威，還建構起所謂的「人性／人的身分」（humanness），將我們與動物區分開來。「觀看」不僅透過物種特徵來區別性別，也透過性別化的特徵來區別物種。

肉的色情政治讓頻繁被標記為女性、帶有女性特徵或性魅力的動物呈現出渴望被插入（penetrated）、被吃掉或自殘的樣子；後者被稱為「自殺食物」（suicide food）[1]。

| 表格 8.1 「缺席的指涉對象」公式延伸 |

缺席的指涉對象公式延伸

{「女人」／女性化身體｝＋可侵犯性的暗示
＝性感／性化宰制（sexualized dominance）／
不平等卻被當性感（inequality made sexy）／主體地位的毀滅／
去個性化（匿名性）

註1：「自殺食物」圖像資料庫請見 https://suicidefood.blogspot.com/。
*譯按1：艾米・哈林長年致力於學校的飲食改革，自 2004 年起便擔任非營利組織「紐約健康學校食品聯盟」的執行董事。她為紐約州立法機關起草了在校內提供健康的植物性飲食及營養教育的提議，讓全國 26,000 所學校的學童有機會攝取均衡的植物性餐飲。

動物運輸車。荷蘭雷文斯坦。© Theo Audenaerd

運輸車中的豬。加拿大多倫多，2013 年。
© Jo-Anne McArthur／Save Movement

倫敦 Camden 市集，2019 年 7 月。© Marcus McTurk

紐約州中部，2019 年 10 月。© L. Syd M. Johnson

> Luc Prévost
> @lucprevost
>
> Self "consumption is the fulfillment of oppression"？;-)
> mbe.io/2skpHBJ
> @_CarolJAdams
>
> Toward a Vegan Feminist Theory of the State

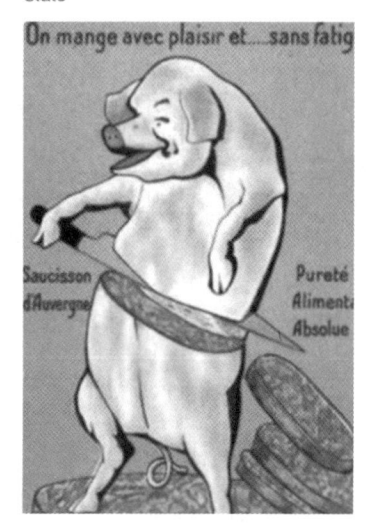

「自我『吞噬是壓迫的實現？』；-)」Luc Prévost 的推特文。經授權使用。

某種程度上，認知到肉來源於被屠宰的動物會令人覺得恐怖，正如大衛・林區的牛（「吃掉我的恐懼」）所顯示的那樣（見本書 74 頁）。但是「自殺食物」將這種恐怖感轉為幽默。不是吃掉我的恐懼，而是吃我吧！

要接受動物渴望自身的死亡這一說法，我們得相信一種荒謬的矛盾，即動物沒有值得我們關心的意志或正當的慾望，卻有成為我們食物的願望。自殺食物的圖像承認動物擁有意志，但這種意志是為了屈從於人類。動物不只是說：「吃我吧！」而更像是在說：「我們會幫你（吃掉我）！」正如凱瑟琳・麥金儂（Catharine MacKinnon）所言：「只有當客體渴望被物化，她才被允許去渴望。」（MacKinnon, 140）

> Jagoda Cierniak
>
> 10/23/18, 5:11 AM
>
> Dear Carol, I follow your academic researches and I found it in polish website (it means, on the left: Always fresh products / on the right: Traditional recipe), thought you might be interested. I wish you all the best and thank you for all your work! Hugs from Poland

「產品永遠新鮮」。來自 Jagoda Cierniak 的臉書訊息，經授權使用。
譯按：訊息文字為「親愛的卡蘿：我一直在關注你的學術研究，我在一個波蘭的網站上找到這個（意思如下──左圖：產品永遠新鮮／右圖：傳統食譜）。我想你會感興趣。祝你好運，謝謝你所付出的一切！獻上來自波蘭的擁抱。」

對動物而言，結果就是他們在死亡後被賦予的「意志」比活著時更多。若承認他們在生前可能渴望存活，將動搖我們的父權人類中心主義體系。因此，當動物被文化貶低時，這種貶抑反而成為他們確實缺乏價值的證明（「他們只是雞而已！」）。這種傷害動物的行為，反倒變成傷害的*理由*。去傷害一個如今已被貶抑的個體，不值得我們關注；而即使我們真的注意到了，也只會說：「這是他們自己想要的」。

這種情況經常發生在那些被性剝削的女性身上。例如被迫飾演《深喉嚨》（*Deep Throat*）女主角「琳達・洛夫雷斯」（Linda Lovelace）的琳達・馬奇亞諾（Linda Marchiano）的經歷。她表示，她在真實生活中遭到家暴者的死亡威脅，並在拍攝一部色情片時，讓一隻狗騎上性交。她說這是她「生命中最痛苦的時刻」。「從那時起，若我不按照家暴者的要求去做，他就會帶一隻寵物來——一隻狗。」*2

提到琳達・馬奇亞諾，凱瑟琳・麥金儂指出：「在一個遭受如此極致侵犯的人面前，要談論人的終極不可侵犯性顯然很困難⋯⋯如果侵犯行為發生了，且傷害到她，那是她活該。要是她並非活該，那麼要嘛這些事沒發生，不然就是沒對她造成傷害。要是她說她受傷了，那肯定是她自己過度敏感或太保守。」（MacKinnon, 13）輕蔑通常指向受害者，而非加害者。

那麼關於肌肉猛男（beefcake）呢？

《紐約時報》前建築評論家赫伯特・穆尚（Herbert Muschamp）在雜誌上刊登了一篇讚揚「肌肉猛男」的文章〈布魯斯・韋伯（Bruce Weber）拍肌肉男，名不虛傳〉。韋伯的同性戀攝影作品呈現了「穿著清涼的男模」，這些照片鼓勵男性求助於私人教練和整形外科醫生，以便擁有「不現實的健美體型」。穆尚宣稱，他的照片對男性做了通常對女性做的事——韋伯是主體，他所拍攝的男模特兒是客體。

穆尚認為韋伯的作品「顛覆了用成就來衡量男性價值，用外貌衡量女性價值的階級制度」。然而，穆尚也必須問：「與此同時，這些圖像是否也承認了某些人將其他人物化的權利？我們喜歡物化他人嗎？這和戀屍癖（necrophilia）有什麼兩樣？」啊，說到重點了。將主體物化，似乎正是一種戀屍癖的表現。

是否只因為在我們的文化中幾乎不會有正常、健康的成年男性被拿來食用，因此肌肉猛男的肉優於廉價肉排和肉塊？肉食者吃下肚的是女性、被閹割的男性和嬰兒。（人們認為閹割過的雄性動物更容易增肥，更容易處置，且肉質不會有雄性激素的「異味」。）

＊譯按2：馬奇亞諾於1980年出版回憶錄《折磨》（*Ordeal*），書中表示她曾遭前夫查克・崔納（Chuck Traynor）毆打和強暴，並被迫參與《深喉嚨》的拍攝。她後來與安德里亞・德沃金和凱瑟琳・麥金儂合作，投身於反色情運動。

譯按：廣告文字為「我只要全牛肉漢堡」、「不過，大麥克看起來也不錯！」。
言下之意是大麥克的魅力不輸給全牛肉漢堡，因為它也含有滿滿的牛肉。

肉品廣告多數時候都將動物描繪為女性，這與流行文化中對非人動物的標準描繪方式相反；例如兒童電視節目中充斥著動物影像，但絕大多數都是男性。[2] 博物館中展出的動物標本也以雄性為主（參見 Gower 等人的研究）。此外，在兒童娛樂中，男性角色往往多過於女性角色。因此，將動物描繪為女性，反而與流行文化對其他動物和人類性別的描繪趨勢相反（Hornaday）。

是的，這些形象是卡通化、不成熟的擬人化風格，它們必須是卡通形象，因為動物幾乎不會穿一般服飾，更別說穿胸罩、高跟鞋和吊襪帶、化妝、塗口紅、擦指甲油、戴耳環、穿比基尼，或擁有兩顆完全分離的圓形乳房了。然而，動物的卡通形象絲毫沒有減輕問題。透過*簡化*其再現，反而*放大*了物化的程度（改寫自 McCloud, 30）。

註 2：「2007 年一項針對 25,439 個兒童電視角色的國際研究發現，非人類角色中僅有 13% 為女性。」（Criado-Perez, 10）

譯按：文字為「麗莎讓你的每隻母豬每年都多生一頭小豬」。
LISA 是母豬分娩監控系統的名稱，也是女子名。

刊登在《羅徹斯特市報》的廣告，2015 年 6 月 16-23 日。© Ted Barnett, MD, FACLM.
譯按：廣告文字為「在找美味的醃肉調味粉嗎？試試 Stuarts 牌香料粉」。
"rub"本意為「摩擦、揉搓」，既呼應了將香料粉揉搓在肉表面的使用方式，
也在暗示按摩或塗抹的挑逗行為。

運送豬的卡車後門上寫著：「充滿激情地運送」。

拍賣場上運輸車裡的豬。
© Jo-Anne McArthur／*We Animals*

粉筆書寫的厭女文字。倫敦市中心 Ma Pluckers 雞肉餐廳，2017 年。
© Marcus McTurk

首先，我們把「性別二元」這一概念強加於人類自身，然後我們又在這個二元框架內，把其他動物擬人化。雖然素食主義者、維根主義者和動權行動者常因為將動物擬人化而遭到指責，但看起來真正會這麼做的，是那些壓迫動物的人。動權行動者知道動物就像人類，因為人類就是動物。

由於虛假的圖像占據了我們的意識，我們便無需關注動物的真實生活。作為這些圖像的接收者，我們還讓它們繼續流通，因為儘管這些圖像平凡無奇，但也只是平庸，至少不可怕。

我們本可以運用擬人化手法來理解動物對自由的渴望，或是逃離束縛的願望——透過承認他者生命的存在來激發我們的同理心，但擬人化色情卻將動物變成我們的娛樂。

Aaron Gekoski 寫道：「這是另一張我寧願不拍的照片。這是在曼谷的 Safari World 動物園拍攝的，拍攝時正值一場紅毛猩猩的拳擊表演結束──他們被迫每天兩次相互搏擊。這隻紅毛猩猩算是他們的『跟班』，被教導在比賽前進行挑釁的『舞蹈』。她嚴重過瘦，令人擔憂。許多用於此類表演的紅毛猩猩都是用殘酷的手段訓練出來的，包括毆打、電擊，用香菸灼傷，以迫使他們順從訓練師⋯⋯全球有超過五十萬隻動物正為了我們的娛樂而受苦。其中許多動物從野外的家人身邊被偷走，過著被囚禁的日子。」

© Aaron Gekoski

您可以在 https://www.gofundme.com/wildlife-tourism 支持這位攝影師。

Anthropornography

譯按："ANIMALE"（法文「動物」之意）是 1987 年推出的香水。廣告語強調其濃郁神秘的氣息，如暴風雨前的叢林，又像獵人與獵物間緊張而充滿誘惑的關係。此類廣告常以「賦權」之名強化種族與性別的刻板印象——將黑人女性塑造成「狂野」、「異國」、「性感」的符碼，簡化為男性征服的對象，使其難以擺脫被物化與消費的框架，也鞏固了種族主義與父權社會的觀看模式。

9
銷魂火腿
—— Hamtastic ——

在殖民時期的維吉尼亞州,將他人作為財產擁有的白人男性面臨一個問題:如何讓被奴役的黑人女性所生的孩子繼承母親作為「財產」的身分,而不是繼承那些(在許多情況下)強暴了孩子母親的自由白人男性的身分。當時的英國法律規定,孩子應該繼承父親的身分。正如歷史學者伊布拉・X・肯迪(Ibram X. Kendi)所解釋的,1662 年,維吉尼亞的立法者「重新啟用了羅馬法的『子隨母身』(partus sequitur ventrem)原則,規定『在馴養和家養動物中,幼崽為母畜所有』」。(Kendi, 41)讓孩子繼承被奴役女性的身分,讓強暴黑人婦女的白人奴隸主從性侵中獲取經濟利益:他們可以從作為財產的黑人女性所生的後代中獲利。

他們透過性侵取得經濟利益的行為如此成功,正如美國文學評論家亨利・路易斯・蓋茲(Henry Louis Gates)在家譜學和 DNA 分析方面的研究所揭示:「三分之一的非裔美國男性,攜帶源自白人男性直系祖先(例如曾曾曾祖父)的 Y-DNA 標記。」不僅如此,「非裔美國人的體染色體中,平均有約 25% 的歐洲血統混合成分。這些驚人的結果只能反映出在奴隸制時期,白人男性強暴黑人女性的情況相當頻繁。」(Gates 2019, 146)

白人男性知道他們強暴的黑人女性並非像非人動物那樣*真的*是另一個物種,因為他們不認為自己是獸交者。

白人至上主義對人類的奴役,導致黑人女性的身體被「工業化」(Eddo-Lodge 2017/2018),並被簡化為性器官(Gilman, 91):子宮,用於繁殖;陰道,用於強暴;生殖器,則被用來揣測性偏差(deviant sexuality)。黑人女性像雌性非人動物一樣作為「繁殖種母」(breeders)被剝削,違背其意願:「成為白人男性性歡愉的工具」—— 被強暴 —— 然而「強暴」一詞並未被用來描述她們所經歷的性暴力。她們被放在奴隸商的拍賣台上展示,讓白人男性不僅能以旁觀者的身分窺視,還能從買賣她們的身體中獲利。

譯按：文字為「生吃它」。 紐約，希爾斯代爾，2019 年。© Jill S. Schneiderman

所有這些原因導致了非裔美國女性主義學者派翠夏・希爾・柯林斯（Patricia Hill Collins）的結論，即歷史上把黑人女性當成不如人的對待方式影響了色情文化的發展：「黑人女性並非是後來才被加入既有的色情文化中」。相反地，色情文化「必須重新被理解為，從物化黑人女性身體以便支配她們開始，轉變成為達相同支配目的而物化所有女性的媒體再現」。柯林斯認為，當代色情作品中的某些主題，包括物化、支配、控制、動物化，以及性與暴力的結合等，正是受到將黑人女性身體視為「隨時可供性需求」的歷史觀點所影響。（Collins 2000, 135）

邁可・哈里斯（Michael Harris）的《有色照片：種族與視覺再現》描述了種族化的窺淫癖（voyeurism）：「將非白人女性的身體作為一種奇觀⋯⋯提供了一個展示白人道德優越感的舞臺，因為充滿異國風情的女人象徵白人社會已經征服的放蕩性危險。」（Harris, 134）

色情作品中的主題之一是將奴隸制時期南方的非裔美國女性描繪為性對象，從而使主奴關係情色化（eroticizing）。他們假定黑人女性擁有一種危險的、動物般的性欲，必須受到控制。

種族始終是這些支配性再現試圖傳達的一個面向。如果展示的是一名黑人女性，那是因為她的黑人身分（blackness）在性訊息（sexual message，譯按：在此是指與性有關的暗示、象徵或直接指涉）中扮演了某種角色。如果展示的是一名白人女性，那是因為她的白人身分（通常還包括金髮）在性訊息中具有特定作用。若展示了亞裔女性，通常是為了喚起她們被動、順從，以及能不露一絲痛苦或恐懼的刻板印象。若描繪拉丁女性，則是為了利用她們被視為火辣、狂野、難以饜足的刻板印象。許多前往他國的買春客延續著這些關於女性的種族化迷思。這些形象的存在是為了強化這些種族化迷思，並讓它們持續散播，而買春客在這過程中，往往忽視了性工作者本身的生命世界（lifeworlds）[*1]。

第166頁的粉筆畫參考了金・卡戴珊（Kim Kardashian）於2014年登上《紙》（Paper）雜誌封面的照片，該照片由尚－保羅・古德（Jean-Paul Goude）拍攝（Spedding）。卡戴珊重新演繹了收錄在他1982年攝影集《叢林熱》

---

*譯按1：該詞源自胡塞爾的現象學，指人們日常生活中的直接經驗和理解。這裡指性工作者的個人經歷、視角和真實處境。

Pork and Co. 餐廳的厭女粉筆畫。英國坎特伯里，2018 年 6 月。

(*Jungle Fever*) 中的作品〈卡蘿萊娜・寶夢〉(Carolina Beaumont, New York, 1976)(Pasori)。尚－保羅・古德描述了激發他創作這幅被坎特伯里粉筆畫模仿的照片的靈感：「我一直很崇拜黑人女性的臀部，尤其是那種賽馬屁股似的臀部。」(H. Hayes, 41)

古德的攝影作品利用了歷史上對有色人種女性身體的種族化／性別化態度，也揭示了人們對色情作品中性別、種族交織壓迫史的刻意遺忘（參見 Collins 2000, 134–43）。

譯按：家樂氏營養穀物的廣告，圖中文字為「早晨也要善待自己」。

柯林斯描述了莎哈・巴特曼（Saartje Baartman）的處境，她是一位年輕的科伊桑女性（Khoisan），通曉三種語言，並於十九世紀初在英法兩國被公開展示──但並非因為她精通多語。科伊桑人是南非的第一批居民，被白人殖民者貶為「霍騰托」（Hottentots；譯按：結巴的人）；巴特曼則被稱為「霍騰托維納斯」（the Hottentot Venus）。

在階級分明的「存在巨鏈」（The Great Chain of Being）中，白人位於頂端，「霍騰托」則被視為是所有人類物種中最低等的，接近猿類。他們是連接人與猿之間的缺失環節（missing link）嗎？至少有一群前往非洲狩獵遠征的歐洲人肯定這樣認為，因為他們射殺並吃掉了一名「霍騰托」。

遭到種族化（racialization）的巴特曼被視為「霍騰托」，因此成為了帝國的奇觀展示物。對她生殖器的揣測成為研究焦點，也為種族主義和性別歧視的結論提供了藉口——這些結論將黑人女性的性視為天生異常，並將其種族定義為不可救贖的原始類型。

被展出的白人「畸形人」（freaks）被視為其種族中的*異類*，而被展示的黑人則被視為其種族中的*典型*。

朗達・施賓格（Londa Schiebinger）的《大自然的身體：現代科學起源中的性別》（*Nature's Body: Gender in the Making of Modern Science*）告訴我們，十九世紀的插畫家通常從背面展示巴特曼，以突顯她的「臀部」（Schiebinger, 166）。

金・卡戴珊因玩弄黑人文化和特權而遭到批評。「當她需要宣傳和關注時，她是黑人；當她需要展露『異族風情』時，她是亞美尼亞人；當『事態嚴重』時，她就又變成白人了。」（Muñoz）據希薩麗・鮑文（Sesali Bowen）稱，卡戴珊

> 的推銷對象是黑人女性。她的外貌帶有異國「他者」的情調，我們喜歡她，是因為我們迷戀那些沒有太強烈膚色的有色女性。她長得很漂亮。她的身體是其媒體形象的核心；她之所以有名大多要歸功於她的臀部——那裡應出現在黑人女性身上的臀部。（Sesali B）

Pork and Co. 餐廳想要確保我們知道他們的粉筆畫是在指涉卡戴珊。第 169 頁上的照片攝於 2018 年 5 月。據估計，截至那一年的十二月為止，卡戴珊在 Instagram 上的追蹤人數達 1.22 億人，因此半年前達到 1.1 億人數的估算並非不切實際（2019 年她的一半追蹤人數被認為只是假帳號）。

巴特曼去世後，居維葉男爵（Baron Cuvier）和亨利・德・布蘭維爾（Henri de Blainville）將她解剖。他們想要親手處理她的性器官，好確認她究竟是人類還是非人類。

「我們或許沒有 1.1 億的 IG 追蹤人數，但至少我們的臀部是真的。」Pork and Co. 餐廳粉筆畫的另一面，2018 年 5 月。© Danne Jobin。圖片提供者還說，該餐廳員工所穿的 T 恤背後印有如下字樣：「您的愉悅來自於手撕（豬肉）」。

死去的巴特曼無法用她知曉的三種語言中的任何一種作回應，更無法讓自己的生殖器被妥善遮蔽。居維葉解剖完畢後，將她的大腦和生殖器──陰唇完整裸露──放在福馬林瓶中保存。直到 1976 年，它們才從巴黎人類博物館（Musée de L'Homme）的展示櫃中撤下，而一直到 2002 年，這些器官才終於和她的遺骨一起被送還至南非（McGreal）。

十九世紀早期一幅題為〈狂喜中的好奇者或鞋帶〉（"The curious in ecstasy or shoelaces"）的版畫中，一位法國藝術家嘲諷了英國人對巴特曼的反應。這幅畫裡有一名穿著蘇格蘭裙的男子伸手觸摸巴特曼的臀部，喊道：「哦老天！好個烤牛肉！（該死的英國佬！）」[*2]他並非唯一一個想伸手觸摸的人。在法國展出巴特曼的陰唇，以及她的身體石膏模具的博物館人員深刻體會到，女性受到的傷害是如何成為男性的愉悅來源。觀展民眾看到她遺體的殘骸時會性慾勃發。崔西・丹尼安・夏普利–懷廷（T. Denean Sharpley-Whiting）在《黑色維納斯》（*Black Venus: Sexualized Savages, Primal Fears, and Primitive Narratives in French*）中解釋道，該展覽被中止，因為「據稱一名女性導遊遭到參觀者騷擾，而模型本身也成為眾人觸摸的對象，甚至引發許多淫靡的自慰行為」（Sharpley-Whiting, 31）。

柯林斯表示：「那些看似正常或自然的性觀念與實踐，實際上經過精心地操弄和推動。」她指出「性可被概念化為一個獨立的壓迫體系，類似於種族、階級、國家和性別的壓迫，同時也是這些獨特壓迫體系的一部分。」

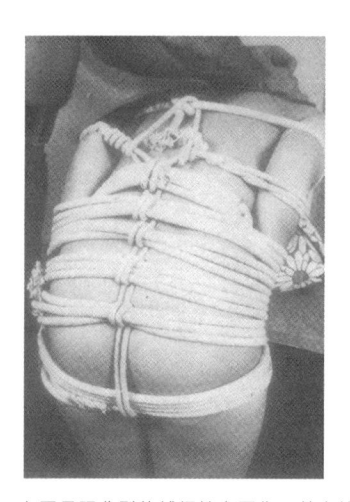

譯按：左圖呈現典型的縛繩性虐圖像，英文縮寫為 BDSM（束縛、調教、支配、服從、施虐與受虐），常包含綑綁、鞭打、角色扮演等，透過身體控制與感官剝奪激發性快感。
右圖為法國頂級珠寶品牌 Boucheron 於 1994 年推出的 Jaïpur 香水，手環狀瓶身宛如束縛裝飾。廣告中的裸體女子雙手被香水瓶環扣，構圖與左圖相仿，似是利用禁忌元素增加誘惑感，將性虐包裝成奢華的感官享受。

* 譯按 2：原法文為 "Oh! godem quel rosbif"。"Rosbif" 即 "roast beef"，烤牛肉之意，由於英國人嗜吃此料理，遂成為法國人對英國人的蔑稱。藝術家藉此批判展示行為中的殖民凝視。

（Collins 2000, 167）不過除了上述所說，我們還需要加入對物種的壓迫（參見 Boisseron）。

當柯林斯談及後入式照片（rear entry photographs）時，她表示這些照片強調了女性的碎片化，告訴我們女性「是動物，因為她們和狗一樣 —— 就像發情中的母狗，無法控制自己……所有這些照片都將女性化約為其生殖系統，進一步暗示她們是敞開的、自願的、隨時可供使用的，沒有掌控自己的能力……」她總結道：「在當代色情作品中，女性被物化為肉塊，像等待被征服的性動物。」（Collins 2000, 135）

在「最棒的屁股」和「銷魂火腿」（參見本書第 173 頁）的廣告中，像動物一般的女人變成了像女人一般的豬。透過展示家庭農場而非工廠化農場，「銷魂火腿」還參與打造了畜牧業神話。這個畫面暗示著「她想要這樣，而且她活得很好。」事實是，養豬場通常鄰近低收入社區，這些社區又以有色人種占大多數。流行病學教授史蒂芬 · 溫（Steven Wing）博士得出結論：北卡羅萊納州的「工業化養豬場對非裔美國人、西班牙裔和美洲原住民的影響尤

「喬治亞最棒的屁股。」
© Matthew Jeanes

譯按：廣告文字包括「打給我 —— 我是 Alexis，我需要你用硬雞巴填滿我的兩個濕穴。」

為嚴重」。「工業豬場」興建糞池以儲存被囚禁於養殖場內豬的糞便。「一頭 180 磅的豬每天可產生 11 磅的排泄物」。[1] 糞池中的污水經常被噴灑到附近住宅旁的田地裡。溫博士的研究「顯示豬場的空氣污染與更高比例的噁心感、血壓升高、呼吸系統問題（如喘鳴）和兒童氣喘症狀的增加都有關，還導致附近居民的整體生活品質降低」（Fine and Hellerstein 2017a，另見 Pierre-Louis）。

在佛羅倫斯颶風襲擊北卡羅萊納州後，至少有 110 個「屎坑」或糞池溢出，5500 頭豬因被囚禁在遭洪水淹沒的工廠化養殖場而死亡。

事實證明，出現在「銷魂火腿」廣告看板上的那隻豬其實並不想要這一切，她也活得並不好。真實生活可沒那麼「銷魂」。

| 註 1：等同於每年 3785.41 億公升的動物糞便（參見 Fleishman）。

「銷魂火腿」廣告看板。© Lois Davidson

2018 年佛羅倫斯颶風襲擊後,北卡羅萊納州杜普林郡遭洪水淹沒的一處集約養殖場(CAFO)鳥瞰圖。© Jo-Anne McArthur／We Animals

〈前朝未有〉（"Unpresidented"）© Sue Coe

10
「抓她們的鮑魚」
—— "Grab 'em by the pussy" ——

2005 年《走進好萊塢》（*Access Hollywood*）的一集節目錄影中，破產商人、軟調色情電影演員（Hod 2016）兼真人實境秀明星唐納德・川普使用了物化女性和切割身體的言論，並進一步發表自己對於性侵女性的期望（參見 Fahrenthold 2016）。

「哦，不錯的腿，嗯？」川普一邊打量著一位女性一邊說。

「我確實試圖要 X 她。她已經結婚了……」川普談論另一名女性時說。

「我像條狗一樣撲向她，但沒成功。而且她已經結婚了。」

接著回到切割身體的話題：「然後我突然看見她，她現在有了一對大假奶和全部有的沒的。」

這讓他聯想到自己常做的行為，於是吹噓道：「你知道我會自動被美麗女人吸引 —— 我開始親吻她們，像磁鐵一樣。直接親下去，我才不會等。」

「你可以為所欲為……抓她們的鮑魚。」

艾蜜莉・亞洛伍德（Emily Arrowood）在《美國新聞與世界報導》（*U.S. News & World Report*）雜誌中寫道，「若有誰還不清楚，這正是性侵犯的確切定義。川普表達他對女性身體的占有權，並描述了他如何在想要時從女性那裡奪取想要的東西 —— 親吻、抓取。你很難找到比這更清晰的性騷擾描述了」（Arrowood）。

截至 2020 年 1 月，有 26 名女性指控川普的權勢性騷擾；有兩名女性指控他強姦（見 Levine 和 El-Faizy）。

譯按：廣告標語為「啃這些！」，"these"亦暗指女人的雙乳或雙臂。廣告用性感金髮女性的照片與性暗示的語言進行水牛城辣雞翅的行銷。

2018 年，一名男子用川普的話為自己於飛行途中性騷擾女性的行為辯護。該男子在西南航空航班上性騷擾一名女性（新聞標題委婉地稱之為「毛手毛腳」）。他在遭逮捕後說，川普總統曾表示「抓女性的私處是 OK 的」。（Musumeci 2018）

Jack Link 牛肉乾邀請您「餵養你狂野的內在」。德國，2012 年。

「我最愛的三樣東西：雞肉、大麻、屄（pie）」。© Tita Zierer

"Grab 'em by the pussy"

譯按：保齡球廣告標語為「夜間突襲！」、「週一晚上 9 點至凌晨 1 點，15 美金撞到爽」。

「抓她們的鮑魚」

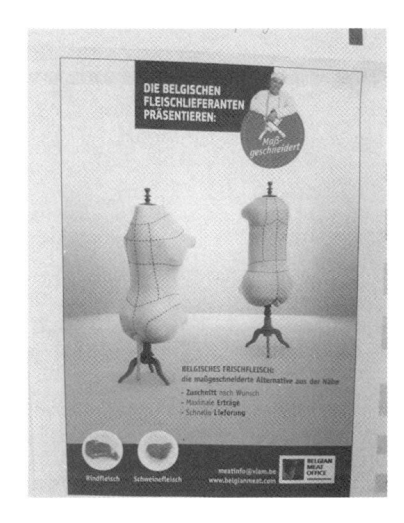

某畜產媒體公司的月曆。
© Marietheres Reinke
譯按：上面的文字為「比利時新鮮肉品，在地客製服務：精準分切，提升利用率，快速直送！」

影片曝光後，川普集會上出現了一個標語：「寧願我抓人（鮑魚），不願當孬種」（譯按：pussy 有小貓、女性生殖器、孬種等意思）。

Pussy：【禁忌】陰道、性交。約出現於 1915 [1950] 年：「我有個女人住在監獄後面，／她的窗戶上掛著招牌 —— 賣鮑魚」。阿倫‧羅馬克思（A. Lomax）的《傑利‧羅爾先生》（*Mr. Jelly Roll*），頁 17。1947 年：「爸爸在監獄／媽媽保釋了！／寶寶在街角／大喊『賣鮑魚！』」威廉‧薩洛揚（William Saroyan）的《吉姆‧丹迪》（*Jim Dandy*），頁 9。1947 年：「看看那婊子（poontang）」他說，「我能用刀叉吃掉她。在我家鄉管這種貨色叫做隨餐鮑魚（table pussy）。」出自考爾德‧威林翰（Calder Willingham）的《終成男子漢》（*End as a Man*），頁 74。（Wentworth and Flexner, 413）

poontang【禁忌】（名詞）黑人或黑白混血女性的陰道；被視為性對象的黑人或黑白混血女性；與黑人或黑白混血女性發生性關係；黑人的性器官（a Negro Piece）。1929 年：「凡是男人都得有個洞插（Poon Tang）。」出自托馬斯‧沃爾夫（Thomas Wolfe）的《天使望故鄉》（*Look Homeward, Angel*）……*傳統上被認為是黑人用語，但在南方白人中也相當常用。可能源於法語中的 putain，即妓女之意，由紐奧良的克里奧爾人傳入。*（Wentworth and Flexner, 401）

"Grab 'em by the pussy"

「F. Iasenza 肉品加工廠裡最棒的屁股」,加拿大。

「抓她們的鮑魚」

> **Sune Borkfelt ▶ Carol Adams**
> April 17, 2016 · Aarhus, Denmark
>
> This is from an actual Danish job ad put on FB, for a job in the part of a pig factory where they "inseminate" the sows.
> Looks to me like they realize very well what they're actually doing...
>
> ●●●●○ 238-66 3G   04.48   ◀ 68 % ▭
>
> **Kan du passe løbeafdeling?**
> **Vi har en besætning ved Vrå der søger en**
> **erfaren medarbejder til at stå...** Læs videre

丹麥畜牧業臉書徵才廣告裡的強暴文化。Sune Borkfelt 的臉書貼文評論。經授權使用。
譯按：發文者寫道，「這是一則發布在臉書上真實的丹麥工作廣告，職務內容是在工廠化豬場裡替母豬『授精』。我認為他們相當清楚自己在做什麼。」

"Grab 'em by the pussy"

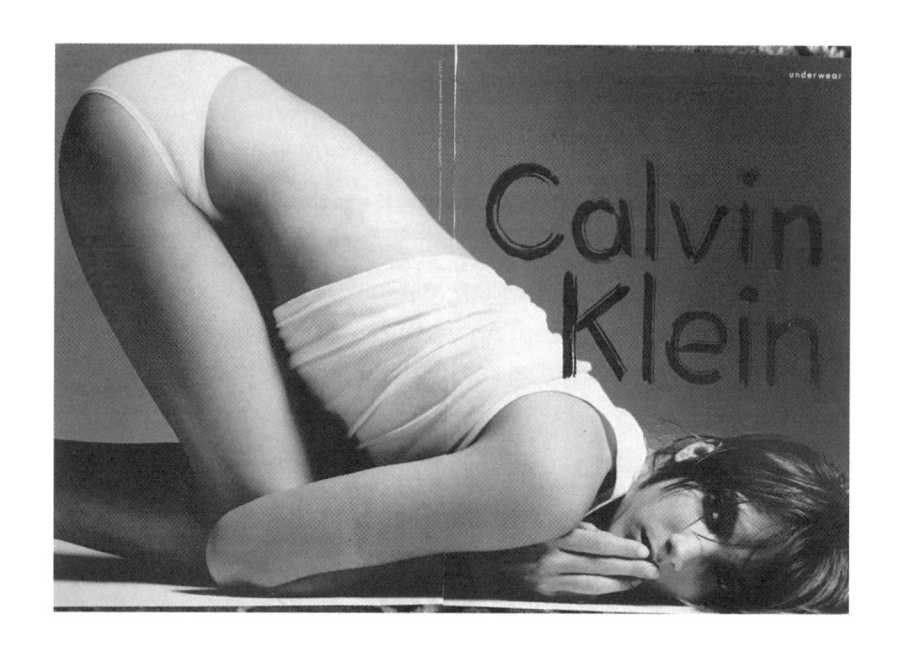

「抓她們的鮑魚」（Grab'em by the pussy）這句話教會我們如何從施虐者的角度看待事情。2016 年春天在印度推出的一項平面廣告活動中，南非跨國快餐休閒連鎖店 Nando's 鼓勵人們：「嚐嚐那些你能用雙手抓住的東西」。「我們不介意你碰我們的屁股、胸部或甚至大腿。無論你喜歡什麼，用手享用 Nando's 的任何一道餐點我們都推薦。」（參見 Hatic）

2018 年，埃及品牌 Holmes 漢堡宣稱：「手抓漢堡包，吃得像男人」。（譯按：bun 同時指漢堡麵包和屁股。）

2004 年，澳洲達爾文市以「獵豬和小貓」的活動 —— 即對流浪貓和野豬的狩獵活動 —— 來慶祝新年（"Revellers..."）。可預料的是，作為一個不斷確認厭女合法性的組織，善待動物組織（PETA）會用「抓小貓」（"Grab a Pussy !"）這樣的語言呼籲人們去收容所領養貓咪。[*1]

* 譯按 1：Pussy 原指毛茸茸的小動物（例如小貓），後引申為帶有性暗示的詞彙，指女性生殖器、陰部。此處 PETA 利用並強化了川普使用的厭女語言。本章其他段落將 pussy 譯為「鮑魚」，以符合中文俚俗語的習慣。

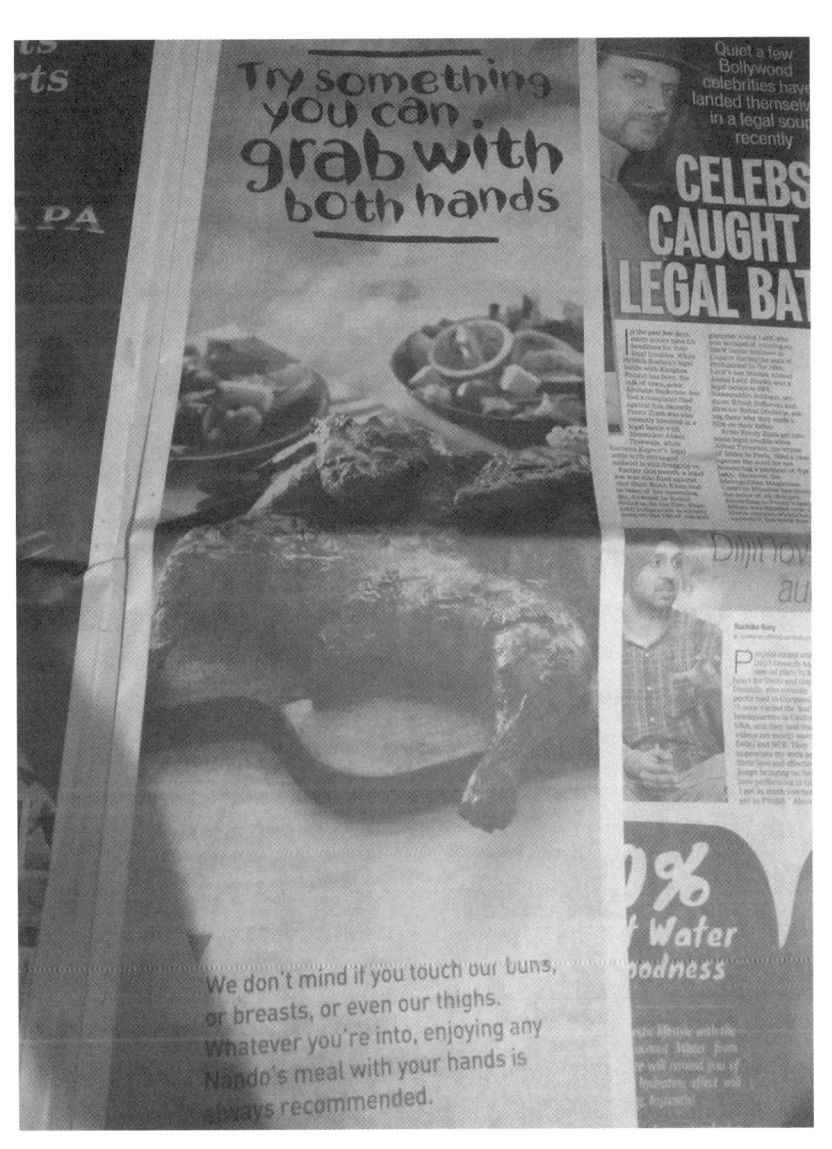

Nando's 平面廣告「嚐嚐那些你能用雙手抓住的東西」,2016 年 4 月。
© Sanjay Shrivastava

"Grab 'em by the pussy"

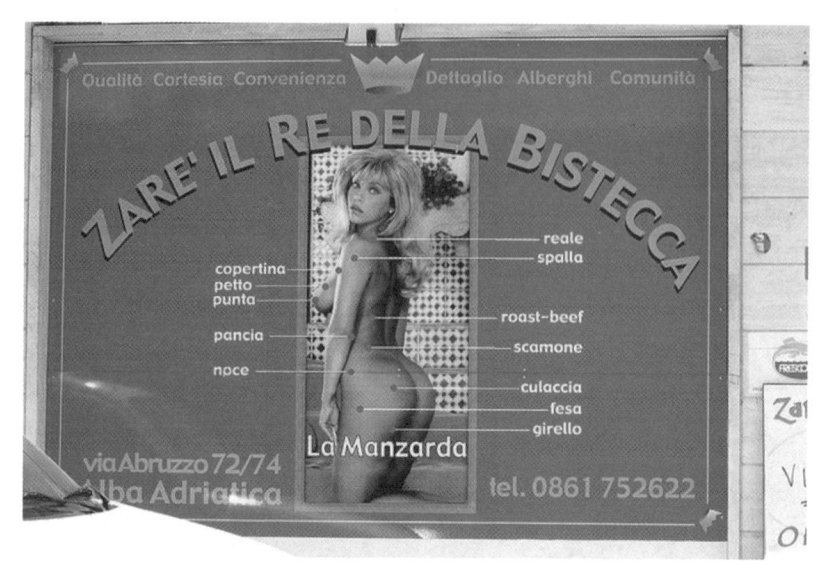

© Matteo Andreozzi

「搓揉臀部」，曼菲斯風味調味料，Lowe's 家居裝修公司。© Cheryl Muscarella

正如派翠夏・希爾・柯林斯在《黑人性政治》（Black Sexual Politics）中所解釋的，booty 一詞有兩組涵義。第一組「反映了有關財產和男子氣概的概念」，例如贓物：戰爭時從敵人那裡奪取來的戰利品。由於軍人歷來多為男性，booty 的涵義源於征服、戰爭和財產的意象，因此也讓該術語被固定在一個絕對陽剛的框架中。（Collins 2005, 151）Booty 的第二組涵義「反映了關於性與種族的概念」。

然而 Booty 一詞又指涉臀部或尾部，在粗俗的俚語中還可用來指代女性的外陰、陰道，或是性交。柯林斯查閱的《美國傳統英語字典》（The American Heritage Dictionary of the English Language）提到 booty 的詞源可追溯到非裔美國人的

亞利桑那州梅薩市的餐車，2016 年。© Shawn Sweeney
譯按：餐車上的標語為「愛臀部沒商量！」（No Butts About It!）。

「我們正準備揭開華麗的新後門……！」白色內褲上寫道：「Mr. White's 英式牛排館。」
Mr.White's 牛排館／La Tour 旅館，伯明翰市，2016 年。
© Gemma Commane

"Grab 'em by the pussy"

口語英語（《蘭登書屋美國俚語歷史詞典》〔The Random House Historical Dictionary of American Slang〕則歸因於「黑人英語」）。柯林斯說道，「多麼有趣的一連串關聯──臀部、女人的生殖器、性交，還有身體等全都來自西方對黑人和黑人文化的觀點」。圍繞 booty 一詞的一系列術語不僅表明非裔女性是與該詞相關意義的起點，還表明黑人放蕩的歷史意涵在當代流行文化中依然活躍」（Collins 2005, 152）。

無論是在美國或其他地方，烤肉活動都鼓勵一種對性侵犯寬容的隨意語言：「每個屁股都要好好搓揉」（美國的 Park's Pit BBQ），或一邊展示豬的臀部，一邊說「屁股永遠不嫌多」（英國的 Big Al's BBQ）。

位於英國伯明翰的「懷特先生的英式牛排館」外面張貼著許多印有同一個白人女性臀部的廣告傳單，宣布他們將開設一個新入口，可避開飯店接待處直接通往餐廳。「我們正準備揭開**華麗的新後門**⋯⋯！（入口）⋯⋯小而美。」（參見 Smith）

在 2015 年 8 月 6 日的共和黨總統候選人辯論中，當時是福斯新聞明星主播之一的梅根・凱利（Megyn Kelly）對川普說：「你曾經稱呼你不喜歡的女性『肥豬』、『狗』，『懶蟲』和『噁心的動物』。」[1] 後來川普對 CNN 說到凱利時表示：「你可以看到她的眼睛在流血；她的身體四處都在流血。」（Rucker 2015）川普喜歡強調女性的流血狀況（這在 2017 年 7 月再次發生，當時他在推特上談到 CNN《早安！喬》（Morning Joe）晨間節目的米卡・布里辛斯基（Mika Brzezinski）時表示：「她的臉因為拉皮手術而流血不止」）。梅根・迦博（Megan Garber）指出，川普推特文中對流血的指控「令人想起在漫長的文化史中，女性因為與血有關的生理機制而被否定了作為人的資格。」她繼續說：「血再次成為弱點的象徵。血代表骯髒。"bloody"（血淋淋的，口語中常譯為「該死的」）之所以作為辱罵詞，主要是因為它暗示了難以控制的陰性特質。」（Garber 2017）

如同「懷特先生的牛排館」廣告中的白色內褲暗示著純潔和乾淨，這裡沒有流血的女人！

註1：其中一個例子是川普對艾莉西亞・馬查多（Alicia Machado）的評論（參見 Barbaro and Twohey）。
譯按：馬查多是委內瑞拉籍美國女演員、電視主持人和選美皇后，曾於 1996 年獲環球小姐稱號。

川普在 2016 年總統競選期間的厭女言論不僅沒有使他輸掉選舉，還讓他的支持者變得更肆無忌憚（Groskop 2017）。

> **Sally Kohn** @sallykohn
>
> This guy, at the rally with his wife and three kids, in his "She's A Cunt, Vote For Trump" shirt.
>
> 7:08 PM - 10 Oct 2016

Sally Kohn 的推特文，2016 年。經授權使用。這張照片讓我想起安德里亞・德沃金在《右翼女性》（*Right-Wing Women*）中的分析；右翼女性對性暴力的看法與女性主義者相同，不同之處在於她們選擇了不同的解決方案——要從傳統家庭中獲得安全感，即使你的丈夫把女人看成屄，他也會保護你不被其他男人看成屄。」

譯按：貼文寫道：「這個在造勢場合中的男人帶著老婆和三個小孩，他的 T 恤上卻寫著『她是個屄，票投川普』。」

"Grab 'em by the pussy"

希拉蕊・柯林頓從被別針的設計簡化為兩條肥大腿（見本書 95 頁）到被指涉為「屄」（cunt），長達數十年來對她的妖魔化（Gates 1996）在肉的性別政治中找到了其天然歸宿。[2] 一個印有希拉蕊照片的徽章寫著：「生活是個屄，別再投給另一個。」（Landsbaum 2016a）關於川普提到希拉蕊的「精力」（stamina）時，談話節目《直球對決》（"Hardball with Chris Matthews"）的主持人克里斯・馬修斯回應道，「我們這裡不是在談論牲畜。」（Peck 2016）哦，不是嗎？（參見本書第 297 頁）。希拉蕊被討論的方式令一名評論員認為她是全美遭受性騷擾最嚴重的女性。記者艾米麗・派克（Emily Peck）解釋所謂騷擾「不只是男上司以威脅女下屬的職業生涯為手段，對其求愛或猥褻」，也是「基於性別做出的惡毒評論，意圖貶低、削弱或剝奪對方的權力。」

性騷擾剝奪了受害者的權力。研究性別偏見的教授史蒂芬妮・約翰遜（Stephanie K. Johnson）提到「研究顯示，被騷擾並被當成物體對待的女性確實會開始表現得更像物品而不像人」。她們吃得更少，更少走動，生產力也更低。（參見 Peck）

騷擾也是「建立在性別差異上的支配行為。本質上是要把有權勢的女性拉下馬來」（Peck）。不難想見，許多因 #MeToo 運動而暴露其性侵犯身分的知名新聞人員和評論員，包括麥特・勞爾、查理・羅斯（Charlie Rose）和馬克・哈爾博林（Mark Halperin）等人「利用他們的權力在 2016 年總統競選期間塑造了對希拉蕊・柯林頓的負面觀點」。《紐約時報》專欄作家吉兒・菲洛波維奇（Jill Filopovic）在文章中寫道：「這些由勞爾先生、哈爾博林先生和一大票知名記者和權威專家所推動的『騙子希拉蕊』（Crooked Hillary）敘事，深深影響了這場選舉，這些敘事本身就是性別化的：希拉蕊・柯林頓被描繪為一個嘎嘎大笑（cackling）的女巫，一個不可靠、難以信任的女人，因為她是個在尋求權力的女人——什麼樣的女人會這樣做？」將希拉蕊・柯林頓比做動物、母狗、身體部位、屄或肉等厭女詞彙都是「肉的色情政治」（the pornography of meat）的表現形式。

註 2：這個別針也出現在艾瑞卡・貝倫斯坦（Erica Berenstein）、尼克・科拉薩尼蒂（Nick Corasaniti）和阿什利・帕克（Ashley Parker）所製作的影片中。
譯按：上述三位是《紐約時報》的記者，他們在長時間報導川普的造勢集會過程中發現，川普支持者經常會以憤怒和挑釁的方式表達觀點，其中不乏使用厭女、歧視的詞彙及各種髒話對希拉蕊進行人身攻擊。他們將這些新聞影像剪輯成影片，名為「川普支持者未經過濾的發言」（"Unfiltered Voices From Donald Trump's Crowds"）。參見網址：https://www.youtube.com/watch?v=R9YPYRaeTW0。

「社會學家艾麗卡・庫德沃斯（Erika Cudworth）在對英國肉品產業工人的現場採訪中發現，那些不溫順或難以控制的動物常被貶為『屄』或『母狗』，並且觀察到這些辱罵使得屠宰場裡的動物不分性別都會被隱喻為女性。」（Cudworth, 2008; 轉引自 Parry, 383）

2018 年，北卡羅萊納州洛里市的另類刊物《獨立週刊》（*Indy Week*）採訪我時，他們的封面宣稱「反川普飲食：維根女性主義者卡蘿・J・亞當斯要把你吃的東西變成對抗邪惡帝國的武器」（Tauss）。此事激怒了一位老派的南方白人男性，他把該封面放在自己的 IG 上，引起了以下評論：

- 這賤屄……
- 吞屎吧妳這女性主義蕩婦垃圾（femtard slag）
- 我猜那我就是牛強暴犯囉（大笑）
- 我看完這篇文章後把整塊牛肋排從冰箱拿出來。哇！真他媽的好吃。
- 賤女人這輩子從沒被人睡過，**看得出來**。
- 你攻擊我的權利現在又攻擊我的肉，滾出去，賤女人！

有人在一名維根主義女性的車後寫下的髒話（「賤屄」）。蘇格蘭 2019 年 1 月。© Janine Calder

大法官提名人布雷特・卡瓦諾被指控性侵時可以表達憤怒，他的受害人卻不能對加害人表達憤怒。

評論員對於 2016 年總統選舉表示，川普徹底了解憤怒的白人男性族群，並為他們發聲。吉兒・菲洛波維奇總結了川普與白人男性之間的關係：

> 總統川普進行了一場訴諸受挫男子氣概的競選……川普先生散發著一股男性特權的氣息，包括他厚顏無恥地堅稱自己在各方面都是最好的，儘管對許多事所知甚少，還有他粗鄙的性別歧視史……川普先生承諾會讓美國再次偉大，這句口號暗含讓白人男性回歸其歷史上至高地位的許諾。（Filopovic）

"Grab 'em by the pussy"

189

漢堡王推出的「憤怒系列」。英國康沃爾郡，2017 年 11 月。© Neil Williams

十年前，漢堡王透過名為「男人之歌」（Manthem）的廣告成功利用了這種長久失望和憤怒的男人情緒。廣告在一家餐廳開場，一名千禧世代的白人男性唱著：「我是男人，聽我怒吼／我們數量龐大，不容忽視／我太飢餓，女人食物（chick food）無法滿足！」他看著自己的盤子，搖了搖頭，起身離開了他的約會對象——一名年輕女性——然後走出餐廳。接著，其他男人加入他的行列，他們人手一個漢堡，唱著：「哦是的，我是男人！／我承認我吃過鹹派！*2／跟豆腐揮手掰掰！／現在要吃華堡牛排。」他們繼續前進，有些人手持抗議標語。當他們聚集在高架橋上時，一個開著 SUV（俗稱為「足球媽媽車」）的男人跳下車，接過一個漢堡，然後車被推下了高架橋。

* 譯按 2：鹹派（quiche）因其細緻口感，及與輕食文化的關聯而被暗喻為女性食物，加上 1980 年代美國作家 Bruce Feirstein 的《真男人不吃鹹派》（*Real Men Don't Eat Quiche*）一書對「男子氣概」的諷刺影響，強化了其「非陽剛」的刻板印象。

這首表達「受挫男子氣概」的「男人之歌」是按照海倫・雷迪（Helen Reddy）1972 年的一首婦女解放歌曲改編而來，第一句歌詞就是「我是女人，聽我怒吼」。1970 和 1980 年代的婦女解放運動透過定義性騷擾、約會強暴和婚內強暴，同時挑戰性別刻板印象，並為受暴者和受虐婦女提供資源，動搖了男性完全宰制（proprietary）的厭女觀點，認為自己有權能「隨便親吻她們」和「抓她們的鮑魚」。而「男人之歌」為憤怒的男性奪回敘事權──他們之所以憤怒是因為沒有肉，而肉象徵了宰制他者的父權。

「搓一下屁股，抹一些上去」。Lowe's 居家裝修公司，2018 年。© Cheryl Mucarella

「呼你媽巴掌」（Slap Ya Momma）。
密西西比州比洛克西市，2019 年。匿名者提供。
譯按：此為美國南方知名調味料品牌

商人川普曾試著透過如 Sharper Image 這樣的郵購目錄商店銷售肉類，結果徹底失敗。不過他在初選之夜總是會準備「一堆鮮血淋漓的牛排」（Poniewozik 2016）。

儘管「男人之歌」中包含了來自不同階層、種族的男性形象，但實際上這種受挫的男子氣概是專屬白人的。1990 年代的研究顯示，許多加入激進組織「救援行動」（Operation Rescue）的反墮胎男性，都是向下流動、感到容易被取代的白人男性。川普的選民更心儀 1950 年代，那是個被過度浪漫化、性別角色固定的時代 —— 實行種族隔離制的吉姆・克勞法（Jim Crow Law）仍存在；恐同情緒被認為理所當然，而所有男性的賺錢能力都在增加。越戰老兵回來後創建了導致 1995 年奧克拉荷馬市爆炸案的武裝白人民兵，表現出另一種形式的「受挫的白人男子氣概」。「男人之歌」現在感覺就像是川普集會活動的前奏，在那裡「寧願我抓人（鮑魚），不願當孬種」。

根據《紐約時報》稱之為「無黨派的研究和民意調查公司」的 PerryUndem 於 2017 年 1 月所做的一項調查發現，共和黨男性低估了女性在生活中所經驗到的性別歧視。*所有男性，包括那些認為女性仍然受到不平等對待的人，都低估了女性的性別歧視經歷，特別是關於性別歧視語言及不當碰觸的經驗。*（Miller）

  搓搓屁股。
  揉揉臀部。
  抹一些上去。
  抹在屁股上。
  呼那婊子巴掌。
  要是抓不到鮑魚，就呼你媽巴掌。

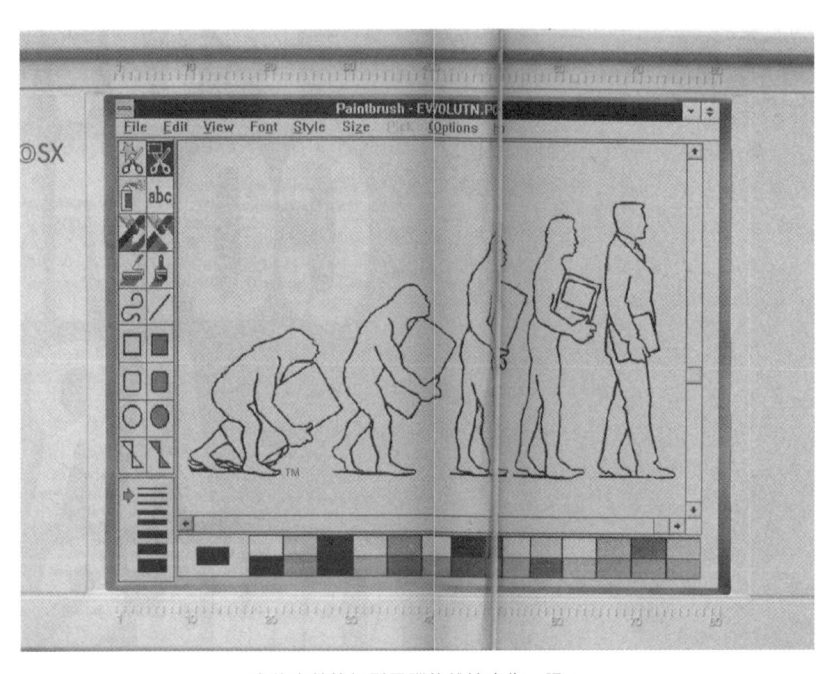

宣傳東芝筆記型電腦的雜誌廣告一隅。

11
動物
—— Animals ——

2016 年,研究人員向受試者展示了一幅關於「人類崛起」("The Ascent of Man")[1]的圖示,並詢問他們認為黑人和白人在進化程度上的差異。超過三分之一的白人將黑人評為「進化程度低於白人」:「相當比例的白人認為『野蠻』、『未開化』和『像動物一樣缺乏自制力』等用語很適合用來描述黑人。」(Jardina 等人 2016)

東芝筆記型電腦的廣告更新了傳統上研究人員會使用的進化圖示。這些圖示提醒我們,人的形象往往等同於*四肢健全、白人、中產階級或富裕的男性*。這不僅是一種人*類*中心(anthropocentric)的形象,更是一種*白人種族主義的男性*中心(androcentric)形象。

東芝廣告以白人男性身體為原型,體現了一系列文化觀念:人與非人不同,男人與女人不同,人類最好由隱含的白人特質作為代表。凱瑟琳・弗里斯(Katherine Frith)在仔細檢視東芝廣告時質疑,若這幅廣告「以女性作為起點,並以一個完全進化的人類女性為終點」,感覺就會對嗎?「還是我們已經太習慣看到進化過程是以男性作為終點,用女性來描繪反而會顯得很怪?」(Frith 1997)[2]

註 1:〈人類進化圖〉(*March of Progress*)這幅具代表性且不斷為人模仿的圖像,是由魯道夫・扎林格(Rudolph Zallinger)為 1965 年「時代—生活」(Time-Life)出版的《早期人類》(*Early Man*)一書所創作。它已成為「美國視覺詞彙的一部分」(Conniff and Giller, 49)。正如古生物學家史蒂芬・傑・古爾德(Stephen Jay Gould)所指出的:此乃「錯誤的圖像符號」("false iconography"),因為「可預見的進化階梯」("ladder of predictable progress")並不存在。
註 2:參見山姆・勒溫(Sam Levin)的報導《美國研究發現性別歧視、種族歧視和霸凌逼走了科技業人才》("Sexism, Racism and Bullying Are Driving People out of Tech, US Study Finds.")。

Our luggage is so advanced, you don't have to be.

Making travel less primitive.™ American Tourister

「我們的行李箱功能非常先進,您完全不必動腦。」

凱瑟琳・弗里斯對這則廣告進行了深入的討論,指出「男人似乎對如猿人和尼安德塔人這種『較低等』的生物具有支配權。」弗里斯質問道,是什麼讓男人擁有支配權和優越地位呢?她在廣告中看到的象徵是男人的衣著和電腦。「這圖像的假設是,男人比動物優越是因為他在社交和技術層面都更先進(有衣服可穿,有工具可用)。

在這則廣告中，作為象徵科技的電腦「被描繪為人類進化的終點，並象徵著人類對動物的支配」。

白人至上主義將種族框定為固定不變的概念和區分優劣的標準，因此白人代表智人的發展巔峰。兩個迷思相結合的結果是：「種族」（race）存在，智人不僅超脫於自然界，更凌駕於萬物之上。

伊布拉・X・肯迪（Ibram X.Kendi）的《生而被標籤：美國種族歧視思想的歷史溯源》（*Stamped from the Beginning*）一書解釋道，「種族」一詞首次被使用是在1481年，法國人賈克・德・布雷茲（Jacques de Brézé）所寫的詩〈狩獵〉（"The Hunt"）中。在那首詩裡，這個術語「指的是獵犬。而當該術語在接下來的一世紀中意義擴展並將人類囊括進來後，主要是用來指認和辨別非洲人，並將其動物化」（Kendi 2017, 36）。

柯艾芙（Aph Ko）和柯西爾（Syl Ko）在她們的書《阿芙羅主義》（*Aphroism*；譯按：該書名取自aphorism一字，有箴言、真理之意，同時融入了作者名字Aph）中闡明「種族主義同時是反黑人及反動物的」，這可以從種族意識形態將「人」和「人性」視為西方與白人專屬，並加以推崇和讚揚看出。（Ko 2017, 121）

伊布拉・X・肯迪解釋了關於十七世紀中期，利奧・阿非利加努斯（Leo Africanus）的《非洲記述》（*Description of Africa*）被翻譯出來所造成的影響：「西歐讀者如飢似渴地閱讀此書，並將非洲人和過度性慾、動物及缺乏理性聯想在一起」（Kendi 2017, 29）。

南北戰爭後，科學種族主義（scientific racism）受到哈佛大學的路易斯・阿加西茲（Louis Agassiz）的支持，他主張黑人是不同的物種，而非不同的種族。亨利・路易斯・蓋茲（Henry Louis Gates）描述了阿加西茲是如何「仔細描繪他們黑色的臉孔、厚唇和參差的牙齒，羊毛般凌亂的頭髮、彎曲的膝蓋和過長的雙手 —— 種種視覺形象都成為了野蠻與獸性的標誌性特色，充斥在吉姆・克勞法時代的報章出版品中」（Gates 2019, 59）。

這些視覺形象在二十一世紀找到了同類，例如塔可鐘（Taco Bell）為了「三層牛排堡」而拍的「颶風道格」（Hurricane Doug）廣告；這漢堡是平常的「三倍大」，因為「這就是男人吃的東西」。廣告中身材短小的白人道格吃

Animals

「你說西瓜不好吃嗎?」立體照片（stereograph），1989 年。
來自作者的壓迫性圖像資料庫。

完他的三層牛排堡後，旁白傳達了他想加入街頭籃球隊的想法：「女士們，抓好妳們的傘，颶風道格要呼風喚雨了！」四個正在打籃球，肌肉發達，身材高大的男人被稱為「女士們」（其中至少有三人顯然是非裔美國人，這強化了派翠夏・希爾・柯林斯所說的黑人運動員的「奇觀」（spectacle）特質〔Patricia Hill Collins 2005, 154〕）。這裡的「女士們」只是該廣告中短暫的厭女橋段，更大的企圖是表達其種族主義和厭女情結，目的是要展示吃了三層牛排的白人道格如何變得更像男人。旁白告訴我們：「三倍牛排肉讓你的男子氣魄多三倍。」

十九世紀晚期和二十世紀初，西瓜成為「美國種族主義圖像中的一個主要象徵」（Pilgrim 2017, 85）。儘管被奴役的非洲人和非裔美國人曾種植西瓜[3]，但這個吃西瓜的非裔美國人形象（通常是男性，且常被描繪為孩童或孩童般的模樣）並未能被用來正面展示他們的財產權。相反，這是南北戰爭後出現的一種反彈，用以表明非裔美國人是不乾淨、幼稚和懶惰的。威廉・布萊克（William Black 2014）解釋，吃西瓜的形象幫助確立了奪回這些「前」奴隸的權利是必要的。這種吃西瓜的描繪存在於白人男性壟斷的民主社會背景下，在那裡吃肉和白人男性身分緊密相連。

| 註 3：西瓜的原種在非洲被馴化（Carney and Rosomoff 2011, 22）。

白人至上主義者對西瓜的使用,一直延續到了二十世紀和二十一世紀。史上第一位加入美國職棒大聯盟的黑人傑基・羅賓遜（Jackie Robinson）曾被人投擲西瓜片。一九七〇年代,白人種族主義者向那些融入波士頓南方高中的黑人學生丟西瓜。反歐巴馬的網路梗圖展示他手捧西瓜的畫面。從麥爾坎・X（Malcom X）、拳擊手喬・路易斯（Joe Louis）到巴特弗萊・麥昆（Butterfly McQueen,飾演電影《亂世佳人》中的「普莉絲」）,再到馬丁・路德・金（Martin Luther King, Jr.）等二十世紀的黑人領袖或名人都拒絕在公開場合吃西瓜。

透過西方哲學概念建構、奴役非洲人和殺害驅逐原住民等手段,「人」的概念開始與白人和男性相連結。艾梅・塞澤爾（Aimé Césaire）在〈論殖民主義〉（"Discourse on Colonialism"）一文中指出,黑鬼（negro）只是「歐洲的發明」（引用自 Ko, xxviii）。柯西爾在《阿芙羅主義》中進一步發展了塞澤爾的想法:「*動物這個類別也是殖民主義強加於人和動物身上的發明。*」她繼續說:「因此,『人』或『人性』*只是一種概念建構的方式,用來劃定歐洲白人作為智人的理想範疇*。這意味著「人性／人」和「動物性／動物」的概念向來是按照*種族*所構建出來的」（Ko, 23）。

| 表 11.1 「人」的退化性概念建構 |

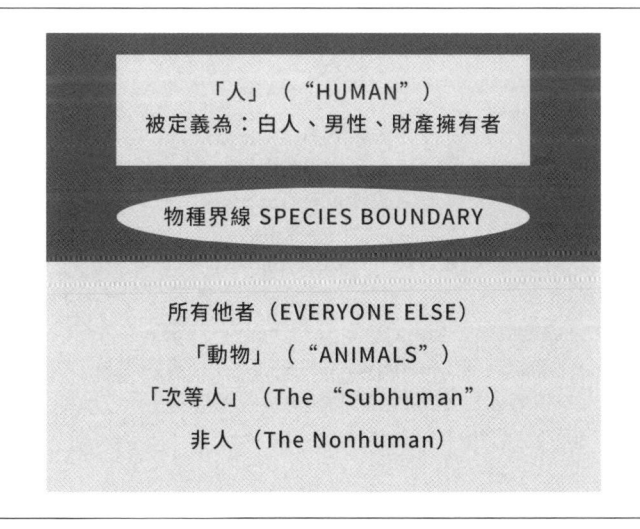

```
┌─────────────────────────────────────┐
│                                     │
│        「人」（"HUMAN"）              │
│     被定義為:白人、男性、財產擁有者       │
│                                     │
│     ╭──────────────────────╮         │
│     │ 物種界線 SPECIES BOUNDARY │      │
│     ╰──────────────────────╯         │
└─────────────────────────────────────┘
┌─────────────────────────────────────┐
│                                     │
│     所有他者（EVERYONE ELSE）          │
│     「動物」（"ANIMALS"）              │
│     「次等人」（The "Subhuman"）        │
│     非人（The Nonhuman）              │
│                                     │
└─────────────────────────────────────┘
```

爭取被視為「人」的運動（例如這個口號：「女權主義是『女人也是人』的基進主張」），接受了一種關於「人」的觀點，即「人」不僅代表人類中心主義，更代表白人男性的身分認同。

將某些族群排除在「人」的權利之外，並將其趕出該範疇，或推到物種界線之外，最初可能會像表 11.1 所示。

壓迫會利用動物性來壓抑被剝奪權利的人，並利用兩者的關聯來合理化他們的剝奪。在厭女症和白人至上主義的籠罩下，白人女性和有色人種被視為比白人男性「低等」。白人女性和有色人種應被歸類何處？我們是完全的人嗎？還是次等人？抑或當虐待是統治的關鍵手段時，我們就被權宜地視為動物或類動物，而當需要性接觸時，我們就又被權宜地視為人，但未被賦予平等的權利？

白人女性和有色人種，在主流的人的概念建構中應被安放何處？

這裡嗎？

| 表 11.2「人」的退化性概念建構延伸 |

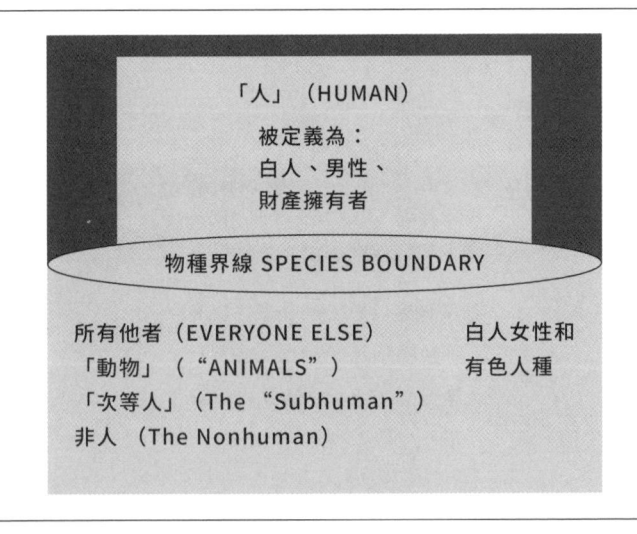

「人」（HUMAN）
被定義為：
白人、男性、
財產擁有者

物種界線 SPECIES BOUNDARY

所有他者（EVERYONE ELSE）　　　　白人女性和
「動物」（"ANIMALS"）　　　　　　有色人種
「次等人」（The "Subhuman"）
非人（The Nonhuman）

解放後，黑人的形象從需要由仁慈的白人引導和控制的孩童轉變為需要被獵殺和消滅的危險動物和野獸。一旦擺脫了所謂的文明化力量 —— 奴隸制 —— 黑人，尤其是黑人男性就被認定是墮落和不文明的。這種「墮落」證明了黑人男性無法適應自由。白人解釋黑人男性無法適應自由的原因時，也聲稱是因為非裔美國女性的性慾無法饜足，且她們在選擇性伴侶方面毫不挑剔。截至當時，黑人「性慾過度」的說法已支撐了三個世紀的奴隸制度。

對小說家小托馬斯・迪克遜（Thomas F. Dixon, Jr.）來說，當黑人強暴白人婦女時，就像「猛虎一躍，黑色獸爪瞬間刺進了柔軟的白色喉嚨」（Fredrickson, 281）[4]。1915年，D・W・格里菲斯（D. W. Griffith）根據迪克遜的著作拍攝了《一個國家的誕生》（The Birth of a Nation）。格里菲斯的技術成就 —— 史上第一部完整長片 —— 也是白人至上主義的成就。

格里菲斯創造了「純黑種男」（pure Black buck）的電影刻板形象。正如電影史學家唐納德・博格爾（Donald Bogle）所描述的：「這些種男總是黑人大壞蛋的形象，性慾過盛、野蠻粗魯，暴力且瘋狂地欲求白人肉體。」（Bogle 2001, 13-14）

Bucks原指成年公鹿、羚羊或兔子。

1917年，H・R・霍普斯（H. R. Hopps）為美國陸軍繪製了一幅招募海報，將德國敵人描繪成一隻「野獸」（brute，該詞源自中古英語，指非人，拉丁文的意思是愚蠢）。這隻德國野獸是一隻犬齒尖利的大猩猩，正在攻擊無助且袒胸露乳的白人女性（圖見第202頁）。

這就是他：野蠻的肉食者，白人女性就是他的肉。

這幅圖像表面上是關於愛國主義，實則包含著一個徹頭徹尾的美國故事。

在1917年以及這張招募海報在美國出現以前，已有近三千名黑人遭到私刑處決，其中不到20%的案件指控黑人男性犯有強姦罪。然而，「黑人會強暴白人女性」的想法卻成為私刑狂潮的一部分。

註4：關於黑人經濟收益及其與誣告強姦指控的關聯，參見寶拉・吉丁斯（Paula Giddings）和賈桂琳・多德・霍爾（Jacquelyn Dowd Hall）的著作。

H・R・霍普斯所繪製的美國陸軍招募海報。

在「黑人強暴白人女性的場景」中,所謂的強暴,本質上的侵犯是針對白人男性的,白人男性必須主張自己的權利來保護他的財產——他的妻子、他的女兒、他的姊妹。有時,白人男性指控的強暴,是為了掩蓋白人女性選擇非裔美國男性作為伴侶的事實。

要保護的不僅是白人女性本身,還包括她們作為純潔、貞潔和無性的形象。

譯按：女模在 LV 廣告中的姿勢與募兵海報中的女子相似。
募兵廣告激發「白人男性必須主張自己的權利來保護他的財產」，而 LV 廣告則透過男性凝視塑造慾望對象，將女性與奢侈品一同物化。

越戰後的白人力量倡議者也利用了「白人女性的貞潔需要被保護」的象徵力量和老舊觀念。他們也經常對白人女性性偏好進行暴力監控：將目光聚焦於白人女性的墮胎行為，或將那些選擇有色人種作為性伴侶的女性視為種族叛徒。

白人女性和有色人種不都處於某種邊緣地帶，既非（代表「人」的）「男人」，

| 表 11.3 人類中心主義的運作方式。「人」的問題。|

```
「人」（HUMAN）
被定義為：
白人、男性、
財產擁有者                    白人女性和
                              有色人種
           物種界線 SPECIES BOUNDARY

所有他者（EVERYONE ELSE）
「動物」（"ANIMALS"）
「次等人」（The "Subhuman"）
非人（The Nonhuman）
```
(斜線標示：白人至上主義／厭女症的概念建構)

也非「野獸」？因此試圖跨越白人至上主義／厭女主義的概念建構，駁斥「動物性」（animality）並獲得「人權」的政治理想似乎是可能的，但若人的概念繼續被定義為*白人異性戀男性*，那麼這種理想將永遠只是幻想。

非優勢人群（non-dominant human）彷彿被置於一個可被替代（fungible）卻難以逃離的空間。有時白人女性可能會有條件地與白人男性結盟，相信他們的白人身分（whiteness）能保護她們。

凱特·克拉克（Kate Clark）分析了英國發行量最大的小報《太陽報》中關於強暴的用語。如果加害者對受害者來說是陌生男性，且受害者符合《太陽報》認定的「值得尊重的女性」（即男性財產），《太陽報》會用次等人的稱謂，如惡魔、野獸、怪物、瘋子、「*開膛手*」等來稱呼加害者。

1974年，蘇珊·埃斯特里奇（Susan Estrich）遭強暴後，波士頓員警問她，「他是*烏鴉*（crow）嗎？」意思是他是否為黑人，像迪士尼電影《小飛象》中的烏鴉一樣。不僅是黑人，而且是陌生人。在他們看來，那才算是真正的強暴（Estrich 1987, 1）。

柯氏姐妹指出,「動物性」是最先也是一向被用來反動物的標準。將「我們不是動物」這句話作為尊重和納入非優勢人群的論點,實際上是贊成將*動物性*(animality)視為排斥他者的力量:那可鄙的東西!柯氏姐妹解釋,接受「『動物』的負面地位……*通常是對階級性種族體制與白人至上主義的默許*」(Ko, 45)。

動物性之所以成為社會壓迫如此強有力的武器,原因之一是貶低動物太容易,這類證據充斥在我們周遭,尤其是在畜牧業中,但也包括娛樂和研究的領域。透過強調動物與我們的*差異*,我們就能合理化對動物的任意使用。明明我們人類也是動物,我們卻經常忽略這一點。

我們將一個受壓迫群體與已被我們物化的生命等同起來,以便與其拉開距離。利奧・庫珀(Leo Kuper)指出,「動物世界一向是去人性化(dehumanization)譬喻一個尤為豐富的來源」(Kuper 1983, 88)。動物承載著缺席指涉結構的重壓,存在於語言的無人地帶,缺乏可辨識的個體性。

過去十年中,歐洲和美國的仇外情緒蔓延,透過語言和差別對待使移民被視為外來者、他者和非人(見表 11.4)。在一篇針對報紙描述拉丁裔人士的語言分析報告中,研究人員發現動物隱喻是主要意象。他們發現,移民被比喻為受到引誘、掉入陷阱或圈套的動物;可被攻擊和獵捕的動物;可被吃掉的動物;需要被揪出來的群居動物和兔子(Santa Ana, 82–94)。例如以下這種語言:美國公民誕下孩子,移民的狀況則是「孩子掉出來」(drop their babies)。聖塔安娜寫道:「**移民作為動物**的本體論可簡述為:移民之於公民就像動物之於人類」(Santa Ana, 86)。

動物性為壓迫提供了託辭。種族主義、仇外心理、恐同心理、跨性別恐懼和厭女世界觀都在人/動物的二元性中運作。動物性被用來合理化壓迫的面向之一是:(動物般的)身體是難以駕馭但又是可被管理的。

廣告和其他再現都維繫著一種包裝成差異的支配地位。人類的支配地位帶有其他關聯性意涵(associations),這些意涵與人類中心主義一致、重疊,或推動其運作。把這些關聯性意涵描繪出來可能會看起來如表 11.5 所示。

| 表 11.4 父權仇外主義倫理觀 |

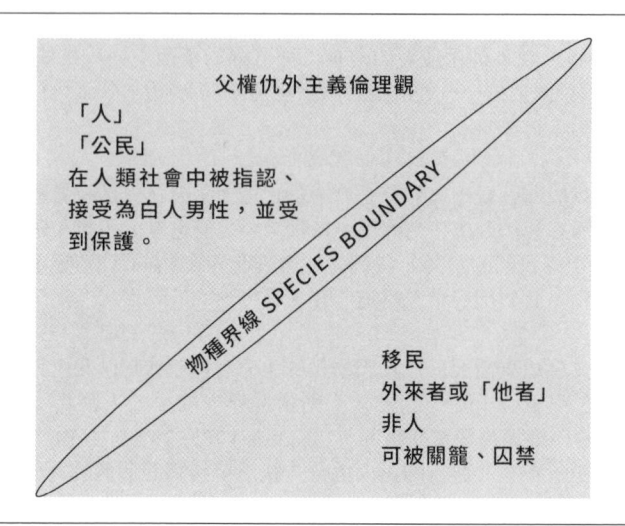

父權仇外主義倫理觀

「人」
「公民」
在人類社會中被指認、接受為白人男性,並受到保護。

物種界線 SPECIES BOUNDARY

移民
外來者或「他者」
非人
可被關籠、囚禁

這些「去人性化」的二元性聯想是有階級性且相互關聯的:不僅只是男性*凌駕於*女性,人類*凌駕於*動物,有生命的*凌駕於*無生命的,還包括被賦予人性的白人順性別男性*凌駕於*被動物化的有色人種男性及所有女性,「合法的(人)」凌駕於「非法的(動物)」(無合法身分的移民)。

越多來自非優勢方的關聯性意涵,被當成缺席的指涉對象和集合名詞的風險就越大。我並不是說這些關聯性意涵是恆常不變、相等的或總是存在的,但舉例來說,一位女性(非優勢)若是白人(優勢),她將因自己的白人身分而大大受益,因為在白人至上主義的文化中,這點受到珍視,但她的白人身分卻不能讓她免受性暴力的摧殘。身負多重非優勢關聯性意涵的黑人跨性別女性特別容易受到侵犯或被殺害(Saffin,另見Snorton)。變性人律師蔡斯・斯特蘭吉奧(Chase Strangio)總結了美國跨性別調查的結果,發現「四分之一的跨性別人士因其跨性別身分而受到侵犯。對跨性別人士的致命攻擊中,大多數是針對有色人種女性。」(Strangio、James 等人)

在第 208 頁的滑板廣告中,我們能看見父權種族主義西方文化的基本腳本:白人男性主角、有色女性性客體和死去的野獸。在這個圖像中,我們找到

| 表 11.5 優勢／有價值的身分和關聯性意涵 vs. 非優勢身分 |

優勢身分	非優勢身分
人	非人／動物
「白人」	有色人種
文化	自然
年齡無關緊要	年輕
男性／陽剛氣質	女性／陰性氣質
男人	女人
身心健全	身心障礙
異性戀	男同志／女同志／雙性戀／酷兒／無性戀
順性別	跨性別
殖民者	被殖民者
文明的	原始的
「公民」	移民
資本	勞動力
完整	碎片化
穿著衣服	裸體
中產階級	勞動階級
心智	身體
活著	死去

邁可・哈里斯（Michael Harris）所指出的影響支配性再現（dominant representation）的因素：父權結構的證據、將白人男性觀點視為普世通則的假設，及對女性身體的挪用（Harris, 126-47）。為了展示某人掌控全局，廣告可能會刻意將他直立擺放。白人男性坐在椅子上，不僅高於被支配者，且在他警醒地閱讀時，利用她。

她是順從的，她的身體被他挪用。厄文・高夫曼（Irving Goffman）指出廣告包含了屈從的儀式，也就是「將身體壓低，形成某種膜拜姿勢」——在床上或在地板上躺著、跪著。這個廣告透過展示女人膝蓋下死去的熊和她像動物般服侍著主人的畫面強化了這種屈從。

Think 滑板廣告：「今日叛逆，明日英雄」。

死去的熊確認了人類對非人類的支配權。其他用來布置空間的「勝利」形象，包括動物皮毛、皮沙發、掛在牆上的鹿頭或其他動物的頭，宣示了支配地位。我和大衛・卡特（David Carter）—— 倡議人士、前 NFL（國家美式足球聯盟）選手、知名的「300 磅維根主義者」—— 討論過這幅畫面：

> 當我看著這張照片時，我看到一個白人男子悠哉地躺著看書，腳架在一個有色女性身上。她的黑色頭髮和幾乎赤裸的身體代替了那無法展示的部位，也就是陰部，而她跪在地上的黑熊毛皮上。這頭黑熊代表了一個高大的黑人男人，一個穿著連帽衫的大黑人，一條大黑狗，一隻又大又黑的動物，一隻黑色大猩猩。在這樣的構圖中，我看到的是黑人社群如何被毒品和監獄工業系統摧毀。而那白人男子正躺在這個體系上享福。

譯按：關於男士手錶和肉的關聯，請見本章最後一段的說明。

義大利火車站廣告影片中的一個畫面，2019 年夏。
Carol Adams 攝。

12
自然的主人
—— Master of Nature ——

2019年夏,義大利許多大城市的火車站播放了一則廣告影片,大力宣傳5G網路。這廣告借用了與東芝廣告(第194頁)中相同的演化意象:代表5G網路的白人男性迅速超越了人類早期階段(以及他們所代表的早期技術形式)。

像東芝那樣在電腦桌面上展示主流的人類進化圖,或者展現最快的網速,反映了早期近代歐洲發生的觀念轉變:機械主義 —— 認為世界是一台機器的信念 —— 成了一種世界觀。機械主義將現實圍繞著秩序和權力加以重新排列,並正當化了對自然和社會的管理。

就像已被宰殺、沿吊掛機軌道在廠房中穿梭的雞一樣,用卡洛琳・麥錢特(Carolyn Merchant)的話來說,大自然「名存實亡,失去活力,並且可從外部操控」。(Merchant, 214)

艾麗卡・庫德沃斯提出的「人類支配制」(Anthroparchy)是「一種透過態度、實踐和制度運作的社會系統,以人類的利益為目的支配自然世界。」(Cudworth 2008)。其結果是受男性主導的刻板印象決定了什麼是「文明」,什麼是「原始」。

一個文化的進化狀態 —— 無論文明或原始 —— 經常以是否依賴動物性蛋白質來決定(其中包括死去動物的肉與牛的乳汁)。殖民主義列強曾相信某種將西方白人食肉者置於頂端,其他人位於下方的階級觀。殖民涉及對土地的篡奪,對特定人種進行種族標記(並將其動物化),以及對不同飲食模式的劃分。

屠宰場中死去的雞。© Farmed Animal Reform Movement. FARMUSA

肉廠 Master Purveyors 展示了一個浪漫化的農場形象,一邊有自由女神雕像,旁邊還有一隻贏得了「鮮嫩紐約小姐」選美比賽的雞。曼哈頓,2016 年。© Scott Silk

| 表 12.1 種族與「進化」連續體（"Evolutionary" Continuum）* |

種族 連續體	「進化」 連續體	物種 連續體	地位	推定的食物 (presumed foods)
白人	文明的 「腦力 工作者」	人類，但使用 頂端肉食動物 的形象 **	公民	肉和乳製品
「非白人」	勞力工作者： 農民、 農場工人	「類禽獸」	「低階級」／ 移民／ 「非法人士」	碳水化合物 （馬鈴薯、麵 食、麵包）
	原始（技術 尚未發展的、 原住民的、 土著的）	人類以外的 靈長類	外來者、 「他者」、 財產	
	獵人和牧民			狩獵 ***
	採隼者和農人			主要是素食 原住民、 「米食者」

* 原始圖表出自於〈向慈悲開戰〉（"The War on Compassion"）一文，這裡詳加闡述（Adams 2007/2016）。
** 菁英白人、殖民者等，透過使用如老鷹、獅子等以其他肉食動物為食的頂端肉食動物意象，來具體化他們的主導地位，然而食用動物肉的人類通常吃的是草食動物。
*** 儘管他們主要還是依賴植物性食物維生。

「吃牛肉!西部可不是靠吃沙拉贏來的」。來自作者的壓迫性圖像資料庫,也有做成保險桿貼紙的版本。

「吃牛肉!西部可不是靠吃沙拉贏來的」這句口號在美國中西部尤為流行,那裡曾是野牛幾乎被滅絕、原住民族遭到種族清洗的地方。這句口號經常出現在把動物送至肉品加工廠的運輸卡車保險桿貼紙上,並且將「雄姿英發」的美國牛肉文化與那強大的破壞者和毀滅者——定居殖民主義(settler colonialism)——聯繫在一起;定居殖民主義暴力地取代了美國各地的原生作物、動物和人民。正如歷史學家羅克珊・鄧巴 – 奧提茲(Roxanne Dunbar-Ortiz)所說,定居殖民主義涉及「洗劫整片大陸及其資源」(Dunbar-Ortiz, 5),以及對「原有文明」的壓迫和征服。在描述了這些壓迫和征服的案例後,大衛・卓爾(David Treuer)的《傷膝河的心跳》(*The Heartbeat of Wounded Knee*)總結道:「美國並不是憑藉技術優勢征服了西部,也沒有展示民主的優越性。美國『贏得』西部靠的是血腥、殘酷和暴行。」(Treuer, 94)

在十九世紀,牧牛業對美洲原住民占據的土地的覬覦,催化了定居殖民主義的出現和完成。北美大平原由「草原—本土美洲野牛—游牧系統,轉變為草原—現代畜牧業用牛—牧場主系統」。約書亞・史派特的《紅肉共和國》(Red Meat Public)解釋道:

> 牧牛業不僅合理化非法侵占印美洲印地安人土地的行為,還成為具體化這一目標的一環;牧場主和牛仔為美國軍隊供應補給,有時會隨軍參加突襲或偵察任務,有時甚至會組織自己的遠征隊。此外,放牧業的高利潤促使了美國西部定居殖民的快速發展。雖然放牧最終將讓位給農業,但美國在美西的強大力量仍根源於畜養牛隻。(Specht, 7;另見 Berson)

像「吃牛肉」這樣的勝利宣言提醒我們,當對吃肉的焦慮浮現時,這種焦慮從來不僅僅關於吃肉。在此案例中,這種宣言也在讚揚美國對印地安人進行的種族滅絕和土地掠奪。

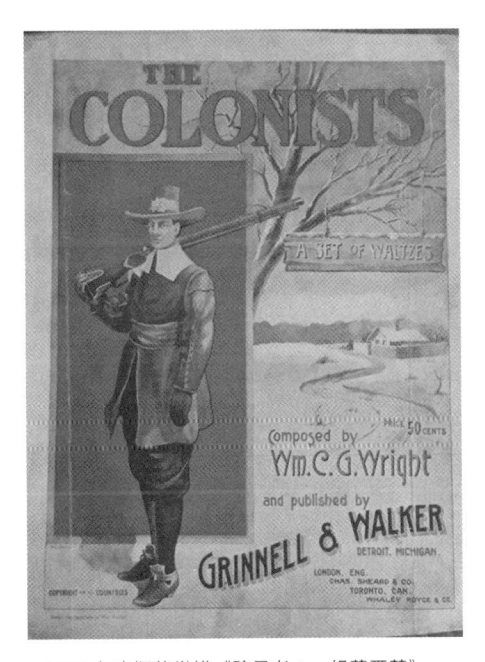

1898 年出版的樂譜《殖民者:一組華爾茲》。

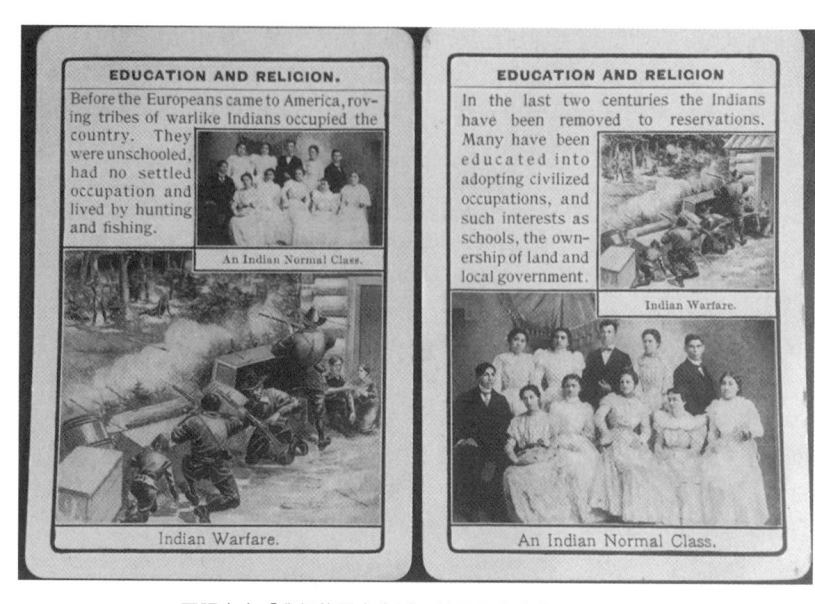

兩張來自「我們的國家生活：美國歷史遊戲」的紙牌。
教育遊戲。1903 年，美國紙牌公司。
來自作者的壓迫性圖像資料庫。

菲利普・德洛里亞（Philip J. Deloria）的《意外之地的印地安人》（Indians in Unexpected Places）描述了白人定居殖民如何圍繞原住民塑造出一種刻板印象，把他們描繪成「落後、技術無能，與文明社會隔絕且文化差異明顯」的一群人。在美洲原住民的文明被摧毀的同時，他們還被視為「野蠻人」（缺乏文明）。

這些來自二十世紀初的「教育」遊戲紙牌，說明了德洛里亞指出的白人至上主義文化將美洲原住民描繪為「未開化原始人」的觀點。在這些前後對照的圖像中，美國「歷史」紙牌解釋道：「在歐洲人來到美洲前，四處游牧且好戰的印地安部落占據了這個國家。他們未受教育，居無定所，靠漁獵維生。」第二張紙牌將殖民主義正常化：「在過去兩百年間，印地安人已被移到保留區。許多人接受了教育，有了文明的職業，並對學校、土地所有權和地方政府等事務產生了興趣。」事實上，美國印地安學校的兒童死亡率是非原住民兒童的六倍（Treuer, 140）。

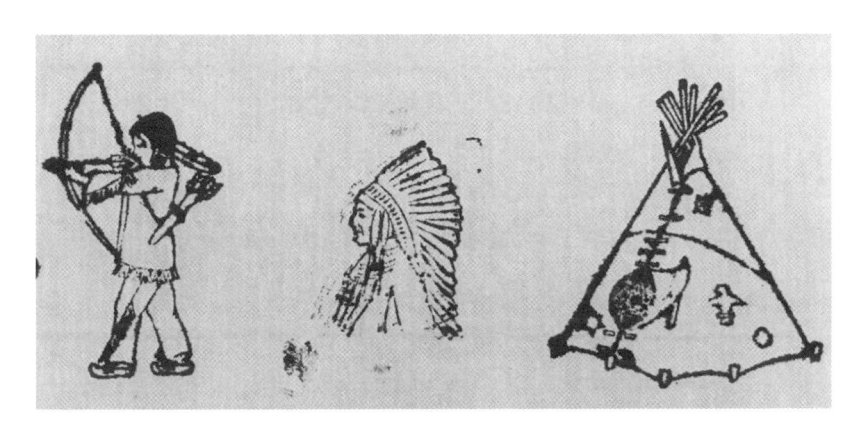

這些1930年代初期販賣的橡皮圖章反映了一些對於原住民長久以來的刻板印象，強化了原始主義和文化差異。來自作者的壓迫性圖像資料庫。

原住民對自然和主權的思考方式一直存在並延續至今；這與歐洲中心主義、異性戀本位的做法與信念，形成了鮮明對比。上一頁右邊的紙牌說明在支配者的觀點下，原住民的農耕活動是隱形的。事實上，原住民族擁有複雜的農業系統，但這些系統在歐洲中心主義視角下的農業景觀中無法被看見。[1] 例如，黑腳族（Blackfoot）的園藝知識和技能可從他們種植菸草的方法中展現出來。根據羅莎琳‧拉皮爾（Rosalyn LaPier）的說法，在「乾燥、荒涼的環境中（種菸草）需要對環境和氣候有深入的瞭解」。（75）

在原住民文化被剷除的同時，白人男性扮演起「土著」的角色 —— 從波士頓茶葉事件裝扮成印地安人，到十九世紀初期的「紅人會」（Society of Red Men）（為白人男性設立）和其他「印地安」兄弟會，到二十世紀初期的組織如「叢林印地安人」（Woodcraft Indians），再到二十世紀末白人男性重拾弓箭狩獵等。這些和其他例子在德洛里亞的《扮演印地安人》（Playing Indian）中皆有描述。當白人男子氣概在「國家從農業實體經濟轉變為都會工業社會」的過程中遭遇危機，需要他們「更像男人點」時，這虛構的印地安人形象便提供了一種補償性身分（Nagel, 79）。白人男性創造了與原住民相關的原始主義，並且為了達到自己的目的採用印地安人的象徵，同時構建

註1：參見麥可‧懷思（Michael Wise）著作《原住民食物：美國印地安歷史中的烹飪與殖民主義》（Native Foods: Cuisine and Colonialism in American Indian History）。

> 更多「扮演印地安人」的例子。一件二十一世紀的T恤。來自作者的壓迫性圖像資料庫。
> 譯按：文字內容為「素食者（名詞）：印地安古老用語——糟糕的獵人」

了國族主義者身分與個人男子氣概（Nagel and Doloria [1998]）。[2]

這便是澳洲歷史學家派翠克・沃爾夫（Patrick Wolfe）所說的「抹除並取代之」的定居殖民主義邏輯。

註2：貝德曼（Bederman）認為，對「原始男子氣概」的推崇有助於解釋北方白人男性無法阻止私刑處決的原因。部分批評者甚至也會認為私刑暴民是在解放原始的（白人）男性自我（Nagel, 79）。

狩獵的印地安人形象仍然流行，即使大多數原住民族「是居住在城鎮的農民」，且「以玉米為主食，並以野生的魚、禽類和四腳動物作為補充，擁有健康且多為素食的飲食」（Dunbar-Ortiz, 10, 17）。

狩獵被視為對原住民習俗的重現，用暴力手段提高白人男性的地位和權勢，同時加深印地安人作為原始人的刻板印象。弓箭狩獵是當前原住民習俗被挪用的一個例子；二十一世紀的白人男性會在週末進行狩獵旅行，體驗充滿男子氣概的原始主義氣息。

> 「弓箭狩獵是逃離『瘋狂世界』的一種方式」，Mathews 公司的創始人兼首席執行長馬修・麥克菲森（Matt McPherson）表示。該公司位於威斯康辛州的斯巴達市，是世上最大的弓製造商。他的公司每年生產近 30 萬張弓；頂級型號——鋁製並塗上迷彩塗層的可怕機器——售價高達 1000 美元。除了追求利潤，該公司還有一個使命，那就是透過一次培養一名弓箭手來恢復美國人的嚴謹與自律。（"In a dark wood" 2013）

定居殖民主義不僅僅是竊盜土地、驅逐滅絕原住民和急切地榨乾其資源，還將歐洲白人的飲食習慣強加於該地和居住其上的人民。事實上主要只有北歐人後裔才能消化來自牛的奶（Wiley, 508）。

女性主義法學學者傑西卡・艾森（Jessica Eisen）描述了定居殖民主義是如何「暴力且蓄意地將歐洲農業和飲食方式強加於原住民身上」，以及「用種族化的刻板印象推銷牛奶」（Eisen 2019, 75）。世上大多數人口都無法消化乳牛的奶。以美國為例，美國國家乳品委員會已經承認「幾乎所有的美洲原住民、90％的亞裔美國人、80％的非裔美國人、53％的西班牙裔美國人和15％的高加索人是『乳糖消化不良者』。」（Wiley, 510）[3]

註 3：儘管能夠消化牛奶的人屬於少數，但大多數人卻被稱為乳糖不耐或乳糖消化不良，被歸類為病態，而保留了乳糖酶——消化乳糖所需的酶——的白人則擁有「乳糖酶持久性」。「食物賦權計畫」（Food Empowerment Project）建議用「乳糖正常」（lactose normal）這個術語來形容大多數人，即那些不能消化牛奶的人。

2019 年 8 月,加拿大多倫多的 Apache 漢堡餐廳,飄揚著加拿大國旗。餐廳內可看到德洛里亞《扮演印地安人》的另一種形式。　© Jenny McQueen

譯按:阿帕契族(Apache)是美洲原住民族的一支,主要分布於美國西南方及墨西哥北部地區,擅長游擊戰術,曾長期抵抗西班牙、墨西哥與美軍的侵略與驅逐。

透過提倡從乳製品（和其他動物性食物）中獲取營養，將歐裔美國人身體普遍化，這種做法被稱為*生物種族中心主義（bio-ethnocentrism）*、*食物壓迫（food oppression）*和*營養種族主義（nutritional racism）*。[4] 這種做法刻意壓抑了非裔僑民的維根烹飪傳統、中美洲的烹飪傳統和其他原住民的植物性飲食傳統。[5]

正如麥可・懷思等人所指出的，「十九世紀壓制原住民的主要手段之一是透過他們的胃來殖民他們」（Wise [*Native Foods*]）。或者，我們可以在沃爾夫的話後追加一句，「抹除並取代他們的食物來源」。

在多倫多，你可以在阿帕契（Apache）漢堡餐廳買到起司漢堡。在阿帕契人尚未與歐洲人接觸前，他們不會吃牛肉或起司，因為北美大陸上沒有現代畜牧業用牛。起司漢堡慶賀並強化了定居殖民主義的勝利。

在阿帕契漢堡餐廳內展示著一名頭戴羽飾戰冠的「阿帕契」男人，那是只有東部阿帕契族男子偶爾才會配戴的；而西部阿帕契族則佩戴大頭巾（Paterek, 154）。但這裡有個隱密的事實：為了拓展牛隻養殖業的發展，那些佩戴羽飾戰冠的平原印地安人也是遭到種族清洗的目標族群。

在原住民族被摧毀的同時，白人男性在扮演印地安人的過程中幻想自己在不同身分之間自由穿梭；而由這場毀滅所帶來的食物——漢堡——卻被行銷成某種「原住民的食物」。漢堡實際上是技術現代主義的產物[6]。即使是美國印地安人博物館裡的 Mitsitam 原住民美食咖啡館，也供應著炸薯條和「篝火水牛漢堡」來頂替平原印地安人那難以理解的菜餚。[7]

註4：這不僅是未能認識到大多數人無法消化來自牛的奶，還將這種情況病理化，真正的問題在於把喝牛奶視作正常行為會帶來健康風險。「將乳糖不耐受定義為異常，似乎反映了這樣一種信念，即白人的經歷定義了正常的基準，任何偏離這一基準的情況都意味著異常和不可取。這個論述框架除了延續白人身體優越性的信念外，還符合酪農業和美國農業部的利益，因為它讓後兩者繼續向個人及社區推銷對其健康和生活品質有不利影響的乳製品。」(Freeman, 1262-3)
註5：參見 Harper（2009）、Terry、McQuirter、Brueck、Calvo and Esquibel 等人的著作，以及 Serrato、"Staff"、Singh 和 Robinson 2014 年和 2018 年的文章。
註6：請參閱我的書《漢堡》（*Burger* 2018）。
註7：www.mitsitamcafe.com/content/menus.asp. 也參見 Wise 2011。
譯按：Mitsitam 的意思是「讓我們吃吧！」這是德拉瓦爾（Delaware）與皮斯卡特韋（Piscataway）族人的母語。

十九世紀末，裝配線成為操縱自然和工人的工具。亨利・福特將裝配線的靈感歸功於芝加哥肉類加工廠用來處理牛肉的懸掛輸送鏈：被屠宰的動物倒掛著，從一個工人傳送到另一個工人，再到另一個工人。在那些二十世紀初的屠宰場，工人的空缺總有人補上。（Specht）

受壓迫的群體往往被用來強化對自然的掌控。這在 1906 年厄普頓・辛克萊（Upton Sinclair）寫《魔鬼的叢林》（The Jungle）描述屠宰場工作時便是如此，現在亦是如此。一直到二十一世紀，美國最危險的工作 —— 屠宰場的工作 —— 主要是由移民工人來完成。施洛瑟解釋，「屠宰場的工傷率大約是一般美國工廠的三倍」（Schlosser, 172）。重複的動作、長時間工作、缺乏磨刀時間及被迫提高速度的壓力結合在一起，增加了工人受傷的風險。

美國有大約 50 萬名工人在屠宰場工作。屠宰場裡有 80％的工作是由移民、有色人種和女性擔任，其中約有三分之一來自拉丁美洲，他們被這些企業積極招募過來。其中有些工人沒有合法身分，導致他們無法檢舉危險的工作環境，或該工廠其他違反美國法規的情況。當施洛瑟報導這些情形時，「科羅拉多州的格里利（Greeley）牛肉工廠有三分之二的工人不會講英語」[*1]（160）。

在壓力之下，工人被迫在越來越短的時間內屠宰更多的動物；許多工人因為沒有足夠的時間去上廁所，甚至得穿尿布。在新冠疫情期間，數個國家的屠宰場成為感染熱點。但在美國，川普卻將它們視為「關鍵基礎設施」，因此不允許關閉 —— 他保護的是屠宰場的營運商而非工人。

《紐約時報》記者查理・勒杜夫（Charlie LeDuff）描述了在一家屠宰場工作了幾週的情形：

> 大約一點左右，輸送帶上的肉總是會多到滿出來。所以工人加快速度，被迫專注地從豬肩骨上把肉卸下。他們就像戴著木製眼罩的騾子般，茫然地看著肉塊從眼前經過[*2]。

[*譯按 1]：該肉廠隸屬於 JBS USA，即巴西跨國企業 JBS S.A.（全球最大肉類加工企業之一）的美國分公司。該工廠僱用大量移工，勞動條件爭議頻繁，近年涉及工人剝削、惡劣住宿環境及潛在人口販運等問題。

[*譯按 2]：馬與騾的視線範圍可達 350 度。戴眼罩違反其生理特性，目的是強迫他們直視前方，以便幫人類專心工作。

這被稱為野餐線：十八名工人排列在輸送帶兩側，從骨頭上剔下肉。每年有高達 1600 萬個豬肩骨在全世界最大的肉品加工廠 —— 史密斯菲爾德食品公司（Smithfield Packing Co.）的產線上經過。這相當於每次輪班要處理 32000 個豬肩骨，每分鐘 63 個。每個工人每 17 秒處理一個，每天工作八個半小時。在你初次盯著那條輸送帶時，你就知道你的身體會在機器壞掉前先耗盡⋯⋯

在豬肉加工廠，你學到的第一件事是鋒利的刀有多重要，第二件事是你不再想用刀工作，最後你會知道，不是每個人都必須用刀工作。白人、黑人、美洲印地安人和墨西哥人各自分屬不同的工作站。

拿薪資的少數白人往往是技師或主管。印地安人則有少數是主管，而其他人通常能得到如倉庫業務等的乾淨雜役。除了少數例外，黑人和墨西哥人就只能在廠房裡幹苦差事 —— 這是北卡羅萊納州這泥濘角落方圓 50 英里內，少數能賺到每小時超過 8 美元薪資的地方之一⋯⋯

豬隻屠宰是一項重複且粗暴的工作，艱辛的程度讓你只要在工廠作業區裡待上三週，就能清楚明白為什麼離職率是百分之百。每年有 5000 人離職，又有 5000 人被僱用。你會聽到人們說，「他們在工廠殺的不是豬，而是人」。（LeDuff 2000）

又或許他們兩者都殺。

大多數人不願意親自承擔殺生的責任，因此只能由就業選擇有限的人來做。正如非裔美國女性主義健康倡議者貝芙麗．史密斯（Beverly Smith）對安德麗雅．劉易士（Andrea Lewis）所說的，在雞隻屠宰場的婦女並不是「本來可以當大學教授，但寧願要去殺雞」的（A. Lewis, 175-6）。

雞隻屠宰場裡的工人。
© Farmed Animal Reform Movement. FARMUSA

肉品加工廠每年的人員流動率幾乎都是百分之百。當工人試圖組織工會、抗議工作條件、尋求更高薪資，或者對於對待動物的方式表示意見時，雇主便利用移民法來驅逐無合法身分的工人。因此，屠宰場開始僱用當地監獄的囚犯和其他被監禁系統所困的邊緣者（例如住在中途之家的人），以及被安置到美國中西部的海地颶風倖存者。

與此同時，雞肉沿著機械化的宰殺路線移動。這些雞從契作雞農的工廠化農場抵達屠宰場。趁著雞在睡覺時，捉雞工人逮住他們——「儘管這些鳥嚇得亂啄、亂抓、拉屎，還是能一手抓起四隻」。2016 年，工人「每處理 1000 隻雞能獲得約 2.25 美元的薪資」（Grabell）。雞隻可能得被運送數千英里才能抵達屠宰場。

在屠宰場，雞會被扔進一個通往「活體吊掛室」的滑槽。在那裡，昏暗的燈光下，雞被粗暴地抓起來，頭下腳上地懸掛著。他們被電擊致昏，接著在「屠

抓肉雞去屠宰。
© Jo-Anne McArthur/ Animal Equality

宰室」（kill room）裡，他們的喉嚨被劃開。「那房間看起來像是一部恐怖電影的拍攝現場：鮮血噴得到處都是，地板上積滿了血水。一名被稱為『後備屠夫』的工人站在中間，用刀戳刺雞的身體，若他們還活著就割斷他們的喉嚨。」隨後，雞的頭被切掉，帶到脫毛區──「一個散發著穀倉味的悶熱空間」去除羽毛。許多沒死透的雞被活活燙死。「接著，雞隻進入『內臟處理部』，在那裡他們開始看起來不再像動物，而更像肉了。一條懸掛的輸送帶上掛滿了雞腳。地板上是濕滑的血水，一條流動快速、工人稱之為『河』的廢水渠貫穿整座廠房。」（Grabell）

Master of Nature

自然的主人

226

男士手錶和肉有什麼共同之處？[8] 兩者都充滿了對自然加以控制的男性幻想，這種幻想根源於早期近代歐洲父權制的殖民和資本主義進程中。手錶作為資本主義對時間商品化的象徵，賦予佩戴者父權時間管理者的地位 —— 掌控勞動與休閒、生產與享樂之間的時間劃分，這種掌控延伸到工作狀態下的身體，包括人類和非人類。手錶以同樣方式精簡了男人對於動物肉體的管理，將其視為生產性資本（productive capital）與特殊營養的來源。（譯按：生產性資本指在生產過程中創造價值的資本，如土地、設備、機器與人力等。這裡指動物被視為資源，提供勞動力或產品，以創造經濟價值。）

在美國炸雞速食店 Chick-fil-A 廣告中，母牛的拼字能力不佳是個反覆出現的主題。以此例而言，拼字能力差與日以繼夜工作的藍領勞工、建築工人地位相連結。這種呈現方式讓掌控自然的主人感到安心：即使這頭辛勤勞動的母牛會拼寫，她也永遠拼得不如他們好。攝於 2016 年 10 月，達拉斯－沃斯堡機場。
© Carol J. Adams

註 8：這段文字是在與麥可．懷思對話中逐漸發展出來的，當時他正在為即將出版的《原住民食物》一書完成有關黑腳印地安保留區肉類生產的章節。
譯按：該書已於 2023 年出版。

賣 T 恤的商店。懷俄明州科迪市，2012 年。
© Jasmin Singer
譯按：T 恤上的文字為「站起來，像個女人那樣接受吧！」，但畫面上顯然是一頭公鹿。

13
帶槍的獵人
—— Armed Hunters ——

為什麼女性會成為被獵殺的鹿（「站起來，像個女人那樣接受吧」），或被獵捕的鯨魚（「看，*她*噴水了」）的參照對象？安德烈・喬利（Andre Joly）解釋道，這是因為*她*代表次要的力量，而*他*代表主要的力量：「運動員、捕鯨人、漁夫和動物之間有種特殊的關係。無論動物的體型或力量如何，都會被視為潛在的獵物，一種必須被摧毀的力量 —— 無論是為了運動還是食物 —— 因此是一種被支配的力量」（Joly, 271）。狩獵和捕魚的受害者在象徵意義上變成了女性。

《教堂山先驅報》（*Chapel Hill Herald*）講述了一頭鹿「在多年間成功躲避希爾斯堡一名男子」的故事。記者描述了這名男子多年來對這頭鹿執意地跟蹤騷擾，包括在自己的土地上餵食（feeding），也就是*誘捕*（baiting）這隻鹿。他也在自家土地上種了厚厚的苜蓿。記者鄧肯・穆雷爾（Duncan Murrell）承認，「對外行人來說，餵鹿可能聽來沒什麼道理，但這種做法越來越受獵人歡迎，他們想把土地養成會擠滿戰利品雄鹿的區域。」

這名希爾斯堡的獵人告訴穆雷爾：「我會在半夜驚醒，冷汗直流，滿腦子想著這頭鹿。」他繼續說：「有些人說我已經失心瘋了，他們說想要獵捕特定一隻動物是世上最難的事……我說我沒有瘋。我就是想要這一隻動物。」（Murrell 1996）

《紐約客》對餐廳 Quilty's 的評論描述了廚師「勇敢無畏，面對野味〔如被獵殺的動物〕，但她對待獵物的方式更像是誘惑他們，而非射殺他們。例如她的烤鹿腰肉會搭配美洲葡萄胡椒醬（fox-grape poivrad）、黑喇叭菇和焗烤花椰菜 —— 這些都是你可能會拿去餵鹿的東西，假使你沒打算殺了他的話。」（"Tables for Two" 1990）

又或者，即使你打算殺了他，前述仍為真。

汽車貼紙，也作為卡車擋泥板出售。來自作者的壓迫性圖像資料庫。

狩獵用品型錄上的T恤廣告。
譯按："WHITE TAIL"指白尾鹿，是北美獵人圈中受歡迎的獵物。公鹿的角與體型象徵男性力量與支配地位，然而一旦成為獵物，不僅淪為男性展示掌控力的犧牲品，還變成狩獵文化的象徵，正當化獵殺他們的理由。"WHITE TAIL"也指女性臀部，鹿角（rack）隱喻女性胸部，呼應圖中女子的暴露形象。她被置於兩頭公鹿之間，與鹿同樣被納入「獵物」的框架，需要「被征服」，成為「戰利品」。這種將獵物與性暗示結合的視覺手法在狩獵廣告中經常可見。

2014年在一個卡車停靠站裡,有頂棒球帽上寫著「**對!我就是愛大鹿角**」,並搭配著一幅鹿角的圖像。

2016年,在加拿大卑詩省維多利亞的公爵酒吧(The Duke),民謠搖滾三重奏 Tan and Hide 的廣告展示了一個胸部豐滿的女性形象,她的裙子被拉起來,露出吊襪帶,但身體的頂端卻是帶鹿角的鹿頭。

一件販售中的 T 恤上寫著:「獵人的美好生活指南:找到一隻有大鹿角的,然後掛起來/騎上去(mount it)。」*1

2014年,威斯康辛州自然資源部委託進行了一項學術研究,想瞭解為何中年男性獵鹿人的數量減少。一個原因是,離婚的男人不想在週末把孩子「停放」(park)好再去打獵。*2 另一個原因是「電視引發的巨鹿角狂熱讓獵人期望更高,也讓他們變得更貪婪」。「大鹿角令人著迷」,該部門發言人凱文‧沃倫方(Kevin Wallenfang)說,「我們稱之為『鹿角色情』。」("In a dark wood" 2013)

一篇關於獵殺德州白尾「公」鹿書籍的評論寫道:「可以把這本書稱為獵鹿人的《花花公子》,或稱它為戰利品偷窺狂、鹿角匱乏症的嚴肅療法。又或者乾脆叫它《大鹿角 IV》(*Big Rack IV*;譯按:該書出版於1992年,收錄了超過500張被視為頂級戰利品的白尾公鹿圖片,以及顯示該獵物產量最高的郡縣和年份的地圖)。

在《後街:賣淫、金錢與愛》(*Backstreets: Prostitution, Money and Love*)一書中,一名嫖客把尋找妓女一事形容為狩獵:

> 男人可以開著車四處兜風,感覺自己在狩獵,夜復一夜,直到他們射出那致命的一槍。這和權力有部分關聯,狩獵是為了感受掌控權力的快感。首先是對局勢的掌控,抑制自己的衝動和自我。同時還有一點(這在一部關於賣淫的影片中提到)——獵熊的時間越長,射殺熊的行動就越是一項壯舉。(Høigård and Finstad, 89)

---

* 譯按 1:mount 指安裝、掛置,也可指動物交配時的騎乘動作。此處暗示找一個大胸部的女人並且強暴她。
* 譯按 2:park 也指「寄放」;離婚男人不願意把孩子託給別人照顧,自己去打獵。

譯按：Hanes 美國休閒服飾品牌的女襪廣告。

譯按：立體聲狩獵助聽裝置，廣告文字為「最細微的聲音往往是致命的破綻」。

譯按：廣告中文字包括「夢想女孩：實現你最狂野的夢想」、「獵鹿人專屬：來看看我們的公鹿女孩」，buck 是公鹿，但 Buck Naked Girls 則是指全裸的女孩。

喬維安・帕里（Jovian Parry）報導了一檔名為《紐西蘭廚房》（Kiwi Kitchen）的烹飪節目，節目中名廚理查・蒂爾（Richard Till）在屠宰、烤炙和食用鹿腿前，用女性的身體曲線來形容鹿腿，稱「鹿腿非常纖細、精緻，如果你看這裡，很多女人都會非常高興擁有這樣的腿」（引自 Parry, 384）。

在一則報紙廣告「最細微的聲音往往是致命的破綻」（見 232 頁）中，女性化的鹿腿和蹄被當成幫助獵人聽見獵物（即活著的動物）聲音、提高狩獵成功率的賣點。其他供現代獵人使用的電子設備，還包括地面型移動探測器、液體懸浮鏡頭防震望遠鏡、避免迷路的衛星定位系統，以及附保暖靴的化學發熱迷彩裝等。儘管狩獵活動早已在使用高科技槍枝、追蹤用卡車、樹上狩獵臺、困獵（canned hunts）或夜視鏡，卻仍和原始主義相關聯。這些技術輔助設備的使用，顯示了當白人男性定義「原始主義」時，其概念是多麼容易被替換。

Beaver 原指海狸的毛皮，後來成為 beard（鬍子）的俚語（1871 年）；而 beard 早已用來指涉女性陰毛（1726 年），因此把這層關聯也延續下來（1927 年）。此外，beaver 是 beaver hat（海狸帽）的簡稱，而 hat（帽子）又是另一個女性生殖器的俚語（1890 年）；作為借代（synecdoche），這個字還代表性行為隨便的女人；一名妓女。[1] 海狸這種動物被稱為「扁尾」（flat tail），由於尾巴又意味著陰道；僅被視為性對象的女孩或女人[2]，因此 piece of tail 變成異性戀男性用來指涉「性交」的俚語。

註 1：日期和字義來自萊特（Jonathan E. Lighter）的《蘭登書屋美國俚語歷史詞典》（The Random House Historical Dictionary of American Slang）。
註 2：參見斯圖爾特・弗萊克斯納（Stuart Flexner）和哈羅德・溫特沃斯（Harold Wentworth）所編的《美國俚語字典》（Dictionary of American Slang; Second Supplemented Edition）。他們補充道：「這是除了 piece 之外，男性粗俗用語中最常用來表示『女人–陰道–性交』概念的詞彙。」（535）

金柏莉・克倫肖（Kimberlé Crenshaw）寫道：「雖然黑人女性與白人女性都同樣有被物化為 cunts（屄、婊子）、beavers（海狸）或 pieces（女性生殖器）的經驗，但對她們來說，這些侮辱前面往往還會加上『黑人』、『黑鬼』或『叢林』（jungle）」[*3]。她認為種族化現象（racialization）或許能解釋「為何黑人女性在性騷擾案例中的比例被低估」，因為種族化精準地指出騷擾行為中最核心的侵犯本質。「種族主義能讓人清楚看見，性騷擾既非一種討好的舉動，也不是表達興趣的笨拙暗示，而是一種刻意的歧視行為，具有侮辱性和威脅性，並會對他人造成傷害。」（Crenshaw, 412）

棒球選手吉姆・鮑頓（Jim Bouton）告訴我們：「我最好解釋一下『拍海狸』（beaver-shooting）是什麼。『拍海狸』說到底就是偷窺狂在幹的事。它可以指從球員休息區頂部偷看女性裙底風光，到掛在二十樓的逃生梯上往窗戶裡窺看……有些人可能會瞧不起這種行為。但在棒球界，假如你拍到一個特別讚的『海狸』，你就會成為……某種民間英雄。」（Bouton, 37）

（其他毛茸茸的小動物也成為女性生殖器的隱喻，例如：*拍松鼠*，就像*拍海狸*一樣，意思是看到女性的生殖器。）

可憐的海狸學院（Beaver College）！由於被深夜脫口秀節目主持人大衛・萊特曼（David Letterman）、康納・歐布萊恩（Conan O'Brien）和霍華德・史登（Howard Stern）當作笑柄，甚至被一些為青少年過濾性暗示強烈素材的搜尋引擎遮蔽，海狸學院最終更名為阿卡迪亞大學（Arcadia University）。

一名白人男子雷克斯・佩里西安（Rex Perysian）射殺了一頭野豬。為了拍照，他抓住死去野豬的耳朵拎起豬的頭，對狩獵夥伴說：「我會像抓我的女人那樣抓住牠。」根據《費城詢問報》（*The Philadelphia Inquirer*）的阿爾弗雷德・盧布拉諾（Alfred Lubrano）報導，接著「他鬆開野豬的頭，對著樹林深處咆哮，誇耀這次獵殺讓他性慾沸騰。」

佩里西安之所以獵殺成功是因為那是困獵（canned hunt）。有人沿著獸徑將野豬趕到他們吃早餐的食槽。一名獵人在多年前體驗了一次困獵後放棄狩獵，他形容這「就像帶著槍去動物園」。確實，這些動物有時真的來自動物園或馬戲團。

| *譯按3：根據《市井詞典》，jungle 是指女人因「懶惰」或「天然（原始）」，所以私密部位的毛髮濃密。

一則「清爽+性感私密處濕巾」廣告保證:「乾淨的小海狸總是能找到更多木頭」。譯按:「海狸」(beaver)象徵女性生殖器,「木頭」(wood)隱喻男性勃起,暗示私處清潔能提升性吸引力。

兩個「厭惡黑人女性症」的例子：其一是狩獵產品型錄中的T恤，上面寫著"Trappers Get More Beaver"（捕獸人抓到更多海狸；譯按：捕獸人獲得更多性交的機會），其二是「貝蒂・海狸加油站」（Betty Beavers Fuel Stop）。貝蒂的招牌是立體的，從側面看，貝蒂的胸部突出得很誇張。
「貝蒂・海狸加油站」，攝於紐約州卡納喬哈里村，2004年7月。© Mark Dunkelman

馬蒂・基爾（Marti Kheel）描述了在一堂狩獵安全培訓課程中，高度性化的語言：

> 子彈被稱為"balls"（睪丸），開槍被稱為"discharge"（射精），子彈擊中動物時則稱為"penetration"（穿透／插入）。槍枝的威力被稱為"penetration power"（穿透力）。如果子彈在預定時間之前就意外發射，則被稱為"premature discharge"（早洩）……誰先「穿透」動物並且讓她「見紅」（first blood），誰就有「幹掉」動物的「特權」，並將動物的屍體據為己有。（Kheel, 91-2）

1991 年雪城大學兄弟會的春季街區派對上販售了一款 T 恤，正面寫著「我反同，我驕傲」、背面寫著「打同性戀，不打海豹」。這些人並不真的關心海豹，只關心要如何打壓同性戀者。此觀點透過人類中心主義來傳達對同性戀的恐懼。

二十一世紀的研究發現，支持槍枝管制的女性多於男性。同時，皮尤研究中心（Pew Research Center）發現「白人男性尤其可能擁有槍枝：其中約有半數（48%）說他們擁有槍枝；相比之下，約有四分之一的白人女性和非白人男性（各占 24%）及 16% 的非白人女性擁有槍枝。」（Parker 等人 2017）

美國大多數的大規模殺戮都發生在家庭暴力事件中（Snyder, 7）[3]。其他的大規模屠殺與白人至上主義有關。白人至上主義男性是美國最危險的族群之一。「在美國，大多數的恐怖攻擊以及由恐攻造成的死亡，都是由白人極端分子所引發的。」（Serwer，另見 Reitman）

一項針對科羅拉多州婦女死亡案例的調查發現，女性槍擊受害者多數是在家庭暴力的情境中為男性所殺害（Roberts）。「研究顯示，女性若遭伴侶殺害，死於槍枝暴力的可能性多過於所有其他所有手段的總和。據全國家暴熱線（National Domestic Violence Hotline）稱，在家暴情境中，槍枝的存在會使婦女被殺害的風險增加五倍之多。」（Mervosh 2019）

| 註 3：在美國，54% 的大規模槍擊事件與家庭暴力有關。（Everytown for Gun Safety 2018）

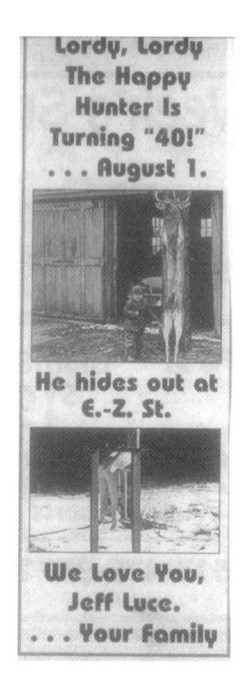

一則報紙廣告,請注意,掛架上的死鹿已被女人的腿取代。

成人女性內衣品牌 Baci 廣告宣傳的一部分,宣告「狩獵季已開放」。

帶槍的獵人

238

Good Housekeeping 雜誌 2019 年的封底。
譯按：這則廣告運用弓箭、鹿角和光影等元素營造出狩獵意象。弓箭象徵速度、精準度與控制力，鹿角代表獵物與勝利。畫面中的女性坐在箭靶前，窗外陽光如箭矢般投射在她心臟的位置，彷彿穿透她的身體，暗示她是被瞄準和獵殺的對象。iPhone 6 採用這樣的視覺手法，或許是為了強調產品精準捕捉目標的能力，讓消費者感覺擁有這款手機，就像掌握了某種力量或優勢，進而刺激購買慾望。

「接近女人要像接近野生動物一樣,小心翼翼並語帶溫柔」,Dos Equis 啤酒廣告。曼哈頓,2012 年。© David Del Principe

身處繁華的城市景觀，我們隨便就能看見立著的啤酒瓶上印有喚起白人至上、厭女症、殖民主義和為白人男性提供原始主義選項的圖像。發現自己被困在都市裡的可憐曼哈頓男人該怎麼辦？來杯 Dos Equis 啤酒吧。

在《廣告週刊》（Adweek）雜誌上，大衛．吉安納塔西奧（David Gianatasio）稱 Dos Equis 的廣告「愚蠢至極」，並表示它「不僅冒犯了女性，還增添了一層侮辱意味，展現了世上最枯燥無聊的場景：偉大的白人殖民者帶著兩名部落男子在叢林裡得意忘形地閒逛。」關於這則廣告，夏希德．馬穆德（Shahid Mahmoud）在巴基斯坦的英語報紙《快報》（The Express Tribune）中寫道，「我們居然沒有把性別刻板印象和不平等當成違反公民權的犯行來起訴，這真不可思議。」

2015 年 8 月，米蘇拉郡的蒙大拿大學即將迎來秋季學期時，校園裡出現了四個手寫標語。其中一個寫著「蒙大拿狩獵季**開始了，女**學生是獵物」。這些標語很快就被移除，因為「被認為不恰當，且可能是仇恨言論」。然而，該校的整合行銷傳播部門副主任佩姬．庫爾（Peggy Kuhr）提出疑問：這些標語的目的難道不是在「提高意識，促進對性侵犯和安全問題的討論」嗎？

她補充道，「我們確實知道，對學生來說 —— 尤其新進的女學生 —— 新學年的前幾週是脆弱易感的時期。」（Szpaller 2015）

這些標語出現在強．克拉庫爾（Jon Krakauer）的《米蘇拉：大學城的強暴事件與司法系統》（Missoula: Rape and the Justice System in a College Town）一書出版的幾個月後。在書中，克拉庫爾描述了五名大學生年齡的女性遭性侵的經歷；克拉庫爾揭露了她們的案件如何被不當處理 —— 然而這在大學城裡卻相當普遍。

如果將女性比喻為獵物可能構成仇恨言論，或違反公民權的犯罪行為，那麼針對狩獵文化中的性別刻板印象和剝削現象又該從何處展開起訴呢？

明尼亞波利斯東湖街，一個公車候車亭裡的海報，2015 年。© Greta Gaard 譯按：海報文字為「更高品質的壽司」。

14
習焉不察的困境
—— The Fish in Water Problem ——

馬歇爾・麥克魯漢（Herbert Marshall McLuhan）曾說：「如果魚會說話，作為環境一部分的水將是魚最後才會辨認出來的東西。」

唯有將魚從水中拉出來，讓他們在空氣中行將窒息，他們才會意識到自己的環境原來是水。

「吃鮭魚吧，另一種粉紅色的肉」T恤。來自作者的壓迫性圖像資料庫。
譯按：Pink meat 也暗指女性生殖器。

凱瑟琳・麥金儂指出：「所有女性都生活在性物化（sexual objectification）中，就像魚生活在水中一樣。」（MacKinnon, 149）不同之處在於，性物化不會把我們從這個環境中硬拽出來，或把我們拖到另一個環境中。性物化發生在我們生活周遭，在家裡，在街上，在工作場所中。

二十一世紀初，《紐約時報》的時尚版面有篇文章，開頭是一幅跨頁照片，兩側各有一名比基尼女郎站在一條非常大的死魚旁（魚身和女郎體型相當，掛在一個鉤子上），這張照片被稱為「魚和雞仔／小妞」（Fish and Chicks）。

廣告中的「鉤子」是吸引你進入廣告的關鍵。鉤子是*誘餌*（lure），是誘惑。它*攫取*你的注意力，向你承諾某件事。

魚鉤確實把魚從習慣的環境中分離出來；魚鉤是一種折磨的刑具。它是釣魚武器庫中的一部分，會造成傷害和死亡。

紐澤西亞特蘭大城，2019 年。© lauren T. Ornelas
譯按：衣服上的文字為「我的釣竿（rod）好棒棒，能讓魚兒送上門（come）」。rod 也暗指男性生殖器，come 則有性高潮的意思。

人工誘餌通常會鉤住魚的下顎、嘴、唇或吻部等布滿神經的部位。魚鉤刺入時，魚會甩頭、掙扎彈跳和下潛。若在鯉魚口腔頂部施加電擊，也會產生相同反應。從生物化學和生理結構的角度來看，魚類的神經系統與人類非常相似。魚類擁有大量的痛覺受體，並會產生用來對抗疼痛和恐懼的化學物質（Dunayer 2001, 62）。

「甩開束縛」。加勒比海卡里亞庫島，2017 年。© Ben Leamy
譯按：船身上的文字「擺脫束縛」與彩繪圖案形成強烈矛盾。畫中的女性被鉤子鉤住，像魚一樣無法掙脫，而真正能「脫鉤」、享受自由與狂野氣息的，則是男性。

「快樂釣客、活體誘餌」。俄亥俄州。© Brian Luke
譯按：釣客 hooker 也指妓女，誘餌 bait 也有誘惑之意。

瓊・杜納爾（Joan Dunayer）的著作揭示了釣魚語言中對暴力和痛苦的否認和淡化，例如：「垂釣的優雅藝術」、「逗弄」或「鍛鍊」被釣上的魚、「制服」而非「重擊致死」，「收獲」（harvested）而非「殺戮」。我們聽到關於「一對一較量」的描述中，魚是「對手」、「敵人」或「對抗者」，而不是遭釣魚用具施暴的受害者（Dunayer 2001, 63-71）。[1]

諸如「夏威夷『裸體』草裙女孩」或「處女美人魚釣餌」這樣的廣告商品，同時向男性傳達關於女性的暗示，也向釣魚者傳遞關於抓魚的訊息：這些誘餌吸引「公魚」。至於「處女美人魚」，我們被告知她能同時「吸引男人和公魚」。「在你的漁具箱裡只是個不起眼的『玩偶』——但一到水中，她的動作和魅力會讓你驚歎。保證釣得到魚。」

若非因為許多研究非人動物的科學已強加了類似的性別歧視假設，不然認為被性化的女性（或美人魚）身體會吸引非人動物的想法，會顯得很可笑。

女性身體往往是廣告中的「鉤子（誘餌）」。

註 1：諷刺的是在 2019 年，銷售死鮪魚的產業代言人批評植物性鮪魚的行銷廣告是「虛偽和誤導人的」（Hayes 1981）。

譯按:「愛龍蝦」啤酒廣告

譯按:沙丁魚罐頭廣告

「霍桑龍蝦屋(Hawthorne Lobster House)開幕:波特蘭最棒的一尾(The Best Tail)」(Tail,譯按:女性生殖器)。

譯按:壽司吧廣告

好色龍蝦餐廳(Lusty Lobster)描繪了一個龍蝦／女人的混合體,尾巴下面的腳踩著高跟鞋。她塗著口紅,睫毛很長。

「請考慮龍蝦的處境吧」,大衛・福斯特・華萊士(David Foster Wallace)如此提議。龍蝦的螯(在「愛龍蝦啤酒」的圖中顯示未被綑綁)通常會被「固定住或用綁帶綁仕,以防他們在被囚禁的壓力下互相傷害」。華萊士將這種作法與雞的剪喙相比(Wallace, 242)。

華萊士以他對主題全面而深刻的探討著稱。他描述了龍蝦在被「準備」供人食用時的反應,也就是當龍蝦被扔進一鍋滾燙沸水中會發生的狀況(他指出,「準備」

The Fish in Water Problem

247

這個詞本身就是一種「半自覺的委婉說法」(semiconscious euphemism)〔Wallace, 247〕）。首先,「有些令人不舒服的事將發生」。這是他半自覺的委婉說法嗎?對人類來說只是不舒服,但對龍蝦來說,更準確的說法應該是拼命掙扎以求不死。

舉例來說,就算龍蝦在被買回家的途中被搖晃到近乎昏迷,一旦被丟入沸水中,往往會令人吃驚地恢復活力。如果你把龍蝦從容器裡傾倒至熱氣蒸騰的鍋中,他們有時會試圖抓住容器的邊緣,甚至用螯勾住鍋緣,就像一個試著不要從屋頂掉下來的人一樣。更糟的情況是龍蝦已被浸沒在水中;即使你蓋上鍋蓋轉身離開,通常也還會聽到龍蝦為了推開蓋子而發出的鏗鏘撞擊聲,或者因猛烈掙扎,蝦螯在鍋壁上刮擦的聲音。換言之,龍蝦的行為和你我被丟進滾燙沸水中會有的反應極為相似(唯一顯著的差別是龍蝦不會尖叫)。更直白地說,龍蝦的表現顯示出他正處於極大的痛苦中……要否認掙扎、劇烈扭動和碰撞鍋蓋的行為是明顯的疼痛表現,必須得絞盡腦汁詭辯,再加上吹毛求疵的行為主義(behaviorist)[*1]詮釋,才有可能做到。(Wallace, 247-248)

「來一份所有人都讚不絕口的腿」,費城,2010 年。© Vance Lehmkuhl

*譯按 1:行為主義是二十世紀初源自美國的心理學流派,強調研究可觀察的行為和反應,而非內在心理狀態,並反對無科學根據的意識研究。此處指以行為主義的方式對某些行為過度分析,反而忽略了直觀的解釋。

「美腿無敵」

「全鎮第一美腿」。Tracy's 帝王蟹小棧，阿拉斯加朱諾市，2019 年 8 月。© Pat Davis

在描述龍蝦的神經疼痛接受器（nociceptors）（特殊的痛覺受體，對可能造成傷害的極端溫度、機械力及身體組織受損時釋放的化學物質等特別敏感）以及「無脊椎動物版本的前列腺素和主要神經傳導物質──我們的大腦透過該物質感知疼痛」後，華萊士認為「龍蝦可能對疼痛更敏感，因為他們缺乏內建於哺乳動物神經系統內的鎮痛機制。」

螃蟹被活煮時可能會保持長達三分鐘的清醒時間。在此期間，他們會劇烈掙扎、抽搐並試圖逃脫。有隻螃蟹為了逃離沸水甚至自殘，咬掉自己的腿。

根據《市井詞典》，tail（尾巴）一詞含有「性交」與「女性砲友」兩個意思，都是「粗俗的俚語」。《蘭登書屋美國俚語歷史詞典》（Lighter）寫得更詳盡：僅被當成性伴侶、性對象或性器官的女性；＝屁股（ASS），好砲友。該用法在 1933 年以前便已存在。更早的第二版寫得更清楚：「〔禁忌〕陰道；僅被視作性對象的女孩或女人。這是除了 "piece" 之外，男性粗俗用語中最常用來表示『女人－陰道－性交』概念的詞彙。另見：cunt（屄）；piece（女性生殖器）；poon tang（黑人或黑白混血兒女性的陰道）；pussy（女性生殖器）」（Wentworth and Flexner, 535）。

「鹹濕隊：追尾巴」，波特蘭，2018 年。© Mark Hawthorne

Vicki Pedrazzoli 的臉書貼文，及一則來自 David Del Principe 的評論。經授權使用。
譯按：David Del Principe 的評論為「殺戮、商品化、吃魚和消費女人」

《GQ》男性時尚雜誌的義大利版封面上，著名的義大利廚師卡洛・克拉科（Carlo Cracco）身穿燕尾服，配戴紅領結，穿著整齊，完全無視一名緊抱著他的裸身黑髮白人女子。這位女性只穿著細高跟靴，顯然遵從了「褪下漁網絲襪」的命令。她的左腿抬起，靠在克拉科的胯下和髖部，左手握著一條象徵陽具的死魚，正好位於克拉科的身體正中央，從他的腹部上方向下延伸。

譯按：餐廳廣告，標語為「小妞，褪下你的漁網絲襪」。

「除非你是漁夫，否則尺寸無所謂」。英國康瓦爾郡特魯羅市。© Neil Williams

亞特蘭大城，2020 年 1 月。譯按：圖左中的衣服文字請參見第 244 頁圖說譯按。圖右中的衣服寫著「我喜歡她彎下來的樣子」。

根據最近的一項研究，18 至 35 歲的男性中有超過五分之一在他們的 Tinder 個人頭像裡手持一條魚。（Ferrier 2016）

紐西蘭的反家暴運動「這樣不對」（It's not okay campaign）曾提倡「炸魚（毆打魚），別毆打家人」（"Batter your fish not your families"）。然而，該活動卻因為「把家暴正常化」而受到質疑。*2

在澳洲昆士蘭北邊，一間名為「被打的老婆」（The Battered Wife）炸魚薯條店的老闆，在被指責淡化家庭暴力後為其店名辯護：店主卡洛琳・克爾（Carolyn Kerr）表示自己曾是一名員警，也是家庭暴力的倖存者（Oppenheim 2018）。

一名澳洲國會議員稱這是「聰明的行銷」：

> 「這名字品味不好嗎？可能吧。但它是否引起了媒體關注？絕對有，」他說。「現在，所有人要嘛會關注這間店，要嘛就是走進去看看這些炸魚薯條到底有多好吃。」

2019 年，一名男子打了女友一拳，並將她的手指向後扳傷，英國法官審理時告訴他，他不會把他送進監獄；他指示男子不要再打擾前女友，因為「海裡還有很多魚」（Southworth 2019）。

---

* 譯按 2：這句話用 batter 的雙關意涵來傳達反家暴主張，鼓勵人們將精力放在烹飪上，卻因措辭過於輕率，遭批評可能淡化家暴的嚴重性，降低社會警覺，從而削弱該運動的影響力。

加州,2016 年 3 月。© Mark Hawthorne
譯按:希臘優格廣告看板,以 Greek Mythology(希臘神話)為梗,
改成 Greek Moothology(moo 是牛叫聲),本章中譯為「吸那神話」。

Quality 義大利牛排館的廣告,
攝於紐約布魯克林,2013 年。© Anne Zaccardelli

15
維納斯與蘿莉塔
—— Venus and Lolita ——

廣告招牌「吸那神話」（Greek Moothology）模仿了西方藝術中的經典畫作：波提切利的〈維納斯的誕生〉（*The Birth of Venus*）。在這幅畫中，牛維納斯顯得端莊矜持，用她的紅髮遮住私密部位。除了將人類女性替換為牛這個明顯差別之外，這隻牛和波提切利這幅西方美女原型圖之間還有一個主要差異。波提切利的維納斯有乳房，而牛沒有。沒有乳腺、乳房、乳頭——沒有任何廣告中優格來源的生殖器官的線索。就在牛的功能「被缺席」的同時，圖像中的人類女性特質——或至少是映射出人類女性特質、但沒有乳房的混合女性特質——出現了。這隻牛維納斯不是從水中升起，而是從她自己的乳汁中浮現，但她的乳汁卻被「擠奶」剝奪。這位維納斯和真實的牛一樣，被「國家及其最有權勢成員的性需求，和生殖／生產的利益」所定義（Eisen 2019, 72）。害羞？端莊？才怪！什麼也抵擋不了將她私密部位商品化的強大利益。

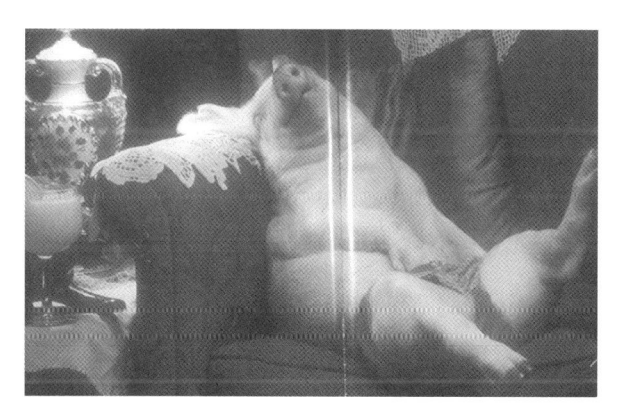

在愛荷華州博覽會上看到的圖片：《花花公豬》（*Playboar*）雜誌的中間折頁——烏蘇拉・火腿德斯（Ursula Hamdress）。© Jim Mason

譯按：烏蘇拉・火腿德斯是對烏蘇拉・安德斯（Ursula Andress）的戲仿。安德斯因在1962年電影《007第七號情報員》中飾演龐德女郎哈妮而成為性感象徵，並於1965年為《花花公子》雜誌拍攝裸照。照片中的豬則是被擺拍成《花花公豬》中的折頁女郎，該畫面絲毫未呈現工廠化養殖帶來的苦難痕跡。參見《肉的性別政治》第二章及《卡蘿・亞當斯讀本》（*The Carol J. Adams Reader: Writings and Conversations 1995-2015*）第七章。

令人不安的是,照片右下角漢堡王的招牌亮起,提醒我們她未來的命運——她被剁碎的身體部位將被出售。

在西方藝術的標誌性形象中,還有另一位維納斯能和波提切利的維納斯相提並論:提香的〈烏爾比諾的維納斯〉(*Venus of Urbino*)。提香的維納斯以毫不掩飾的目光迎接我們,她的手故作靦腆地遮住私處。這位維納斯是「西方藝術中最早的臥姿裸女之一」(Harris, 128),並催生了許多後續作品。而二十世紀中期,一隻豬為《花花公豬:豬農的花花公子》(*Playboar: The Pig Farmer's Playboy*,一本搞笑雜誌,2000 年初期達拉斯仍有販售)被擺弄成類似的姿勢。在第 254 頁的圖片中,「高品質義大利牛排館」(Quality Italian Steakhouse)純粹把人頭換成了牛頭,但模仿了原畫中直接且毫不掩飾的目光[1]。

《花花公豬》中搔首弄姿的豬(第 255 頁)並非卡通化的形象。塗了指甲油的腳趾、比基尼內褲和光滑的雙腿都是強加到她身上的。她的剪耳記號說明她是某人的所有物。

儘管世界各地有數以千計的「黑人維納斯」,大眾文化還是偏愛這些基於白人女性的擬人化色情形象(參見 R. C. Lewis)。不過,就廣告「吸那神話」而言,這可能是一種潛意識的提醒:正是擁有乳糖酶「持久性」("persistence")的白人才能在成年後繼續喝另一物種的奶。牛奶的白色特質和廣告形象喚起了將「純潔」("purity")等同為白色的種族主義偏見。因此不會有哪個黑人維納斯成為畜牧業中的缺席指涉對象(absent referent)。

《花花公豬》的豬照片裡,左邊有一杯飲料,這是在暗示酒精飲料嗎?這就是為什麼她看上去像是醉倒了嗎?要是她身處某些兄弟會聚會中,這樣的失去意識狀態會被視為「自找的」。

「脫衣燒烤店」(Topps off BBQ)展示了一隻金髮豬的圖像,她穿著粉紅色高跟鞋和粉紅色內褲,她的粉紅色胸罩擱在戶外燒烤架上。在瓶蓋噴飛之際,

註 1:我在兩篇論文中討論過這些圖像,並在此處引用了那些文章的內容(Adams 2014, 2017)。

她抓起了兩瓶啤酒巧妙地蓋住了兩邊乳房（像人一樣的一對乳房）。五個啤酒瓶散落在她腳邊。

「醉豬仔」（Drunken piglet）是「微醺小豬餐酒館」（Tipsy Pig Gastropub）菜單上的品項。
「醉豬仔」，是曾開在芝加哥的一間餐館。
醉*豬仔*是活著還是死了？

性侵受害者中有一半在十八歲以下；25％的性侵受害者在十二歲以下。目前已知年紀最輕的性虐待受害者只有一週大。

青春期前的女孩不僅讓人聯想到年輕有活力，還包括脆弱、無力和童貞。當成年女性展示出除毛後的陰部，青春便被性化。

當兒童性虐待者鎖定一名兒童時，社交誘拐行為（grooming behavior；譯按：指與兒童建立社交連結和維繫關係的方式）是其策略和方法的一部分。他可能會先從讓孩子坐在他的腿上，或者和他一起看書或雜誌開始。色情作品經常被用於誘姦，試圖激發大一點的孩子的性欲。若一起看的內容是關於兒童性虐待，其目的就變成降低該兒童的心理防備。這類材料可用來說服年幼的兒童嘗試性行為，讓他們相信會樂在其中（「看看圖片裡的小朋友多開心哪！」）。

關於賣淫，學者洛里・華生（Lori Watson）寫道：「研究一再顯示，婦女開始透過賣淫賺錢的主因是出於經濟上的絕望。此外，許多女性在十八歲前就開始賣淫；許多人感到陷入困境，覺得自己沒有其他現實可行的賺錢機會以維持生計。」

一名皮條客向精神科醫師理查德・克魯夫特（Richard Kluft）描述了他挑選女性成為其手下妓女的標準：

> 美貌，不用說。性技巧，多多少少。這點比你想像得容易教。最重要的是服從。如何才能讓她們服從呢？如果你找到的女人曾和她們的父親、叔伯、兄弟──也就是她們既愛又害怕失去的人──發生過性關係，她們就不敢反抗。然後你要比那些人對她們更好，也要比他們更凶狠。

一個賣傳統烤香腸和飲料的攤位,攝於德國埃爾福特教堂廣場,2019 年 7 月 15 日。德文標語寫著「最好的烤香腸」,附帶口號「來自鄉村的美味,在你手中」。Florence Pasche Guignard 指出,「當然,真正的顧客不會穿著純白襯衫而不扣釦子、不穿胸罩,左手還拿著一根尖銳的棍子吃香腸。」© Florence Pasche Guignard

十五歲到十五歲半 —— 這是女性開始賣淫的平均年齡(根據溫哥華和挪威等各種不同地區的調查)。

美國奧運女子體操前隊醫拉里・納薩爾（Larry Nassar）如何能夠長期肆無忌憚地為非作歹？早在1997年他就被指控性侵；他是如何能在眾目睽睽之下，侵犯超過300名前青春期和青春期的少女？

納薩爾的「陰道內調整」——即性虐待，是在無預警的狀況下用沒戴手套的手指插入女孩的陰道中，即使女孩的父母在場也照樣進行。儘管父母被安排在無法看到他舉動的位置，這仍使他的性侵行為正常化。《大西洋月刊》（The Atlantic）撰稿人索菲亞・吉爾伯特（Sophia Gilbert）稱之為「將性侵隱藏在眾目睽睽之下」（另見 Salam 2019）。

媒體用來描述兒童性侵犯的語言常會淡化他們的犯行，這是另一種將性侵隱藏在眾目睽睽之下的方式。記者梅根・迦博（Megan Garber）寫道：「沒有什麼『未成年女人』，未成年女人就是女孩」，並舉出《紐約時報》和《紐約》雜誌的例子來說明（Garber 2019，也參見 Clark-Flory）。迦博解釋，把女孩稱為女人「表示美國文化仍不願將有權勢的男人與弱勢女孩的利益視為同等重要」。

2019年7月，傑佛瑞・艾普斯坦（Jeffrey Epstein）因涉嫌性販運被捕。起訴書寫道：「多年來，被告傑佛瑞・艾普斯坦在自宅中對數十名未成年少女進行性剝削和性虐待」。

然而，在艾普斯坦被捕後的一週內，媒體使用「未成年女人」一詞的報導就超過了九十次。

推特上的女性主義者呼籲修正語言。"@HonestToddler"寫道：「說某人與『未成年者』發生『性行為』淡化了兒童性侵害對兒童造成的身心和情感上的殘害。這就彷彿是在說跟蹤者與他們跟蹤了六個月的受害者『在交往中』一樣。」

納博科夫（Nabokov）的《蘿莉塔》（Lolita）長久以來形塑了對兒童性侵的文化認知，並正常化成年男性對女孩的慾望。凱特・米利特（Kate Millett）總結了納博科夫這本著作的問題：「《蘿莉塔》既是綁架、強暴和脅迫的故事，也是一個迷失的靈魂追隨其文化中的童妻迷戀，而走向最終結局的恐怖激情。」正如馬丁・艾米斯（Martin Amis）在《蘿莉塔》Everyman's Library 版本中的導論所言：「長達兩年時間裡，他每天至少強姦她兩次」（Amis, xiv）。

> Erin Matson
> @erintothemax
>
> Hi, @washingtonpost, I fixed your story on Jared Fogle for you. #rapeculture #victimblaming

> **Ex-Subway pitchman admits to child porn,** ~~underage sex~~ STATUTORY RAPE
>
> BY DREW HARWELL AND ABBY PHILLIP [RAPING]
>
> Jared Fogle, the fat-shedding "Subway guy" and former face of the world's largest restaurant chain, agreed Wednesday to a plea deal for possessing child pornography and ~~having sex with~~ underage girls, a precipitous fall for an American everyman held up as a model for healthy living.
>
> Between 2007 and this summer, prosecutors said, Fogle paid for and planned his business travel around repeated ~~sexual encounters with~~ underage girls. With his partner in the Jared Foundation, a childhood-obesity charity, Fogle also traded lurid pictures and videos of nude children as young as 6, they said.
>
> Fogle, 37, agreed to a deal Wednesday morning at an Indianapolis courthouse ringed by lawyers and federal marshals. As part of the deal, Fogle agreed to serve at least five years in prison and pay
>
> Jared Fogle leaves the federal courthouse in Indianapolis. In a statement, Subway called its ex-spokesman's acts "inexcusable."
>
> $100,000 to each of 14 victims to fund counseling, treatment and other assistance.
>
> The charges marked a stunning end for the surprise-star role model and suburban family man, whose affable tale of achievable weight loss touched a nerve in a nation growing increasingly overweight.
>
> In his prime, Fogle spoke about
>
> SUBWAY CONTINUED ON A4
>
> RAPES OF

4:56 AM · Aug 20, 2015 · Twitter for iPhone

"@erintothemax"在推特上更正了《華盛頓郵報》的措辭，將「與未成年人性交」改為「強姦幼女」，2015 年 8 月。經 Erin Matson 授權使用

譯按：Erin Matson 為全國婦女總會州分會主席。報導標題為「前 Subway 潛艇堡推銷員承認涉及兒童色情，且~~與未成年人性交~~強姦幼女」。推特文：「嗨，《華盛頓郵報》，我替你修改了關於 Jared Fogle 的報導用詞。」＃強姦文化＃責怪受害人

納博科夫創造了 nymphet 一詞，把 *nymph*（若蟲）當成 *pupa*（蛹）的同義詞（若蟲與成蟲相似，只是體型較小）；nymph 又指*精靈般的神靈*，是希臘詞 *nymphomania*（慕男狂、女色情狂）[*1] 的字根，也是男性定義的關於女人的詞彙（「女性過盛的性慾和性行為」）。

《美國傳統英語字典》（*The American Heritage Dictionary*）將 *nymphet* 定義為「被認為具有性吸引力的青春期少女」。

被誰認為？

「將青春期女孩視為具性吸引力對象」的片面觀點，最終成為主導性的認知。

在納博科夫的小說《蘿莉塔》出版後，這位 nymphet── 蘿莉塔 ── 不僅被用來命名一種新品種蝴蝶，還變成一本廣為流傳的色情雜誌的名稱，甚至被用來指稱一種色情內容的類別。

神話中的 nymph 經常遭到更強大神靈的追求和強姦。兒童色情作品則是記錄了兒童遭到「更強大的神靈」── 即成人 ── 的強姦和性虐待。眾所周知，個別戀童癖者往往會錄製自己性虐待兒童的過程，然後用交換或出售的方式把這些記錄給其他施虐者。

1960 年代初，《花花公豬》雜誌（以維納斯豬為中間折頁）的封面圖片即發想自史丹利・庫柏力克（Stanley Kubric）1962 年的電影《蘿莉塔》（*Lolita*，臺灣以《一樹梨花壓海棠》為片名）（見第 262、263 頁圖片）。《花花公豬》並未將豬置於幻想式的理想家庭農場來掩蓋工廠化養殖對豬的虐待。《花花公豬》並非以傳統的方式來看待豬，而是以傳統的方式來看待女人和女孩。豬仔們就像 nymphets，*需要那種對待*，而且也如同醉豬仔，她們*得償所願*。

這便帶我們來到廚師馬修・拉姆齊（Mathew Ramsey）備受矚目的「色情漢堡」（Pornburger）計畫 ── 起初是部落格，後來是書。拉姆齊用這些話定義該計畫：「PornBurger.Me……聽起來有點下流，對吧？甚至有點猥褻？……我的目標？簡言之，純粹的肉慾快感。《華盛頓郵報》稱拉姆齊是「漢堡界的賴瑞・弗林特[*2]」，並解釋道，「許多漢堡張狂地展現異性戀陽剛氣質。」作者解釋，由於這種漢堡的*異性戀陽剛氣質如此張狂*，「以致於有些女性可能不願意製作這些漢堡」（Judkis 2016）。

* 譯按 1：nymph 是希臘神話中與自然相關的女性精靈，地位低於女神，通常被描繪為美麗純真的少女。
* 譯按 2：賴瑞・弗林特是美國成人娛樂業大亨，旗下事業涵蓋連鎖脫衣舞俱樂部、《好色客》雜誌、色情網站、賭場和情趣用品連鎖店等。

拉姆齊向《郵報》承認,「烹飪界充斥著男性沙文主義。」(他不就是在說厭女症嗎?)

《華盛頓郵報》舉例,女性可能不願意做的漢堡就是「蘿莉塔漢堡」。據作者描述,這是一款以花生醬和果醬為主題的漢堡。這是拉姆齊對天真童年食物的暗示。但還不止如此:漢堡麵包的基底是最常用於甜點的「泡芙」麵團(choux)。是蘿莉塔感興趣的那種甜點嗎?

蘿莉塔漢堡還包含「大量的鵝肝醬」(Hunt 2014)。電影《蘿莉塔》之於1960年代創作《花花公豬》的男人,就如同鵝肝醬之於二十一世紀:某種猥褻的、不道德的,帶有強烈侵犯性的東西。鵝肝來自被灌食增肥的鵝的肝臟;有些人認為那是「病變的結果:你其實是在吃腫瘤」(Expatica 2018)。鵝肝醬的生產在幾個歐洲國家和紐約市遭到禁止。加州於2004年通過禁止生產鵝肝醬的法案,在歷經各種法律挑戰後仍維持有效。

芝加哥大學校園內 Lucy's 餐車，2020 年 1 月。

Holy Chuck 漢堡餐廳，攝於多倫多，2016 年。© Zach Ruiter
譯按：牆上文字寫著「Holy Chuck 鵝肝醬漢堡」，圖案卻是一隻乳牛在對鵝強迫灌食。這種描繪把在酪農業和肉品業受害的牛塑造成加害者，突顯了產業的荒謬。原本用來招徠顧客的塗鴉，反而揭示了鵝肝醬生產過程的殘酷，無意間映照出壓迫動物的現實。

思考一下*強迫餵食*（gavage）這件事：長達兩到三週的時間，候鳥（鴨、鵝）會被關在籠中。一天三次，他們的喉嚨被塞入鋼製漏斗，接著螺旋餵料機啟動，他們便被強制灌食。鳥兒的肝臟因此瘋狂脹大──最終占據了半個下半身。鴨和鵝等水鳥演化成花最多時間待在水上的生物，僅偶爾上岸覓食。他們是群居動物，喜歡成群結隊地閒逛、梳理羽毛，透過展示身體和呼叫相互溝通。對於任何有情眾生，在籠裡關上幾週並被強制灌食都是可怕的命運，對這些會遷徙的鳥兒來說更是折磨。（Gillison 2015）

對要刻意展現異性戀陽剛氣質的人來說，在蘿莉塔漢堡中使用鵝肝醬這招多

麼巧妙，畢竟那就是一種「政治不正確的美食」（Expatica 2018）、「家禽料理中的阿布格萊布監獄（The Abu Ghraib of poultry dishes）」（譯按：生產鵝肝醬的方式極為殘忍，就如同阿布格萊布監獄中美軍虐待伊拉克戰俘的行徑一般。）（Nolan 2015）。

拉姆齊的蘿莉塔漢堡提供了「兒童／花生醬果醬與成人／鵝肝醬兩種衝突元素相結合的（病態）隱喻」[2]。蘿莉塔漢堡中的鵝肝醬是否讓人聯想到強迫口交？[3]

《蘿莉塔》成了將性侵兒童的幻想投射到漢堡上的螢幕。

在蘿莉塔漢堡的中心會找到誰呢？死牛的屍體，被丟棄的維納斯。

註 2：這是潔西卡・雅娃（Jessika Ava）的洞見。
譯按：潔西卡・雅娃是美國非政府組織 Thrive Philanthropy 的創辦人暨執行長。該組織致力於資助關注社會正義議題的前線草根團體，並連結捐助者和全球食物正義倡議者網絡，加速工業化農業的替代方案，推廣正義、永續的植物性飲食系統。
註 3：瓊・考德威爾（June Caldwell）的著作《有點暗的房間》（Room Little Darker）在討論鵝肝醬與捆綁狀態下口交的女性視角時，似乎做了這樣的比較。正如《愛爾蘭時報》（Irish Times）的書評人寫的那樣，考德威爾的書提供了「捆綁狀態下女性對口交的看法——『……不得不無休止地猛吸，直到他把一肚子壞水射進我的咽喉』——幽微又無可避免地令人聯想到一隻被困住，並遭到強行灌食的鵝」（Gaffney）。知名美食作家暨節目主持人安東尼・波登（Anthony Bourdain）認為，看酒店付費電視上的節目比看灌食更糟。（見安東尼・波登談〈波登不設限 鵝肝醬並不殘忍〉，網址 www. youtube.com/watch?v=Gc73t0_0E_w）《衛報》記者薩曼莎・吉利森總結道：「（他指的應該是口交）」。

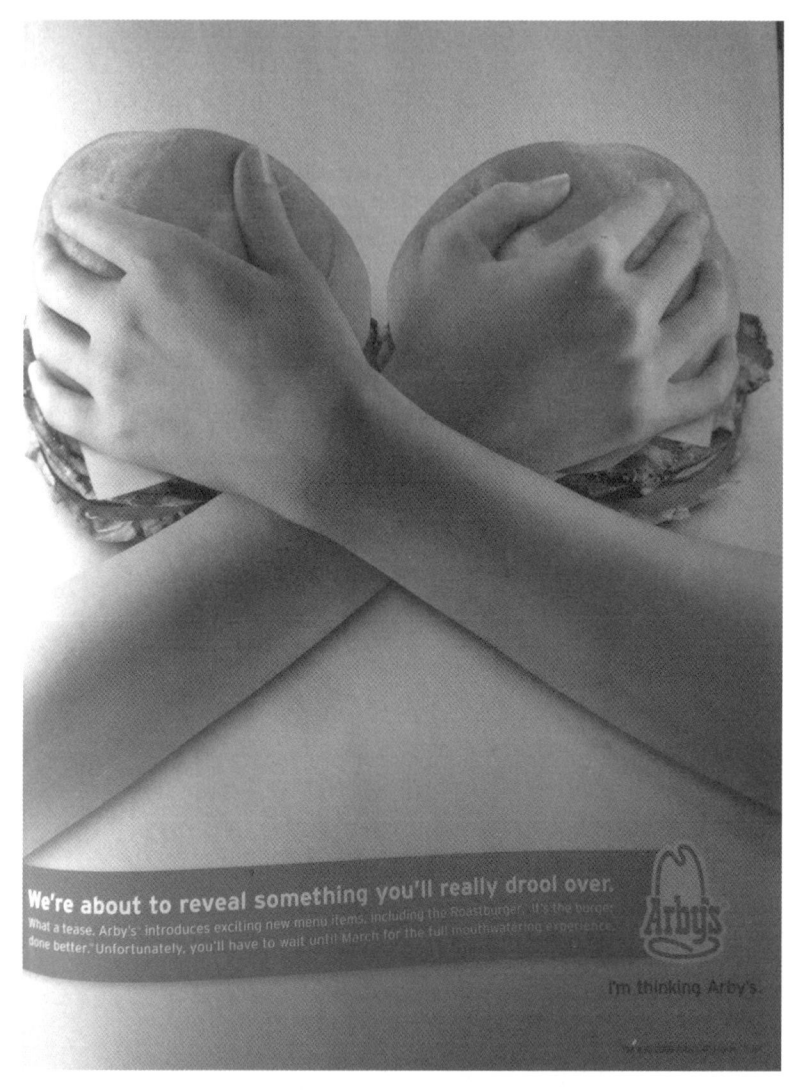

2009 年 3 月,《運動畫刊》(*Sports Illustrated*)雜誌的比基尼專題「穿比基尼,不然就別穿」("Bikinis or Nothing")中,三明治連鎖速食店 Arby's 的廣告引發了女權主義部落格 Feministing 的評論:「顯然,Arby's 認為吸引讀者注意力的最佳方式是讓他們的漢堡看起來像奶子。畢竟還有什麼比『狂野漢堡包』("Buns Gone Wild")更好推銷速食的方式呢?」(Jessica 2009)
譯按:麵包 buns 在這裡也指胸部。

16
父權漢堡
—— The Patriarchal Burger ——

從本書初版問世到此新版本出現之間，肉的色情化達到了新的高峰 —— 父權漢堡。想想看這個情況：一些小型連鎖店或獨立餐廳有時用帶有性剝削與性暴力聯想的名稱給漢堡命名。2018 年，英國雪菲爾的蘭迪硬核漢堡（Randy's Hardcore Hamburgers）[*1] 在販賣「韋恩斯坦漢堡」（以被判有罪的性侵犯 Harvey Weinstein 命名）之後道歉，還有名為「試鏡沙發」和「假計程車」[*2] 的漢堡（Ritschel 2018）。這簡直是在公然認同加害者！（該餐廳不久後便關閉了。）

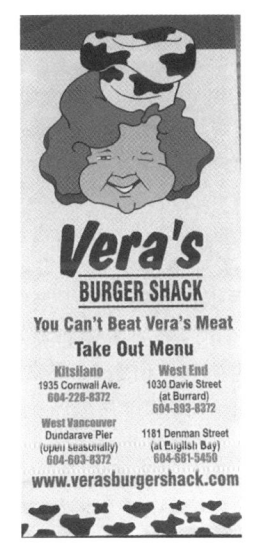

譯按：Vera's 漢堡店的廣告。廣告語 "You Can't Beat Vera's Meat"（沒什麼比 Vera's 的肉更好吃）中，meat 也指女性生殖器，或被視為性對象的女性；beat 則有激烈性交或支配性行為（dominant behavior）之意，帶有物化女性和潛在性暴力的暗示。

* 譯按 1：hardcore 在色情語境中，指明顯裸露性器官或激烈性行為的露骨內容。
* 譯按 2：fake taxi 是一種色情片類型，劇情通常是司機利用乘客資金不足等情況，說服乘客在車後座進行性行為。

還有別的例子，一家巴基斯坦三明治店在 2015 年用家暴者和性侵犯來為他們的三明治命名：查理・辛（Charlie Sheen）、克里斯・布朗（Chris Brown）、西恩・潘（Sean Penn）、比爾・寇司比（Bill Cosby）和麥可・泰森（Mike Tyson）。他們辯稱：「五號桌（Table No. 5）三明治的品牌核心就是三明治笑話。」[*3] 純粹只是為了好玩，好玩是我們的信念！所有『認同性侵犯』的指控都不是我們的本意。」（Fuhrmeister 2015）

在巴西，有一款名為「瑪麗亞・達・彭哈」（Maria Da Penha）的漢堡，其成分包含紫甘藍。瑪麗亞・達・彭哈是巴西一條專門防治女性受暴的法條名稱，以一位被丈夫暴力攻擊後倖存的婦女命名。在葡萄牙語中，「紫甘藍」讀起來像「紫眼睛」，即被打得瘀青的眼睛。當受到批評時，店家聲稱這是向瑪麗亞・達・彭哈「致敬」，但隨後將漢堡改名為「遭審查」。值得一提的是，巴西是全世界女性遭伴侶殺害最多的前五名國家之一。

2011 年，一間位於克里夫蘭的餐廳提供蘿莉塔漢堡。（簡稱為蘿拉漢堡[*4]，2019 年仍在販售。也參見馬修・拉姆齊的蘿莉塔漢堡，第 261 頁。）

在澳洲，一則「棒漢堡」（bun burger）廣告顯示一名穿比基尼的女性躺在沙灘上。她的雙臀之間夾著齊全的漢堡配料。廣告詞寫道：「好時光漢堡」和「最新鮮的樂趣，就在這兩瓣之間。」（Shaw 2014）美國的漢堡連鎖店卡樂星也做過類似的廣告。

在美國，比爾・寇司比《天才老爹》的一集節目中，他的兒子西奧和朋友把女性稱為「漢堡」、「雙層漢堡」和「豪華漢堡」。2018 年，一個陪審團認定比爾・寇司比犯下三項加重傷害猥褻罪（aggravated indecent assault），判處他三到十年徒刑。超過 60 名女性指控他涉及強姦、藥物強制性侵、性虐待或其他形式的不當性行為。

2006 年的超級盃足球賽廣告中，漢堡王將「女性即漢堡」的幻想變為現實，儘管是以普遍級的方式呈現。廣告中，多名女性打扮成漢堡配料——肉餅、番茄、生菜、洋蔥等。漢堡王下達命令：「女士們，做出漢堡」，於是她們便順從地服從（男人）國王（man-king）指令，唱著：「我們唯一的目的就

---

[*] 譯按 3：「三明治笑話」通常來自異性戀男性視角，將女性看作傳統性別角色中的家務勞動者，強化性別刻板印象。此類笑話也常帶有性暗示，將女性物化為三明治、嘲笑女性化蔬食，並以被食用的動物為笑料。

[*] 譯按 4：蘿莉塔（Lolita）實為蘿拉（Lola）的暱稱，詞尾 "-ita" 表示「小」或「親暱」。兩者的正式名稱為 Dolores，源自拉丁語 "dolor"，意指「悲傷」或「痛苦」。因受到小說《蘿莉塔》的影響，蘿拉此名常帶有性暗示。

是滿足您的願望⋯⋯」她們邊叫邊跳到彼此身上,最終堆疊成一個等著被吃掉的巨無霸漢堡。

一則關於哈帝漢堡(Hardee's)的平面廣告問道:「哪個更辣?」兩個選項中一個是深色頭髮、橄欖色眼睛、噘著豐唇的白人女性,另一個是夾生菜和番茄的炸洋蔥起司漢堡。

直到 2018 年,卡樂星、漢堡王和哈帝等速食漢堡連鎖店都在爭相尋找新的方式展示穿著暴露的女性 —— 她們在吃漢堡或渴望漢堡的過程中遭到物化。哪個更辣?就在那一年,這些品牌都宣稱放棄這種行銷手法(但我並不會對他們的承諾抱有太大期待。此外,這些退步思維的廣告透過網路 —— 這面扭曲的哈哈鏡 —— 仍在流傳。)然而,對於在這些餐館裡工作的女性而言,這樣的宣示為時已晚,她們面臨的職場性騷擾「遠高於該行業的平均水平」[1]。

透過將女性放在非主導位置 —— 諸如把超大漢堡懸掛在她們的身體上方、擺在她們身旁或塞進她們嘴裡 —— 遭剝奪力量的女性形象已銘刻在視覺印象中。這些漢堡在女性身體上方或周圍占據視覺主導位置,揭示(並實現)了對於女性「大嘴巴」及其「吞東西」能力的性幻想。

這類廣告很少用有色女性來行銷巨型漢堡。德國,2013 年。
© Matteo Andreozzi

註 1:「根據餐廳機會聯合會(Restaurant Opportunities Center United)進行的研究,約有 66% 在 CKE 餐飲集團(卡樂星和哈帝漢堡的母公司)旗下品牌工作的女員工檢舉過性騷擾事件」。(引自 K. Taylor 2015,另見 Laughland 和 Gambino 2017)

「她會告訴你尺寸不重要。她在說謊。」
位於西南航空公司售票櫃檯上方的卡樂星廣告，2016 年。
© Carly Smolak

譯按：廣告標語"Damelo doble con extra de queso"意思是：
「給我雙份，再加更多起司」。"Damelo"也有「我要你」的性暗示。

接著是將女人視為「洞」（woman-as-orifice）的漢堡廣告主題。卡樂星的一則廣告裡，有位穿著無肩帶洋裝和高跟鞋的金髮白人女性。她緩慢地將整個拳頭塞進嘴裡，然後又抽出來，面帶微笑。接著出現了一個男性的聲音，說：「你要怎麼知道自己能否吃得下全國最大的雙層漢堡？」「有個辦法能知道」。結果這則廣告獲得了「拳頭女孩」、「吹簫女孩」和「深喉嚨」漢堡的綽號。

賽斯・史蒂文森（Seth Stevenson）在 *Slate* 雜誌專欄寫了一篇關於這則廣告的文章，標題為〈又見色情 —— 一則露骨、性暗示強烈的肉品廣告〉（"Porn, Again. Another Lewd, Suggestive Ad for Meat"）。他表示：「當然，如果你想吸引 18 到 34 歲的男性，色情無疑是一個有用的切入點。」（Stevenson 2005）

「讓你大開眼界」這則廣告上的小字寫道：「漢堡王新推出的超級七吋堡，滿足你對又長又多汁的火烤美味的渴望。這款漢堡含單層牛肉排、美式起司、酥脆洋蔥，搭配濃郁的 A1 牛排醬。品嚐這款令人驚豔的漢堡後，保證你會想吃更多！」

譯按：廣告中的用字遣詞，如「吹」（blow）、超級七吋、又長又多汁，及「味道就是更棒」（"It just tastes better"）等處都是性暗示。

271

漢堡王的廣告看板「讓你大開眼界」（It'll Blow Your Mind Away）（見第271頁）雖然僅於2009年在新加坡出現過，但它仍透過社交媒體迅速傳播，並被稱為「口交廣告」。

女性主義者指出：「這個女人對逼近她臉部的大三明治一點也不感到興奮。她看起來空洞且順從，就像塑膠娃娃般任人擺布。」（Kelleher 2009）還有評論指出，「驚訝的女人和口交的意象相結合，再現了強姦文化。因為它暗示了『驚訝』以及可能是非合意的口交不但沒有錯，甚至普通到能出現在漢堡廣告中。」（"CandidCoroner" 2016）

哈帝漢堡、卡樂星和漢堡王把女人視為「洞」的做法重新強調了以口交為常態的異性戀文化，認為取悅男人是女人的工作，且「女人其實暗自渴望被強姦」（正如社會學家安東尼・寇特斯〔Anthony J. Cortese〕在女性被闖入者性侵的廣告中所指出的那樣）（Cortese, 74-5）。

2014年，這張廣告照片中的白人女性模特兒公開發聲。她在一段影片中說道：

> 漢堡王在網路上找到一系列我擺出不同面部表情和扭曲姿勢的照片，在毫不顧及我人身尊嚴的情況下，把我簡化為他們的性容器，供他們滿足生理需求並從中牟利，更公開羞辱了我。這則廣告不僅在網路上展示，還出現在公車站、餐廳的牆壁和餐墊上。

> 當記者要求漢堡王回應時，漢堡王稱這個廣告的宣傳效果不錯，然而經過調查，我發現新加坡廣告標準管理局（也是廣告發布的地點）收到了多起投訴，導致該廣告不得不提前撤下……我相信性表達在藝術和媒體中的價值；這對一個健康的社會來說是美好且必要的，但**必須出於自願**，否則就是**強暴**。（Nudd 2014）

一些漢堡廣告表達了對維根主義者、豆腐或綠色蔬菜的敵意——這是對預設的男性消費者的持續保證，承諾肉能重新賦予他們男子氣概。廣告試圖將吃漢堡和運動成就（通常等同於男性運動員）連結起來。一則卡樂星的廣告誇口說，*沒有人會在吃完豆腐後擊掌慶祝*。不過，誰又會在吃完卡樂星的培根漢堡後擊掌慶祝呢？

「一天一份漢堡,遠離羽衣甘藍」—— 除非那就是羽衣甘藍做的漢堡。
2018 年 11 月。© Jason Stevens

「在豆腐橫行之處,肥美多汁的大起司漢堡」。奧勒岡州波特蘭市。
© Patricia Barrera
譯按:此為道奇汽車廣告。「大起司漢堡」比喻道奇汽車獨樹一格,性能優越,魅力不凡,給人極致的享受和滿足感,而其他車種就像豆腐般平淡無味,缺乏特色,毫無吸引力。

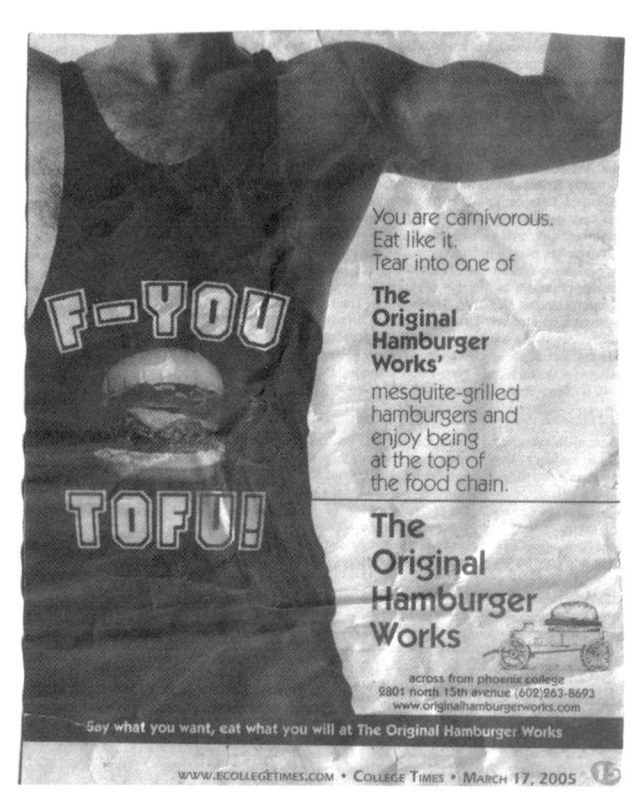

譯按：背心文字為「去你的，豆腐！」，右邊文字為「你是肉食動物，就該這樣吃！撕咬 The Original Hamburger Works 的炭烤漢堡，享受站上食物鏈頂端的滋味！」

2019 年諷刺的是，卡樂星、漢堡王和其他速食公司的植物肉產品竟然供不應求。可見我們從九〇年代到現在已經走了很長的一段路。當時，即使是晨星農場（Morningstar Farms）的廣告還在強化肉的性別政治；他們在《素食時代》（*Vegetarian Times*）雜誌上刊登了一則廣告，其基本設定仍是：準備餐食的是女性，吃蔬食漢堡的也是女性。

然而，獨立漢堡店在自己的廣告中重現了對女性漢堡的幻想，於是一系列以「可消費／可食用的女性」為行銷素材的廣告又隨處可見，在某個地點或當地報紙上時而出現、消失，又再度浮現。

Half the fun of our veggie burger is eating. The other half, tricking your husband.

《素食時代》中晨星農場的平面廣告。
譯按：廣告文字為「我們素食漢堡有趣的地方一半在於吃，一半在於捉弄你老公」。

在《漢堡》（*Burger*）一書中我問道，透過父權漢堡表達的焦慮其根源是什麼？是關於漢堡生產過程，即從牛被屠宰到變成絞肉的過程嗎？還是關於女性主義？又或許是漢堡王和卡樂星的這類廣告中，波霸女人大啖漢堡的畫面喚起了人們對保守主義時代的懷念？若是如此，那麼這份懷舊感是對性別角色更加固化，且更具決定性時代的懷念；那時，男性有權恣意打量女性，而吃漢堡更是誰都能隨意行使的特權。[2]

註 2：這段落改寫自亞當斯 2018 年的著作《漢堡》，頁 64-5。

譯按：廣告標語「漢堡癮犯了？別擔心，美味直送到家！」刻意玩弄"deliver"（外送／接生）的雙關意涵，暗喻漢堡彷彿剛從女體誕生的嬰兒，剛出爐即送達，極度新鮮。這種物化的語言將漢堡製作比喻為分娩，暗示女性身體如同食物生產機器，進一步將女性「去人性化」，加強了對其生殖功能的控制和消費。「剛出爐即送達」的概念也體現出父權敘事如何將男性欲望自然化，使其需求看似理所當然，並應隨時被滿足。

父權漢堡的核心象徵和功能在於玩弄女性的身體經驗：不只懷孕，還包括毆打、強姦和其他形式的性暴力和剝削。至於本頁中的生產意象，蓋爾‧艾斯尼茲（Gail Eisnitz）在她的書《屠宰場：美國肉品業內部的貪婪、疏失與非人道對待的震撼真相》（*Slaughterhouse: The Shocking Story of Greed, Neglect, and Inhumane Treatment Inside the U.S. Meat Industry*）中寫道，每個漢堡裡都含有約 100 頭「被耗盡」（spent）的乳牛。有 25％ 的乳牛在被屠宰時還懷著小牛。有時小牛在媽媽死後仍在子宮內存活。「對於大多數的北美乳牛來說，退休的現實是迅速被送往拍賣場，隨即成為廉價的商品級牛絞肉。她們有時被稱為『漢堡牛』。」（Baldinger 2019）

The Cultured Cup 餐廳（已停業）的牆壁彩繪。
攝於加拿大英屬哥倫比亞，維多利亞市。© Angus Taylor
譯按：原本的塗鴉文字為「大口咬漢堡」，被人塗上「『哞』殺」。

被磨碎、絞爛的牛肉使漢堡成為最遠離屠宰過程的動物性產品之一（這使得它具有某種流動性，能輕易被植物肉取代）。然而，漢堡看似被剝除了再現其固有暴力的能力，反而成為一個自由漂浮的父權象徵，能夠吸收和表達暴力厭女症的多重面向。

卡蘿・亞當斯的《非人亦非獸》（*Neither Man nor Beast*）第一版封面，印有奧拉西歐・卡多（Horacio Cardo）繪製的厭食症乳牛，宣傳著低脂牛肉漢堡食譜。

17
另一頭母牛
── Another Cow ──

《紐約時報》於 1991 年刊登一篇低脂、低膽固醇的絞肉食譜,摘自《新英格蘭醫學雜誌》(*The New England Journal of Medicine*),文章配圖為一仇女的圖像,將「低脂」與「節食女性」和一頭母牛做連結:一隻瘦削的牛犢,用兩條後腿站立,舉著一張以四腿站立的笨重大牛的圖片,患厭食症的小牛似乎在說:「我曾經是那頭又老又胖的母牛,看到我搖身一變前的照片了嗎?而我現在又窈窕又性感⋯⋯因為我改吃低脂肉!」早在雀巢推出「瘦牛」(The Skinny Cow)品牌前三年,藝術家奧拉西歐・卡多(Horacio Cardo)已在《紐約時報》上發表類似的圖像:美化厭食症的身體、正常化瘦身產業、肥胖羞辱,卻又同時推廣食肉,並進一步強化女性受害者甘願被消費的迷思(Webb, C3)。

我選用這張圖作為我其中一本書《非人亦非獸》(*Neither Man nor Beast*)的封面圖像,這張圖的同類相食意味(*我因為吃了低脂漢堡、跟上低脂飲食新風潮而瘦身成功*)預示了畜牧業迫使動物同類相食後,導致狂牛症及其人類的新型庫賈氏病的出現(參見 Adams 1997／2016)。

搞笑雜誌《牛夢波丹》(*Cowsmopolitan*)曾刊登一則假廣告,廣告文字為「無須節食,三週內就能減掉至少 600 磅。」廣告中 "before" 的圖像是一頭躺臥的成牛,"after" 則是一只皮包。

「瘦牛」品牌常用捲尺纏繞極瘦母牛的腰部作為廣告圖像,但實際上對於母牛來說,減肥從來不是個問題,在拍賣會上,瘦牛是「被耗盡」("spent")、被榨乾的牛。

瘦牛冰淇淋塑膠容器的背面,來自作者的壓迫性圖像資料庫。

「100 卡路里」,瘦牛冰淇淋車廣告,約 2017 年。© Michael Battey

凱瑟琳・格里斯佩（Kathryn Gillespie）描述了參加「淘汰動物拍賣會」（"cull market auction"）的情景，與乳牛銷售會不同的是，淘汰動物拍賣會賣的是「被認為不再具生產力或經濟價值」的動物，其身體已被*耗盡*。格里斯佩在拍賣會上見到的母牛都疲憊不堪，平均只有五、六歲，「但身體看起來很老，皮膚鬆垮地掛在臀骨和肋骨上，髒兮兮的，身上結滿泥土、糞便和痂。許多母牛都骨瘦如柴，嚴重跛行。」（Gillespie 2019, 96）

同時，廣告不時將女性的窈窕和小牛肉做連結。

譯按：荷蘭動物營養公司 Provimi 的廣告，將女性的窈窕和小牛肉做連結。

在研究過奴役女性生殖的體制,及參觀「擠乳廠區」、拍賣會,目睹母牛被售出並遭囚禁後,凱瑟琳・格里斯佩看見了「女性身體遭受無情的性暴力及商品化」的對待(Gillespie 2013)。由於使用基因工程、調整飼料配方和施打生長激素,酪農業中的乳牛比僅僅 25 年前的多生產了 61% 的牛奶,其乳房必須多承載 58 磅(譯按:約 26.3 公斤)的牛奶,脹大的乳房可能會迫使乳牛的後腿分開,導致跛行,在短暫的一生中,乳牛被束縛並多次強行受孕,孕期的前七個月,機器仍會繼續抽取她的母奶。愛麗絲・德索尼爾斯(Élise Desaulniers)在《金牛母:十個關於酪農業的迷思》(*Cash Cow: Ten Myths about the Dairy Industry*)中提出,這種消耗相當於每天慢跑六小時或更長的時間(Desaulniers 2016),一頭乳牛在五歲時就會精疲力竭——被「耗盡」,而她本來可以活到 20 歲以上。

一股隱形的力量主宰著哺乳動物母奶被奪取和生產的過程。擠奶,此一行為現已被機械化,對母牛造成傷害,她們乳房腫脹(可能伴隨著乳腺炎,即在乳頭周圍形成的疼痛膿腫),這樣的生存狀態被視為「自然」,而非因某些特權或外力導致。女權法律學者潔西卡・艾森(Jessica Eisen)提醒我們:「定義乳牛社會法律地位高低的『差異點』並不在於乳牛的能力或心理狀態等事實,而在於我們想對她們做什麼,以及我們握有能對她們做什麼的權力。」(Eisen 2019, 102)

在《肉的性別政治》(*The Sexual Politics of Meat*)中,我創造了「女性化蛋白質」(feminized protein)這個術語,為了引起人們對人類從母牛、母羊身上取奶、及從母雞身上獲取雞蛋此一問題的關注(Adams 1990 / 2015, 62),這術語呼應十九世紀美國素食者引入的「動物化蛋白質」(animalized protein),後者指涉的是利用動物屍體製成的商品。這兩個術語的重點都在提醒人們,蛋白質在透過動物的身體轉化之前就已經存在,它以植物蛋白的形式存在,而這種轉化(肉取自動物的身體、牛奶和雞蛋來自雌性動物的身體)應該被意識到。女性化蛋白質這個術語,旨在喚起人們對利用雌性動物的生殖週期來生產食物的關注,她們的勞動既是生殖也是生產,在既有觀念中,這些雌性動物不被關注,因為她們還活著,因為她們是雌性,也因為她所經歷的性商品化是看不見的。

農工沿著乳牛隊伍移動,將牛的乳房連接到擠乳機上。
© Jo-Anne McArthur ／ Animal Equality

擠乳機 © Jo-Anne McArthur ／ Animal Equality

乳牛蘿西（Rosie the Cow）明信片上寫：「你可以喝！」
法國諾曼第康城的戰爭博物館，2016 年。© Camille Brunel

牛界的鉚釘工蘿西（Rosie the Riveter of the bovine world）說：「你可以喝！」液體牛奶自己說：「喝牛奶是種愛的展現。」「愛上愛爾蘭乳製品」——那全然的乳「白」（whiteness）！（譯按：像 drinking cow's milk is all about love 這類的廣告詞，是將牛奶消費與「愛」的概念掛鉤，企圖賦予產品溫馨、正面的情感價值。）

在這頁，我們看到女性勞工[1]；而在下一頁，我們看到收割她勞動成果的白人男性。

勞工的工廠環境；消費者所期待的田園景象。

註1：勞工乳牛蘿西的形象，說明了她的工人階級本質，是建立在生殖／生產上的（參見 Hribel，以及 Noske 的理論化論述）。

廣告「愛上愛爾蘭乳製品,料它愛我亦如是」
愛爾蘭,2019 年。© Roger Yates

「你喝我的奶,就和我產生關係。」勞工乳牛蘿西說。「你喝乳牛的奶,就和愛爾蘭乳製品(Irish Dairy)產生關係。」廣告牌上說。

標誌性的女性主義圖像 Rosie the Riveter 可以被曲解,用來暗示對乳牛來說勞動是自由,對消費者來說消費是解放,勞工乳牛蘿西允許他人剝削她(Gillespie 2019)。

在愛爾蘭,鄉村田園景緻中見不到乳牛,每頭乳牛每年約製造 12 噸糞便,乳牛的糞便是導致氣候變遷的因素之一。

「如果她不能持續懷孕,她還能做什麼?」牛疫苗廠牌 Bovi-Shield Gold 在下一頁的廣告中問道,廣告給出答案:她會希望能繼續「服務男人」,白人農夫成了白人殖民意象中的獵人。在較小的字體中,Bovi-Shield 廣告建議農民:「讓你的乳牛持續懷孕,保持工作狀態。」但沒有懷孕的乳牛*仍在工作*,她們是工人階級的勞動者,無法擁有自己的勞動成果,她們持續生產牛奶,而這些牛奶每天被取走兩到三次。乳牛必須不斷懷孕,因為她們的乳汁不斷

譯按：牛疫苗廠牌 Bovi-Shield Gold 的廣告

被榨乾，當她們不再有利可圖時，可能會被視為「退休」，而在新的產業慣例中，她們就會成為「牛排」，有關這一新趨勢的報紙標題是「老乳牛的新國度：為何娟珊牛（Jerseys）和荷蘭牛（Holsteins）終於成為珍貴的牛排」（Baldinger 2019）。報導解釋道：

> 這些牛排不是來自年輕的安格斯牛（Angus）或海福特牛（Hereford），那些牛是被專門飼養以迅速長成最滑嫩大理石紋的牛排，就像當晚菜單上的其他道菜一樣，皆取自一頭吃草的娟珊牛 —— 這頭牛在安大略省西南部的乳牛廠度過了生產數千磅牛奶的一生，並達到了退休年齡 [原文用詞]。「我想給它（it）[原文用詞] 一個正式的送別。」伊利奧普洛斯（Julian Iliopoulos）說。

幾十年前，母牛的懷孕只是單純陳述一個狀態：懷孕，那時不會在她懷孕期間擠奶，但現在的生產需求意味著，她一年當中有七個月必須在懷孕的*同時*泌乳，對於母牛來說，產乳和繁殖得同時進行。正如凱瑟琳・格里斯佩所指出的，

> 她負責生產的商品主要是牛奶，所以她的工作是*懷孕*（不是為了產下小牛），不是照顧後代。這些廣告〔例如 Bovi-Shield 的廣告〕加強了女性生殖義務（對於人類和動物皆是）的理所當然，亦強化了動物的存在即是為了服務人類而沒有其他目的這般荒謬的假設。
> (Gillespie 2019, 179–80)

"wikiHow" 網站上有提供如何對「雌性牛類」人工授精的解說：「首先，禁錮母牛，使她無法動彈及抗議，例如固定在擠奶架中。」然而，母牛仍是會抗議。

「農場與農業趨勢」（Uptrend Farm & Agriculture）臉書頁面上有張自製的母牛耳標照片，耳標上寫著「來自地獄的母牛」，阿曼達・簡・杭特（Amanda Jane Hunter）在乳牛討論組中發文說：「我認為所有的農民至少都遇過一頭這樣的牛，我們的牛在一次非常精準地踢中並試圖粉碎我的膝蓋骨後，就被直送到肉市場了，復仇的滋味真甜美。」另一則回應來自莎拉・蒂爾堡（Sarah Tilburg）：「當我們檢視牛群時，我老闆在其中一隻的側腹上寫『婊子』……不需要編號，我也知道她是誰。」第三位回應說：「在我們的農場，只要被貼這種標籤的乳牛就是要進冷凍庫。」第四位手寫了一個耳標，上頭寫著「瞄準頭槍斃！！」這就是所謂的「退休」。

這些農夫也聲稱母牛的一生中只有「一天不好過」──她們被一槍爆頭的那一天，若是如此，為何有那麼多人描述遇到「有問題的」或「頑固」的牛？倘若農場的一切都如此美好，母牛在抗拒什麼？

在杜林的埃及博物館裡，有幅來自第一中間時期（公元前 2188-1980 年）的蛋彩畫，畫中有一頭小牛、一頭母牛和一名男子，畫作說明解釋道：「畫作上方有另一頭母牛和她的小牛，小牛正與擠奶的男子爭奪媽媽的乳房。」[2]這種資源競爭是無利可圖的。

| 註 2：由埃及古物學家 Schiaparelli 挖掘出土 (1911). S.14354／13.

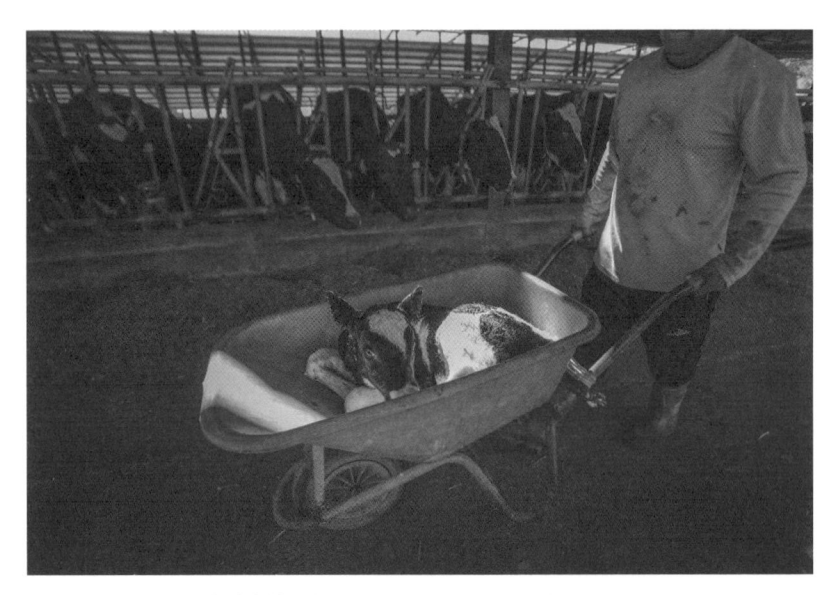

在手推車中的小牛 © Jo-Anne McArthur ／ We Animals

為了讓人類能從牛奶的生產中圖利,對牛奶的觀感必須從母牛和小牛之間的關係轉變為母牛和人類之間的關係,母牛的孩子——小牛,在多數乳製品廣告中幾乎不見蹤影,必須徹底消失。小牛有時在出生後 15 分鐘內,就會從母牛身邊被帶走。

母牛會用任何可能的方式阻止小牛被帶走,如果做得到,母牛會逃脫並追著被帶走的小牛,或在被迫和小牛分離後哀悼兩個星期。在殖民時期之初的美洲,「帶著小牛的野生母牛,和帶著小豬的野生母豬,會成群地在樹林裡遊蕩,小心翼翼的母親們,會本能地攻擊任何靠近幼崽的人與獸。」(V. Anderson, 122)

2013 年,一個社區的警局開始接到關於民眾聽到奇怪聲音的報案,「奇怪的聲音原來是母牛在思念小牛。」警察局長在文章中解釋道:「這些聲音來自那些因為與小牛分離而悲嘆的母牛。」(Rogers 2013)這些悲嘆聲不僅是一次性的,而是「日以繼夜持續整天的」。

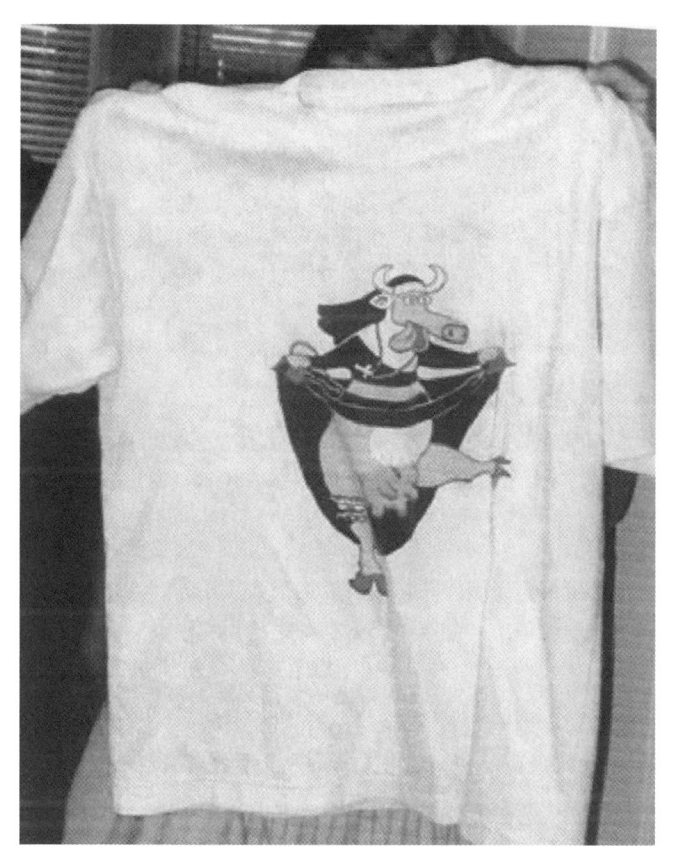

T恤圖案是身穿修女服的母牛正在舞動、曬出她的乳房。© Danielle Marino

廣告中的母牛是快樂的,她們跑動、跳舞、秀肌肉,吃冰淇淋或賣冰淇淋,她們向我們掀起裙子,我們的欲望成為她們的欲望,這些都是人類對被囚禁動物生活的幻想的一部分。母牛被性別歧視的文化拖累,過著被性商品化的生活,但母牛卻*選擇*了這一切,母牛*需要*這些,她需要人類擠她的奶,她*想要*被迫懷孕,她想要「獻出」她的母乳,她*想要*餵養我們,她*想要*你帶走她的小牛,她*想要*被消費,而在這一切過程中,她還是隻「笑牛」(The Laughing Cow,一個以戴著起司耳環的母牛頭為標誌的起司品牌)。

廣告看板「乳房上的一球冰淇淋」（"A scoop above the udders"），
加州沙加緬度，2018 年。© Allison Rivers Samson.

新加坡一間冰淇淋店以廣告詞 ——「歡迎來到『乳房』（Udders）！」顯示他們有調皮的幽默感，「還有誰會以……嗯……母牛的「奶子」命名他們的品牌？？」2016 年，這廣告看板上一頭母牛坐在她的後腿上，紅白相間的吸管一端連接著她的「乳頭」，另一端在她嘴裡，她正喝著自己的奶。

「來瞧瞧我們的奶吧。」黛西超市（Daisy Mart）打著廣告，展示著一加侖的牛奶。

「超音波能揪出母牛的假乳房」是 2002 年《得梅因紀事報》（The Des Moines Register）商業版的聳動標題，這是指什麼問題？「母牛的隆乳手術」曾被用來在牛展上作弊，瑪麗琳・馬基奧內（Marilynn Marchione）解釋道：「乳牛展的評審和盯著『天賦異稟』的女性時的好色之徒有著同樣的疑問：那是真的嗎？」

瑪麗蓮・沃斯・莎芬特（Marilyn vos Savant）因擁有「最高智商」而進入金氏世界紀錄名人堂，有人問她是否介意一頭非常聰明的小牛以她為名（這頭小牛的誕生仰賴了新取得的人工授精技術），瑪麗蓮的回答是：「介意？！為什麼？我感到非常榮幸！但我真希望『瑪麗蓮』是一頭乳牛，我可不想每次看到一盤烤牛肉時都會擔心。」

義大利維拉瓜爾迪亞「聖牛節」
2014 年 8 月 30 日。© Evalisa Negro
譯按：Porca Vacca，英譯為 Holy Cow / Holy Shit，有侮辱意涵。

這位世界上最聰明的女性認為乳牛被「耗盡」後都去了哪裡呢？去了冰雪皇后（Dairy Queen，國際連鎖霜淇淋和速食餐廳）的養老院嗎？狂牛病之所以會在牛群間傳開，就是因為牛隻被重複利用──被迫生產後又被宰殺，生前和死後皆被視為蛋白質的來源。

2017 年，紐澤西一家使用液態氮的冰淇淋店 Dairy Air 開業，販售的口味包含 Backside Banana Split、Sweet Cheeks and Chocolate 和 Spankin' Strawberry Moon。（譯按：以上的香蕉船，或是巧克力、草莓等冰淇淋的名稱，不論是 backside、cheeks 或 moon 都是多義字，在這裡都跟「屁股」有關。）店名 Dairy Air 諧音雙關法語 derriere（屁股），商標的設計靈感也發想自此：留著金色辮子的性化母牛，她嘟起雙唇、眼眸半開、戴著貝雷帽、屁股朝上、翹起尾巴、露出圓潤的翹臀，好像準備請你強行讓她懷孕。這個性化的標誌引起了當地居民的反彈，包括艾米・廷格（Amy Tingle）：「一頭過度性化（hypersexualized）的母牛，屁股高高翹起，從圓圈中伸出，尾巴翹起，她在等什麼？我不確定，但我知道我感到厭惡和被冒犯。」她去年 12 月這麼說道。「這類行銷手法就導致我們選了一位性犯罪者入主白宮。」（Martin 2018）

「卡爾終於可以說他上到第二壘了。」
Whole Foods 超市販售的卡片，2018 年。© Fernando Cuenca

在英國性感母牛選美比賽（Britain's sexiest cow），得獎者是這麼被宣布的：
「凱特・摩斯讓開吧（Moo-ve over Kate Moss[*1]）──城裡來了位新女郎，
她的奶昔引來了所有男孩。」2018 年的得主是「查兒，一頭眼神柔和、拿鐵
色的四歲娟珊牛，她來自英國德文郡的古斯福德農場。」（Hill 2018）

擠乳（對於生靈來說）意味著：

　　──奪取另一個生靈的母奶。
　　──以生靈持續產奶的能力來斷定她們的價值。
　　──做出利己卻害她的行為。

| ＊譯按 1：moo-ve over「哞」開 / move over 讓開。凱特・摩斯（Kate Moss），英國知名模特兒。

本田汽車廣告「別被榨乾了。」© Tami Wilson

── 剝削另一個生靈並將之視為資源。
── 剝削一位女性身體所擁有的資源，並用以製造「女性化蛋白質」。
── 消滅此一液體產品的競爭對手，例如：小牛。

母牛的同義詞：肥胖、遲鈍、笨重，我們把她變成這樣，然後又責怪她變成這樣。《蘭登書屋美國俚語歷史詞典》（*The Random House Historical Dictionary of American Slang*），對「母牛」的第一個定義是指女性，特指妓女 ── 常有嘲笑之意，也指皮條客旗下的一群女孩中的一員。（Lighter 1994）

瓊・杜納爾（Joan Dunayer）解釋「母牛」這詞何以用來代表女性：

> 人類學家約翰・哈弗森（John Haverson）認為，以「母牛」來形容女性是「徹底貶義的」（1976：515），也就是把女性描述為肥胖和遲鈍……對牛奶的剝削已經創出了一種性別特定的形象，乳牛總是被迫保持懷孕和／或哺乳的狀態，肚子或乳房總是腫脹，「乳牛」即被視為肥胖的。乳牛被禁錮在欄中，她哺育和保護小牛的主動角色被剝奪 ── 所以「哺乳」是人類強迫強迫她的，而不是她自願的 ── 她就這樣被視為被動和遲鈍的，乳牛因此成為這些特質的象徵，這個隱喻可以用來形容女性的處境。（Dunayer 1995, 13）

在美國各地，有許多「性侵驗傷證據採集包」（rape kits）一直被放在警局的儲物室內，從未被送至實驗室化驗：

> 有些情況下，警察根本不相信發生了性行為。請參考這份底特律警探的報告，報告中提到一名 14 歲的女孩聲稱她被兩名男子綁架，並在一棟燒毀的房內遭到性侵，警探寫道：「這頭小母牛（heifer）太扯了⋯⋯她很乾淨，聞起來也很香，根本不可能如她所說發生那些事⋯⋯」這次調查一共用了兩頁紙，結尾寫道：「已結案：UTEEC（未能構成犯罪要件）。」（Hagerty）

為*小母牛*爭取正義？你在說笑吧。

瑞典斯德哥爾摩的「詹森牛排館」，2015 年 3 月。
© Kristofer Sofroniou Leander

卡片文字「想穿上一件牛屎（kuh 在德文中是母牛之意）的衣服，你需要零用錢。」，
德國卡塞爾，2019 年 7 月。© Ali Ryland

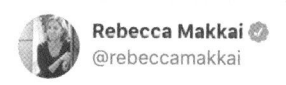

> **Rebecca Makkai** ✓
> @rebeccamakkai
>
> So, uh... there are four men doing a panel at #sxsw on the gender gap in the newsroom, and it's called "Let's Ask the Men." Description says asking women abt the gender gap is "like asking the cow why people eat steak." Definitely this is a new and welcome take, thank you men.

Rebecca Makkai 的推特文，經授權使用。
譯按：翻譯請見接續的內文。

Another Cow

295

Remia 烤肉醬。下方的小字:「肉是給男人的,蔬菜是給母牛的!」,
荷蘭,2019 年 8 月。© P.A.M. Tilborghs

《幸運之子》(*The Great Believers*)的作者、獲獎小說家蕾貝佳・馬凱(Rebecca Makkai)在推特上發文:「所以,呃……在西南偏南藝術節中,四位男士主講了一個關於新聞編輯部性別落差的座談,標題為『讓我們來問問男性』,座談介紹文字說詢問女性關於性別落差的議題就像是『問母牛為什麼人們吃牛排』,這確實是嶄新且令人悅納的觀點,謝謝你,男士們。」在這個座談上,女性能貢獻的,並非她對此議題的專業見解,而是僅能擔任主持人。正如Remia 烤肉醬的標語「專為真男人設計」,下方的小字寫道:「肉是給男人的,蔬菜是給母牛的!」

地方漢子舉著「德州不需要另一頭母牛」的標語讓作者拍攝。
希拉蕊・柯林頓造勢場合附近，德州海蘭公園（Highland Park），2008 年。
© Carol J. Adams

希拉蕊・柯林頓造勢場合，德州海蘭公園（Highland Park），2008 年。
© Carol J. Adams

紐約市 Bubby 肉類加工廠外的塗鴉（見最右側的女人雙腿間）：
優質肉品市場
肉類
香腸
牛肉
豬肉
雞肉
鮑魚（pussy）
Jessamy Wormy 的 Instagram 貼文，經允許使用。

18
跑起來
—— Hoofing It ——

演員兼模特兒凱莉・林區（Kelly Lynch）說：「我認為模特兒必須心理素質夠好才不會覺得自己像是上週的烤肉。模特兒就是一塊肉，人們會打量你的腿、你的牙齒，像在四健會（4-H shows）上一樣，你就是隻被展示的母牛。」（"People in the news" 1991）

在四健會和模特兒走秀台上，肉還在*蹄上*（on the hoof），也就是說，*還沒被宰殺，還活著*。曲棍球「傳奇」鮑比・赫爾（Bobby Hull）談到肉還在蹄上的牛時說：「如果你會挑女人，你就會挑牛，選曲線佳、腿美、豐滿的就對了。」（"Overheard" 1991）紅龍蝦餐廳（Red Lobster）的死蟹腿餐電視廣告中，強調了「腿」這詞，並搭配女性在海灘上奔跑的畫面。

感恩節時，一則達拉斯餐廳的廣告寫道：「城裡最好的腿（legs）、大腿（thighs）、派和所有邊角肉（trimmings）。」

「雞腿小姐」選美比賽，1953 年。© Roy Sizemore

墨西哥公司 Bachoco（全球最大的家禽公司之一）的廣告標語：「擁有美腿的雞」，廣告圖為兩隻跳著佛朗明哥舞的雞，正掀起裙子。

「展場模特兒鴕鳥：精選美食」公司在奧克拉荷馬州的列克星頓市有販售據點，廣告圖上有一隻「展場模特兒」鴕鳥穿著高跟鞋站在星形圖案上。

米蘭‧昆德拉（Milan Kundera）在《生命中不能承受之輕》中描述豬梅菲斯托（Mefisto）：「他像穿著高跟鞋的粗腿女人一樣，穿著蹄四處遊走。」在為「以性感出名」的食評家蓋爾‧格林（Gael Greene）舉辦的烤肉晚會上，八卦專欄作家莉茲‧史密斯（Liz Smith）描述了活烤豬的問題：「將她的兩條腿綁在一起放上烤盤實在太困難了。」當然，若是烤火雞，綁腿就容易多了，因為首先，雞已經死了。

在大規模產銷肉類的現代世界中，「活宰牛」（beef "on the hoof"）帶來了一個特殊的問題。想像一下，牛群擠在一起，互相擦撞，在飼育場中站在自己的糞便上，這些糞便，這些*排泄物*上可能附著腸桿菌 O157:H7 型[*1]細菌，而這種細菌能在糞便中存活長達 90 天。這些濕黏的糞便可能附著在牛隻的皮膚上，當牛被宰殺時，腿上、尾巴上、皮膚上都還有乾掉的糞便。當牛被剝皮時，糞便塊可能掉落，皮膚也可能與另一頭死牛相摩擦，一頭死牛上的

---

* 譯按 1：大腸桿菌屬廣泛分布、共生於動物（包括人類）的腸道，多數對人類無害。少數菌株對人類有害，其中常見的就是 *E. coli* O157 型，會導致可致命的出血性大腸炎、溶血性尿毒症候群（Hemolytic Uremic Syndrome, HUS）等。*E. coli* O157 的主要帶菌者為牛、羊，這些動物是 *E. coli* O157 的天然宿主，不會致病。最常見的感染途徑為直接或間接接觸、食用受汙染的肉製品，或被動物汙水汙染的農產品。

細菌就轉移到了另一頭死牛上,每頭死牛的腸胃中也可能帶有病原體。有時,以每分鐘處理一具的速度,扯掉內臟的過程中,腸胃可能會破裂,這些病原體就可能會噴濺到其他五頭正在被加工成漢堡肉的死牛身上。

結果就是,如艾瑞克・施洛瑟(Eric Schlosser) 在《快餐帝國》(*Fast Food Nation*)中所述,便是「肉裡有糞便」(Schlosser, 197)。

針對牛隻皮膚和毛髮沾到糞便的問題,已有人提出解法,就像對待女性一樣:使用脫毛劑來除去牛隻的毛髮。

在 1970 年代,曾有用脫毛劑來替牛隻除毛的嘗試,但後來因為肉品包裝工人也開始掉頭髮、眉毛和體毛,這項做法就停止了。1990 年代,有人研發出一種新脫毛劑,類似「女性用來除去多餘腿毛的氣味難聞的脫毛劑」,這種膏霜會在牛隻被電擊和放血後,以泡沫狀塗抹在牛身上,靜置兩分半鐘再沖吹掉。

在軍中剃髮如同剃除陰毛,是一種消除個體性的方式,那麼,剃腿毛呢?

凱倫・芬利(Karen Finley)的〈女人賤如草芥〉(*A Woman's Life Isn't Worth Much*),其中包含了一部分名為〈男人就愛光滑〉(*Smooth Is What Men Like*)的裝置藝術,該作品曾在曼哈頓的藝術機構「富蘭克林文獻庫」(Franklin Furnace)中展出。
© Frank C. Dougherty

全食超市,美國奧勒岡,2015 年。© Hana Low

工廠化農場中格子籠內的母雞 © Jo-Anne McArthur/Animal Equality

生活在網格上的母雞 © Jo-Anne McArthur/Animal Equality

2000 年初,聖塔克魯茲的新葉社區市集(New Leaf Community Markets)開始販售帕塔露瑪(Petaluma)家禽公司新推出的「蘿西有機雞」時,做了一張傳單,上面寫道:「新葉驕傲推出蘿西有機雞!」並描述她是「你可以買到最冰清玉潔的雞。」

在《芝麻街》中,搭配著〈我是女人〉("I Am Woman")(又是這個梗!見第 191 頁)的旋律,一隻布偶雞唱道:

> 我是隻雞,聽我啼叫
> 聽我唧唧叫和咯咯叫
> 看我在雞舍裡獨領風騷
> 在雞群裡昂首闊步
> 人人稱讚我的腿
> 對我的蛋情有獨鐘
> 他們生病時,還會狼吞我的湯

在歌的後段,她唱道:「我每天都餵養各種人」,並說「直到最後,她都很有味道(tasteful)。」[1] 這首女性解放的頌歌,並不是在稱頌女性的獨立,

---

註 1:克里斯多福・瑟夫(Christopher Cerf)和諾曼・斯泰爾斯(Norman Stiles)作詞,1991 年,第 2995 集。

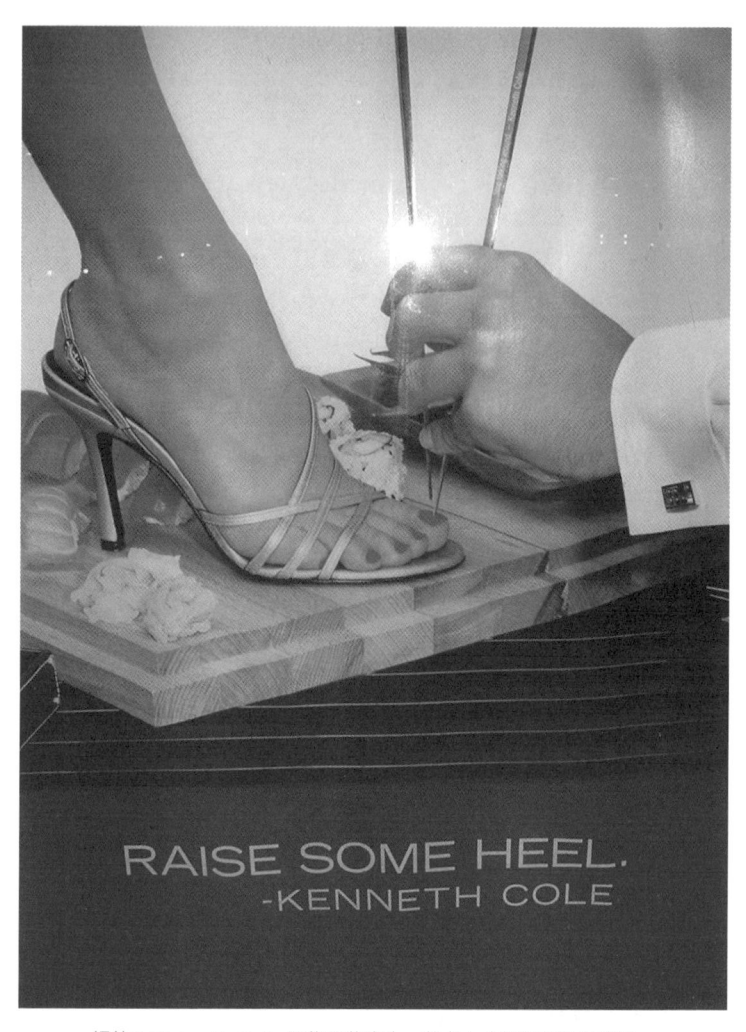

譯按：Kenneth Cole 服飾品牌廣告，將女人的腳與生魚片並置。

而是在慶祝另一位女性的屈從，實為一首人類優越的宣傳歌，但更深層的問題是 —— 這是一位被性剝削的個體在慶祝她的碎片化（「美腿」）、她的性剝削（「對我的蛋情有獨鍾」），和她自己的死亡（「她就是湯」），她的選擇就是被選擇。

絕大多數註定被宰的雞是無法行走的，因為一個養殖場內通常有多達兩萬隻雞緊密地擠在一起。信紙大小的面積就是每隻雞擁有的空間，站在那裡幾週看看就知道是什麼感覺了。

1990 年代，出現了一種新的色情片類型，稱作「壓死影片」（"crush videos"）或「動物虐殺電影」（"animal snuff movies"）（「虐殺電影」出現於 1970 年代，聲稱呈現女性被謀殺和開膛破肚的真實畫面），在壓死影片中，穿著細跟高跟鞋（Stiletto 原意為義大利短刀，細高跟鞋就是以此為名）的女性以高跟壓死小動物，如青蛙、天竺鼠、小貓、猴子、老鼠，甚至大型昆蟲，像是蟋蟀。

這是一種典型的家暴行為 —— 核心在於控制，施暴者虐殺動物是為了證明誰擁有權力。這是一種源於施虐癖的行為 —— 其核心在於對殘忍的享受，我們可以想像史蒂芬・金作品中的施虐者會做類似的事，實際上，電影《綠色奇蹟》（*The Green Mile*）中就使用了類似的手法殺死一隻動物，以提醒觀眾男性獄卒有施虐本性。

對於某些人來說，這種除去「害蟲」的行為不過是家常便飯，而壓死影片特意放大了這種行為。這些影片通常特寫女性的腿部，從膝蓋往下特寫至細跟高跟鞋 —— 那種用來壓死例如天竺鼠這種小動物的高跟。

譯按：STK 連鎖牛排館的廣告中，穿著細高跟鞋的女性一手持屠刀，一手拎著肉塊／屍塊；這個形象可能是參考了上述的「動物虐殺」類型片。

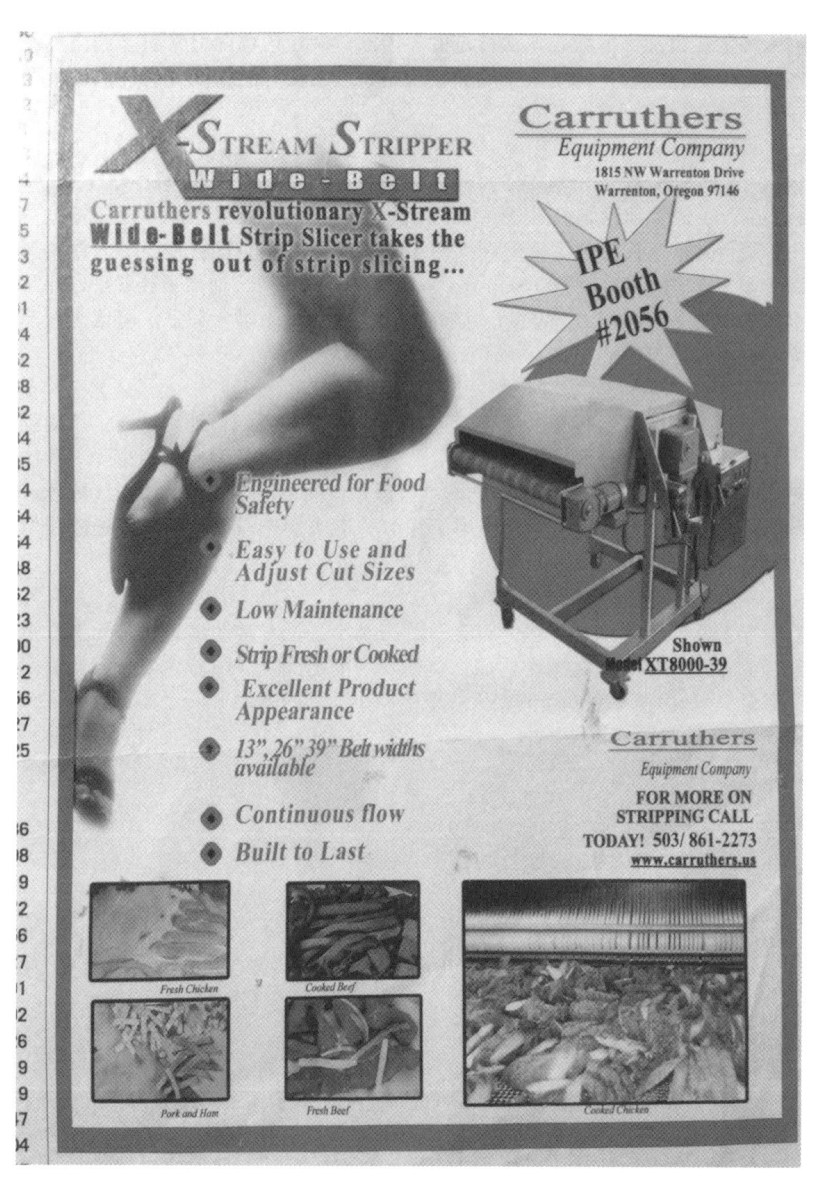

譯按：Carruthers 食物處理器材公司的切片器廣告，將穿細高跟鞋的女性腿部特寫和動物肉塊並置，也是在玩「動物虐殺」色情片的梗。

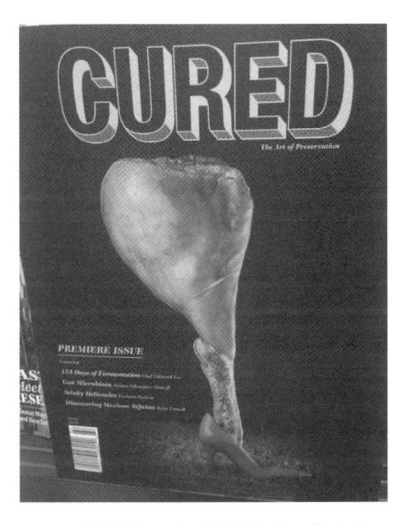

Cured 雜誌封面，紐約金斯頓的巴諾書店，2016 年。© Andrew Glick

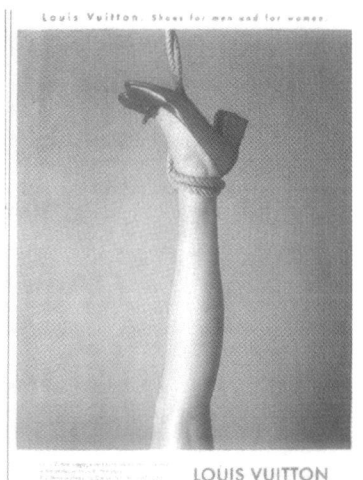

譯按：帶有施虐女性意涵的 LV 廣告。

看看那穿著 LV 鞋的腿和穿著高跟鞋的死火雞腿。畫面上，似乎「沒有人」需要對女性被私刑、非人動物被殺害負責。但實際上背後確實有人策劃而設計出了這種展現支配的圖像，也確實有人殺死了這隻非人動物。

顯然，動物權利倡議者主要為女性。壓死動物的色情內容也喜歡把女性設計成是「動物的毀滅者，而非動物的保護者」來取樂。與此同時，社會輿論認為女性一方面對動物太過感性、不理智；另一方面，因我們支持墮胎權、為所有人爭取生育選擇權，而把我們指控為「殺人犯」，或「殺人犯的支持者」。但兩群倡議人士之間，是有所重疊的，甚至可以說，是同一群女性。

Chick'n Grill 肉品公司和 Zinpro 動物營養食品公司（見第 308 頁與第 309 頁）告訴我們，女性的腿和雞腿有相似之處，而男性腿與女性腿可能相似這件事則被拋諸腦後。

Chick'n Grill 廣告中的圖像也說著：*那裡沒有任何人／動物*，那些沒有腳的腿無法逃跑，它們跑不起來，但這正是目的 —— 它們只是等著被購買的飾品和物品，正如 Zinpro 動物營養食品公司的廣告提醒我們的：*不宜食用的屍體會變少！*

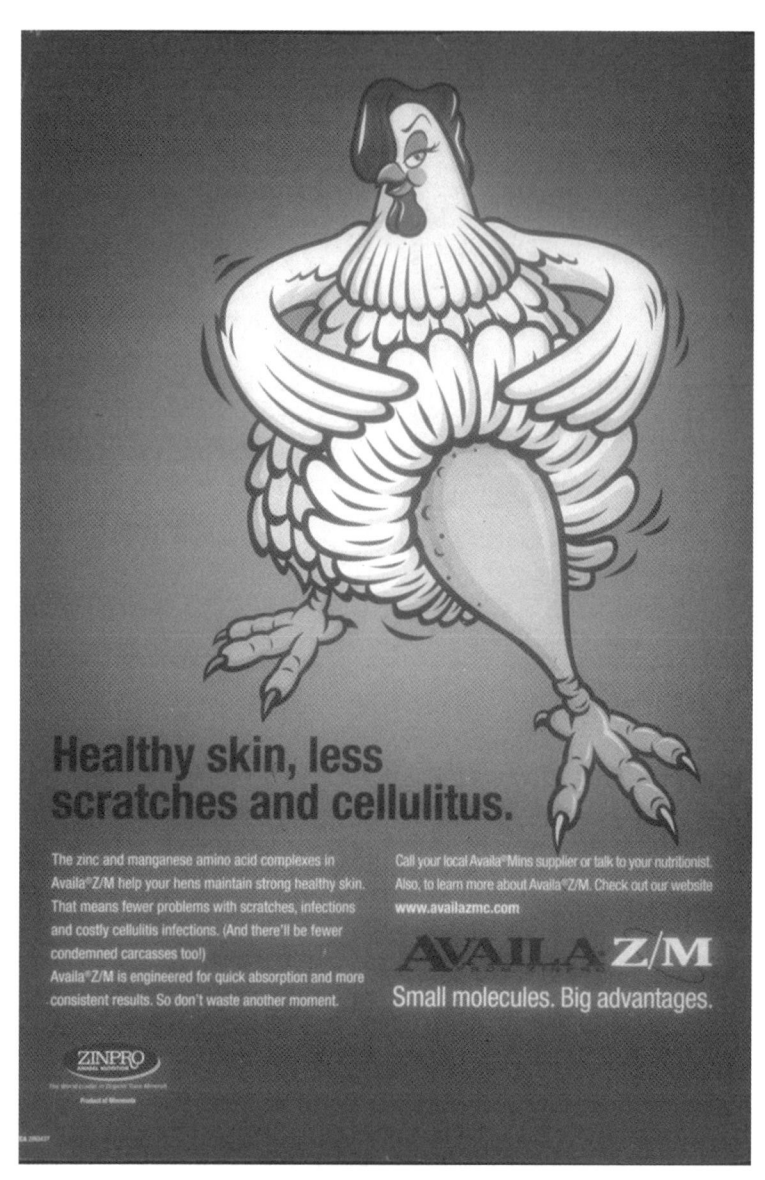

譯按：Zinpro 動物營養食品公司廣告，
廣告詞為「健康的肌膚能降低抓傷和蜂窩組織炎的風險。」

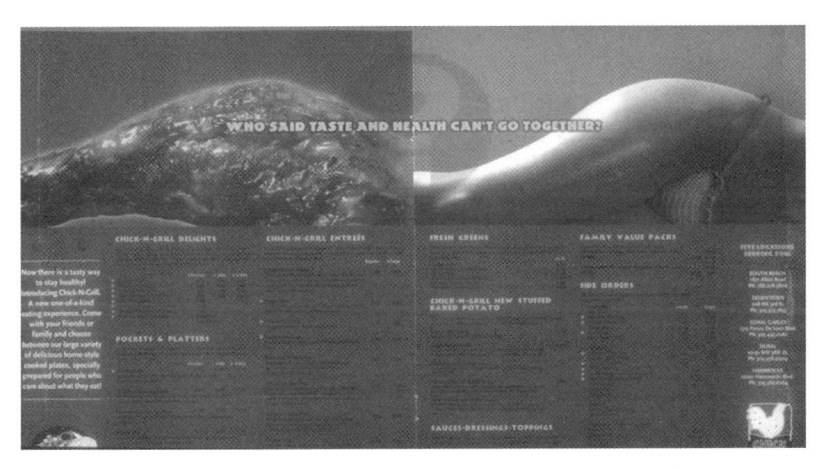

譯按：Chick'n Grill 肉品公司廣告，廣告詞為「誰說美味和健康不可兼得？」

數以萬計的肉雞被集中飼養在完全或部分封閉的建築內，外觀與 Zinpro 廣告中的性感「小雞／小妞」（chick）天差地遠，這些肉雞被培育成能迅速增重，在過去，三個月大時通常只有一磅半，而現在，三個月大的肉雞體重接近十磅，重到無法撐起自己的身體，肺部和心臟無法負擔如此快速的成長，導致站立時會全身顫抖。

廣告中，奔跑的動物都是身體健全的，沒有任何殘疾、跛腳或行走困難，然而，如蘇諾拉・泰勒（Sunaura Taylor）所指出，大多數用於肉、乳、蛋製品的動物都被畜牧業傷害而導致殘障。許多動物一生中大部分的時間都被限制活動，並沒有四處走動，無論是用兩條腿還是四條腿。經過 114 天被限制在（待產）狹欄中後，讓母豬移動到（哺乳）分娩欄會變得非常困難。

由於飼料中使用抗生素，豬隻也能更快達到「屠宰體重」。快速的生長速度導致骨骼畸形、關節炎、四肢變形和關節問題。豬長得如此巨大，以至於蹄子無法支撐體重；骨頭變得脆弱，但肌肉卻異常發達。而用於肉豬的藥物 Paylean 使豬更容易成為「癱倒豬」（"downers"），這些豬因為肌肉過多變得非常僵硬，無法移動。現在還有一種*雙倍肌肉豬*（double-muscled pigs），其肌肉量是「正常」豬的兩倍，也同樣受關節炎、關節和肢體問題所苦。到屠宰時，50% 的豬會有跛行的情況（Grandin 2015, 16）。

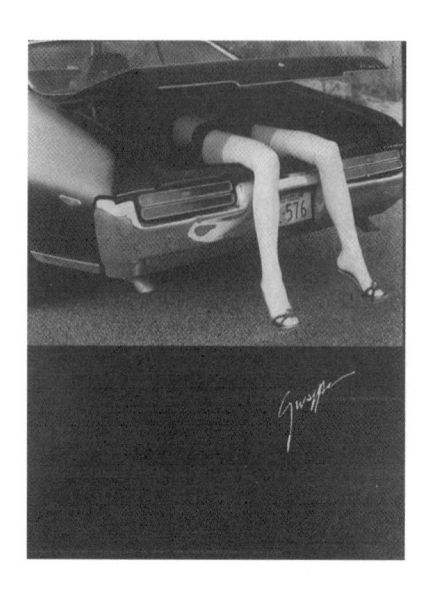

譯按：德州達拉斯 Executive Inn 旅館的黑人司機俱樂部

譯按：Lady Edison 火腿公司廣告，廣告標語為「北卡羅萊納州的帶蹄妖精」。

譯按：廣告詞為「這是腿肉。」

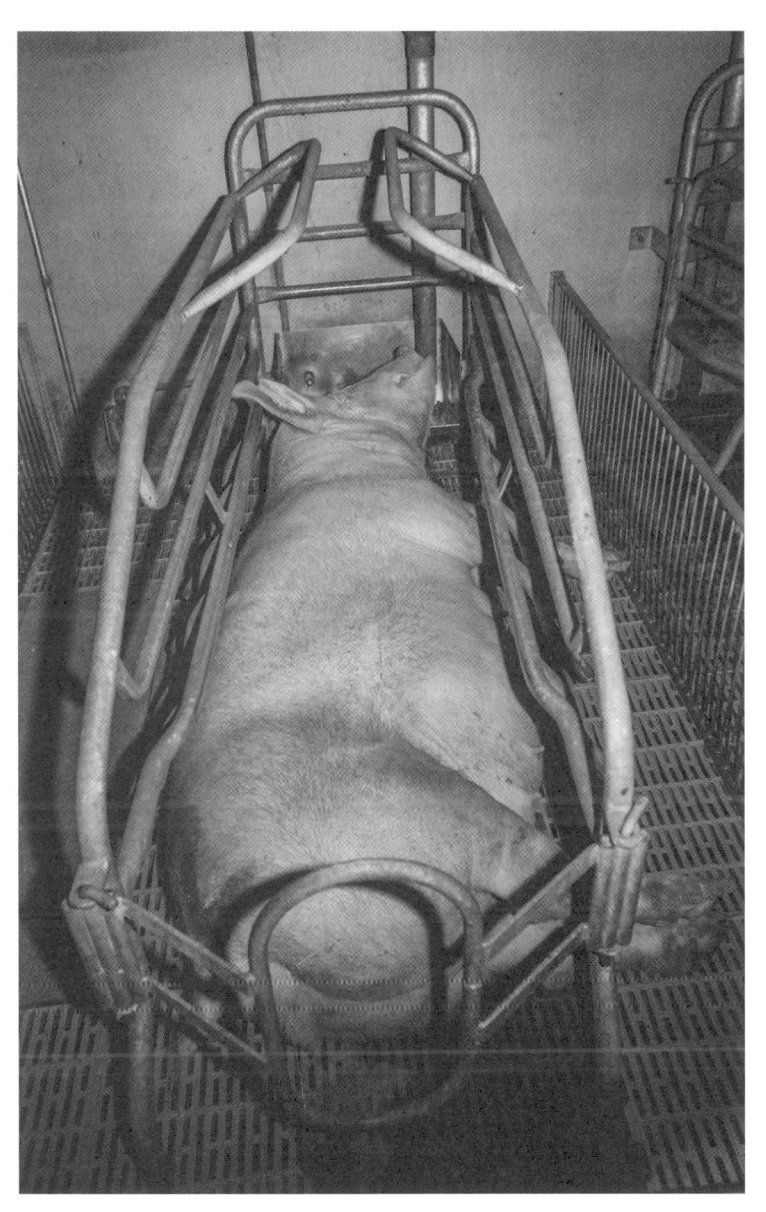

一頭母豬在西班牙工廠化農場的分娩欄裡。© Jo-Anne McArthur ／ Animal Equality

將懷孕的母豬從隔離區的（待產）狹欄移至生產區裡的（哺乳）分娩欄，可能會非常困難，因為長時間被限制活動，突然移動可能會導致她們十分困惑，甚至難以承受。為了讓懷孕的母豬移動，常見做法是踢她們的肚子、用手杖打她們的背、用驅趕杖戳刺她們的臀部，還有用柵欄桿、驅趕杖或手指捅進肛門（Genoways 2014）。

「老」母牛的身體也承受極大的壓力，因為產乳量是過去正常值的十倍，這時常導致代謝問題，她們可能會生病、虛弱、疲憊，甚至行走困難，但仍然必須勉強走到拍賣場或屠宰場。她乳房的重量可能會引起背痛，讓她的後腿張開，造成跛行，最終可能會無法行走。

大多數的癱倒牛（downer cows）是酪農業的副產品。那些較小型、沒生過的年輕母牛就因為太早生產而成為癱倒牛，幼年生產的創傷常導致後腿部分或完全癱瘓；母牛在運輸過程中也可能受傷，因為在卡車上過於擁擠，也可能在裝卸過程中受傷。「有些〔動物〕在被驅趕進入屠宰箱時會猶豫不前，有些因疲憊或疾病而倒下，有些動物的角特別難剪，有些是即將分娩的，有些則長得意外嬌小。」（Pachirat, 40）

被美化稱為「通往天堂的樓梯」（"Stairways to Heaven"）的「設計師」屠宰場（"Designer" slaughterhouses），設計宗旨在誘導動物走到能被最有效率屠宰的位置。然而，耗盡和倒下的動物無法走向死亡。凱瑟琳·格里斯佩（Kathryn Gillespie）跟我描述了一頭在拍賣會上看到的母牛，她因為跛行倒下，後腿攤開，無法站立的她，巨大的乳房被倒下的身體壓裂，血水和乳汁同時滲出。她就躺在那好幾個小時，她的後腳被綁起來，為的是看看她能否自己站起來，但她做不到，那天結束時她就會被槍斃。[2]

她還沒死，但也沒跑起來。

註2：凱瑟琳·格里斯佩2018年的訪談。

一頭倒下的牛,無法行走。
注意她頭部附近的泥地,因為她擺頭而被刮禿。
© Gene Baur

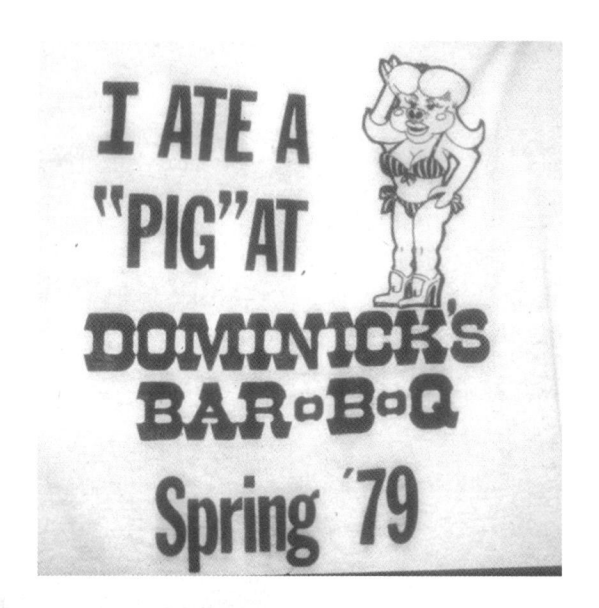

這些圖像展示了數十年來豬不斷被「擬人色情化」的形象。
上圖:「我吃了一隻豬／一個蕩婦」,1996 年。© Megan Hagler
下圖:「Hannah's 紅辣香腸」,喬治亞州亞特蘭大,2016 年。© Sarah Harvey

19
我吃了一隻豬
—— I Ate a Pig ——

在我做完一場校園演說後,一位曾就讀該校的女士來找我,說了一個令人不安的經歷:

> 我以前有個男友是養豬戶,現在也還是。他用我的名字「凱西」為他的一頭豬命名。他想結婚、生子,體驗家庭生活的一切,但我不想。他給他的豬取名為凱西是因為她不生小豬。他打過我,但次數不多,因為我離開了。他也警告我,要是我敢離開他,他會殺了我。我們分手後,他跑去我父母家,送他們一份禮物 —— 用「凱西」做的香腸。

有很多方式可以表達「我要你死」;一種方式是直接殺了那個人,另一種方式是殺了與那個人有關聯的對象。這是施暴者的一種控制手段(參見 Adams 1996)。

在大約二十年的時間裡,數量多到令人害怕的性工作者在溫哥華人間蒸發。她們的家人和朋友向警方堅稱有人專門在跟蹤／獵殺(stalking)這些女性。溫哥華的居民懷疑是西雅圖那位神出鬼沒的「綠河殺手」(Green River Killer)將魔掌伸向了北方 —— 人們認為他要對 49 名女性(大多是性工作者或逃家者)的死亡或失蹤負責。

大多數失蹤的女性從兒童時期便開始從事性工作。1995 年針對溫哥華市中心東區的性工作者進行的一項調查發現,有 73% 的女性從小就進入性產業。溫哥華的一個地區被稱為「雛妓街」(kiddie stroll),女孩在街頭拉客,有的甚至只有 11 歲。而其中四分之三是原住民女性。(在加拿大,年齡介於 25 歲至 44 歲間的原住民女性比其他同齡女性更容易遭遇暴力致死,其可能性比後者高出五倍。)

譯按：標語內容為「巴哈馬媽媽／辣得美味／德式煙燻香腸／我愛媽媽」。
「巴哈馬媽媽」（"Bahama Mama"）是波尼 M 合唱團（Boney M.）1979 年的歌曲，
描述巴哈馬一位母親希望男人快來追求她的六個單身女兒，
這些貌美如花的女人正等待著被男人「摘下」。

在一名女子從持刀襲擊她的男子手中脫逃後，線索出現了。該男子住在一間豬養殖場裡。這個曾與世隔絕的豬場，如今因附近土地的都市開發，成了溫哥華中產階級的單戶住宅而開始有了鄰居。但因為某些原因，這條線索終究沒帶來任何實質性的進展。更多女性失蹤。

多年過去，這名住在豬場的男子和他的兄弟逐漸減少了豬隻飼養，轉而出售豬場的填充土和礫石，並涉足建築物的拆除業務。這個豬場變成深夜派對和烤豬的聚會場所。女性性工作者從附近的溫哥華被請來，在這間由屠宰場改造、無營業許可的夜總會裡工作，該場所被稱為「小豬宮／南方好時光」（"The Piggy Palace / Good Time South"）。

媒體基本上漠視了這個超過百名女性失蹤的案件。但隨後警方封鎖了豬場，搜查失蹤女性的屍體。很快地，人們開始揣測那裡賣的「豬」肉成分不單純。2002 年，豬場主羅伯特・皮克頓（Robert Pickton）被捕，2007 年被判定謀殺了六名女性。他還遭指控謀殺了另外 20 名女性，但這些指控在 2010 年「被擱置」，即不予起訴。最後他被判處無期徒刑（參見 Butts）。

1937 年的南京大屠殺中，約有 26 萬至 35 萬人被殺，2 萬至 8 萬名女性被強姦。許多士兵在強姦女性後，割掉她們的乳房，將她們開膛剖腹，或把她們活活釘在牆上。一名士兵為自己的行為辯解道：「或許在我們強姦她時，是把她當女人看，但當我們殺她時，只是把她當成豬之類的東西看待而已」（Chang）。

哼、哼、哼，一群高中運動員只要看到被他們視為潛在性玩具的年輕女性出現時，便會發出豬叫聲。他們的派對 —— *野豬餐*（PIG-nics）—— 要求女孩自稱為「豬」才能入場。

後來，這些運動員遭指控用掃把和球棒強暴了一名智能障礙的 17 歲女孩。在 13 名男學生圍觀的情況下，一支掃把被硬塞入了女孩陰道，其中一人還戲稱她為 Pigorskia（譯按：該詞只是為了辱罵女孩而造，以 Pig 為開頭，仿斯拉夫語後綴為結尾，聽起來彷彿煞有其事）。

其中一個運動員的律師邁可・奎克斯（Michael Querques）用以下敘述來描繪這名智商只有八歲的年輕女孩：

> 這女孩就是頭豬⋯⋯徹頭徹尾的豬。如果她不是弱智的話，每個人都會說她是豬。我不會讓我的孩子接近她。我會確保他們離她遠遠的。（Lefkowitz, 128, 176, 383）

全男性俱樂部 Pi Eta 的成員都是哈佛大學的在校生和畢業生，他們在 1980 年代收到一封信，信中承諾在他們的派對上會有「一群口水直流、新鮮待宰的母牛」（Langner）。正如人類學家佩吉・桑迪（Peggy Sanday）所解釋的，這種派對（女性在這種場合中常遭到強暴，包括在此兄弟會中）的邏輯是「男性參與者吹噓他們的男子氣概，而女性參與者被貶為男生口中的『紅肉』或『魚』」（Sanday, 11）。兄弟會成員把團體中成員輪姦失去意識女性的行為戲稱為「屍體即興」（corpse riff）。

譯按：標語內容含「快給我那一根」、香腸豬、烤肉裡面請。

「豬」（pig）這個字常帶有負面聯想：一副豬相（piggishness）、*男性沙豬*（male chauvinist pig）、警察（police as pig）、殘暴（boarish）、貪婪、貪吃、骯髒、*雜種*（swine）。不過 Merriam-Webster 線上字典對 *porcine*（與豬有關的）的定義仍在抵抗負面的刻板印象，非常了不起：

> 豬很少因其高智商或作為寵物的友善特質而受到讚揚，反而因為喜歡在泥坑中降溫的習性，以及追逐食物時常展現的侵略性而遭到嘲笑。

雖然 porcine 不像 swinish 那樣負面，但它仍可能被用來形容肥胖、貪婪、咄咄逼人，或整體上像豬一樣 —— 但主要是形容肥胖。「波基豬」（Porky Pig）和「豬小姐」（Miss Piggy）的行為並不特別 porcine（像豬），只有其粉紅圓胖的外表像而已。

根據《美國俚語辭典》（*Dictionary of American Slang*），豬是指濫交的女人，尤其是肥胖邋遢、缺乏吸引力的女人。

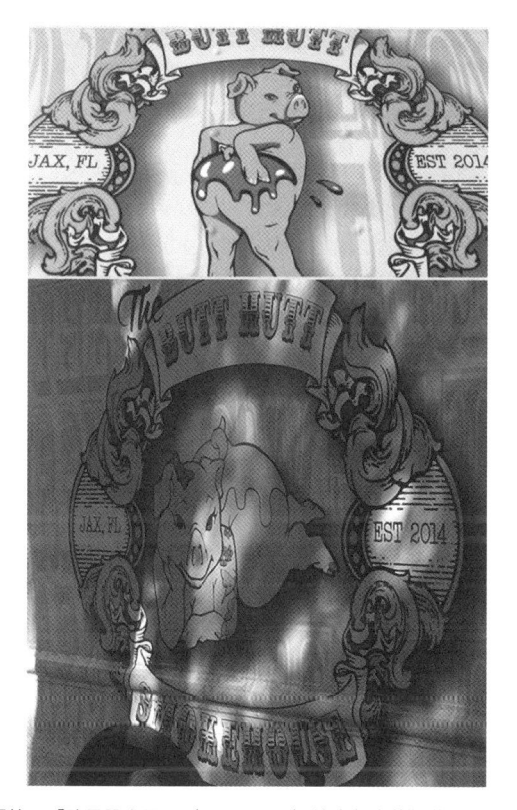

譯按：「豬屁股小屋」（Butt Hutt）燒肉餐廳的招牌和壁畫。店家使用歡樂、可愛的豬作為招牌，試圖透過幽默化的形象淡化人們對肉品來源的道德思考。圖中的豬被淋上鮮豔醬汁，姿態調皮且性感，邀請人們來消費她、吃掉她。這是大眾熟悉的商業化操作模式：將具爭議性或敏感的議題（如動物的屠宰和死亡）以輕鬆幽默的方式包裝並掩蓋，以迎合消費者下意識迴避真相的需求。

觀察豬的定義演變：外表邋遢的女孩或女人；道德觀「邋遢」的女孩或女人；激情或放蕩的女人；泛指任何女孩或女人。「在男學生之間尤其常用」。這個定義一開始是「外表上」的評論（還記得「肥胖邋遢」吧！），然後透過聯想，連結到「道德」（或缺乏道德），最後適用於描述所有女性。

「狂野烤肉店」（"Grills Gone Wild"）描繪了一隻用雙腳站立的豬，她頭上綁著一條絲帶，撩起襯衫，露出三套胸罩。

「我曾在一間燒烤店工作，我們必須穿著印有『來舔我們的骨頭吧』（譯按：骨頭 bone 也指男性生殖器）這類充滿挑逗意味口號的襯衫。想當然，我們被客人性騷擾的情況是司空見慣。」#日常性別歧視（#EverydaySexism）。

「走在路上被兩個男人騷擾，還問我是否想被『烤乳豬』（spit roasted；譯按：指三人性愛體位，通常涉及兩人同時與一位女性進行性接觸，而夾在中間的女性就像被架在烤肉架上的烤乳豬。）這種事令人無法接受。離我遠一點！」#日常性別歧視，2015 年。

在「肉豬」（hog）的諸多意義中，《蘭登書屋美國俚語歷史詞典》（*The Random House Historical Dictionary of American Slang*）收錄了這個定義：

Hog（名詞）14.【特別在軍隊中】粗魯但在性方面順從的女人；譬喻 —— 帶有蔑視意味。

接著，詞典引用了來自下列著作的例句：

L・F・楊（L. F. Young）在《處女艦隊》（*Virgin Fleet* 1961）中提到關於二戰的一段描述：「她是豬、是蕩婦、是野獸、是肉豬、臭鼬、海鷗，還是就只是艘垃圾船？」
　　以及
喬治・C・威爾森（G. C. Wilson）在《超級航母》（*Supercarrier*）中寫道：「許多水手會去『獵肉豬』（hog hunting），尋找容易上手的女人，在休假期間與她們共度春宵。」
　　以及
蓋瑞・亞倫・范（Gary Alan Fine）的《與男孩們一起：少棒聯盟與青春前期的少男文化》（*With the Boys: Little League Baseball*

繡有 Goin' Hoggin' 字樣的帽子，拉斯維加斯，2017 年。

and Preadolescent Culture），提到 1977 年：「愛荷華州的男性次文化不再稱呼女孩為雜種狗（mutts），而是叫她們肉豬。」

正如 Goin' Hoggin'（獵肉豬行動）的帽子所描繪的那樣，從某個時間點開始，hog 一詞不僅指性方面順從的女人，還暗示一個體型大的性順從女人。

2018年初，康乃爾大學的 Zeta Beta Tau[*1] 兄弟會受到了令其不快的輿論關注。因為有消息透露該兄弟會被發現參與了一項名為「烤豬」的比賽，並因此被處以兩年的緩刑處分。在這場祕密比賽中，成員透過與體型較大的女性發生性行為來獲取分數。在積分相同的情況下，和體重最重的女性發生性行為的成員獲勝。該兄弟會對這些指控進行了調查並提出上訴，也向康乃爾大學提供相關訊息以自清。接下來的九月，康乃爾審查委員會判定，有與 ZBT 相關的人士鼓勵新成員參與該比賽，但沒有人「真正行動」。

然而，兄弟會的緩刑仍在持續。有對此事深入了解的康奈爾大學兄弟會相關人士向外界透露了內幕，也有人聲稱「獵肉豬行動」（hogging）這種行為在校園裡已歷史悠久，其目的是羞辱和貶低女性。對兄弟會中「強姦文化」的調查發現，「像兄弟會這樣的同質化團體會透過將女性視為性征服的對象，及企圖脅迫女性發生性行為來提高自己的名聲……男性準則（The Guy Code）強調，男人應該盡可能獲取性經驗」（Jozkowski 和 Wiersma-Mosley 2017）。這些兄弟會還有種族排斥的歷史。[1]

線上的《市井詞典》（*Urban Dictionary*）提供了 *gone hoggin'* 的定義：該詞用來形容男人和胖女孩約會。通常是瞞著他們的哥兒們偷偷進行的，被視為一種罪惡的享樂。

下一頁 T 恤上的字樣「烤肥妞」（Roasting fat ones；譯按：roast 有譏諷、羞辱之意，在此脈絡中則有強暴豐滿女性的暗示）引起了阿默斯特學院（Amherst College）校園中關於厭女症的討論。許多人認為阿默斯特的管理階層未能充分解決 T 恤帶來的影響。一位女學生解釋道：

> 我在校園裡遭到性騷擾，但從未上報……就因為我能斷然拒絕男性的挑逗，所以「什麼事都沒發生」。我沒有被強暴，或受到身體上的傷害。但你知道嗎？我在阿默斯特再也沒辦法感到安全了……看到這樣一件由兄弟會製作的 T 恤，提醒我處在一個**時刻**都得意識到自己性別的環境（我的衣服領口會不會太低？會不會打情罵俏過頭了？我不該對這些男人微笑嗎？要是在社交舞會上有討厭鬼故意把我推到牆邊跳舞，我的逃生路徑是什麼？），我感覺脆弱，且缺乏足夠安全感和力量，能在遭遇這些狀況時為自己發聲。重點是，缺乏公開、有建設性的回應強化了這樣的觀念：感到安全並非女性的基本權利……但男人卻能透過不尊重女性彰顯自己的權力。（Bolger 2012）

"Roasting fat ones since 1847" 是阿默斯特學院兄弟會於 2012 年推出的 T 恤內容，用來宣傳他們的年度烤豬活動。

* 譯按 1：Zeta Beta Tau（ZBT）成立於 1898 年，是世界上第一個且最大的尤太兄弟會。ZBT 最初是由哥倫比亞大學教授理察‧戈泰爾（Richard J. H. Gottheil）召集尤太學生組成的錫安主義（即尤太復國主義）青年社團，旨在為尤太學生提供歸屬感。在近年的以巴戰爭中，ZBT 始終堅定支持以色列，捍衛尤太民族自決權。

註 1：隨著大學校園逐漸多元化，開始接納中產階級的白人和黑人學生，兄弟會便成為了上層階級白人男性的飛地（enclave），讓他們能夠抵制「階級和種族多樣性」，同時集中權力。根據《黑球反對票：美國校園中的黑白種族政治》(*Blackballed: The Black and White Politics of Race on America's Campuses*) 作者勞倫斯‧羅斯（Lawrence Ross）的說法，兄弟會成為「政治權力實際運作的試驗場，而它在大學校園中的運作方式和在現實社會中一模一樣」(Quinlan，也參見 Ross)。根據康乃爾大學的資料，儘管兄弟會成員僅占美國總人口的 2%，但「76% 的美國參議員和國會議員、85% 的美國最高法院法官、《財富》雜誌前 500 強企業中 80% 的高級主管，以及歷屆所有的美國總統（除了兩位）都曾是兄弟會成員」。

一名當地的女高中生描述了「當地年輕女孩」是如何被置於「危險／令人不適的情境」中的：

> 在這個大學城長大的我們，晚上（或任何時候）走路時都被迫要格外小心，因為很多男大生會騷擾我們女生。這些狀況經常發生……請記住，跟這個Ｔ恤事件相關的舉動確實助長了阿默斯特鎮周圍的厭女氣氛和不安感。（Bolger 2012，評論）

回到兄弟會那張「烤肥妞」的圖像。注意那個口中含著蘋果的女人（另一種讓女性噤聲的方式），她的身側似乎有瘀青。她穿著黑色丁字褲和胸罩，雙手和腳踝被綁住，架在火上烤。如果他們稱她為「肥妞」，那他們對「正常」體重的定義是什麼？芭比娃娃的身材嗎？[2]

Sow（母豬）：又胖又邋遢的女人、妓女、放蕩的年輕女人。

艾米・法洛（Amy Farrell）的《肥胖羞辱》（*Fat Shame*）一書探究了「加諸於肥胖的巨大意涵」。她在歷史文獻中發現了對肥胖及肥胖人士的負面聯想——懶惰、貪吃、貪婪、不道德、缺乏自制力、愚蠢、醜陋和缺乏意志力——這些聯想的出現早於任何針對健康的擔憂。而在健康方面的討論中，「肥胖既是社會問題，也是生理問題；在大多數情況下，肥胖的社會污名（以及擺脫這種污名的幻想）與健康問題並存，甚至優先於健康問題。」（Farrell, 4）

醫生經常羞辱體型較大的患者，尤其是那些並非因體重問題來看病的患者。這種居高臨下的論斷態度「使體重較重的病患更傾向於不去就醫」。這會帶來非常嚴重的後果：「肥胖的女性死於乳癌和子宮頸癌的可能性比一般女性高，部分原因在於她們不願意看醫生並接受篩檢。」但體重與健康之間未必有確切的對應關係。「研究發現，三分之一到四分之三被列為肥胖的人實際上在代謝方

註2：正如網站「芭比的身材可能嗎？」（Is a Barbie Body Possible?）所指出的，根據芭比娃娃的尺寸，真人大小的芭比會出現「不可能的身體比例」。例如，她的腰圍將只有16英吋，而美國女性的平均腰圍是32到34英吋，這只容得下「半個肝臟和幾英吋腸子」；而相較於37到38英吋的平均臀圍，她的臀圍只有29英吋。芭比的資訊圖表可在下列網址中找到 https://www.rehabs.com/explore/dying-to-be-barbie/#.UWs-5aKyB8F。也參見 Goldstein 的報導。

面是健康的⋯⋯同時,未超重者約有四分之一是流行病學家所謂的『瘦但不健康的人』」。(Hobbes 2018)

由於肥胖羞辱,體型較大的女性「賺取的薪資較低,且更不容易被僱用或得到晉升」(Hobbes 2018)。

《懼怕黑人身體:肥胖恐懼的種族起源》(Fearing the Black Body: The Racial Origins of Fat Phobia)一書指出,肥胖恐懼與歷史上對黑人女性的態度有關。在對胖與瘦的態度中,種族因素在不被察覺的層面上產生作用。

在文藝復興時期,非洲人在歐洲國家能以商人、僕人和奴隸的身分出現,當時的藝術家對於繪製理想比例的人體(如達文西的《維特魯威人》)充滿興趣。隨著歐洲出現越來越多的非洲女性,藝術家將黑人女性視為「**對應於歐洲女性審美的形象**」。但在十七世紀初,這觀念發生了轉變。黑人女性開始被視為「**歐洲女性審美的對立面**」(Strings, 41)。造成這種轉變的原因是什麼?在《懼怕黑人身體》一書中,莎賓娜・史崔恩斯(Sabrina Strings)指出:「有兩個關鍵的歷史發展促成了對纖瘦的迷戀以及對肥胖的恐懼:大西洋奴隸貿易的興起和基督新教的傳播。與奴隸制相關的種族科學論述將肥胖與「貪婪的」非洲人聯繫起來。而宗教論述則暗示暴飲暴食是不敬虔的行為。」(Strings, 6)

種族主義論述透過將肥胖與黑人相連結,將纖瘦與白人相連結,創造出社會分化。(改寫自 Strings, 98)

史崔恩斯解釋道,莎哈・巴特曼的出現(見第 167 頁)「使肥胖在歐洲的科學和大眾想像中,根本性地與黑人身分聯繫起來,並被視為一種令人厭惡的女性體型。」

派翠夏・希爾・柯林斯(Patricia Hill Collins)在《黑人女性主義思想》(Black Feminist Thought)中指出,黑人姆媽(mammy)的形象是「過胖、皮膚黝黑,具有典型非洲人種的特徵」(Collins 2000, 78)。艾米・法洛這樣描述:「*誇張的身體特徵(body in excess)是再現這些劣等種族的關鍵*——包括肥胖的姆媽形象、臀部突出的蕩婦形象,或是在當代美國社會中,肥胖(及性慾強、生太多)的黑人『福利女王』形象」(Farrell, 75)。

十九世紀美國白人女性雜誌不僅從事了「恐胖」的歧視性寫作，還成為了「塑造菁英白人基督教女性典型樣板的工具」。在《懼怕黑人身體》一書中，史崔恩斯解釋道，「對『肥胖黑人女性』形象的恐懼是由種族和宗教意識形態所創造的；這些意識形態同時被用來貶低黑人女性與規訓白人女性」（Strings, 211）。

下一頁中那位趾高氣昂、披著毛皮大衣（很明顯是上流階層），用雙腳走路的女士宣稱：「我才不是『豬』（"Pig"）。我可是北風農場（Northwind Farm）的『豬肉』（"Pork"）。」

但你還是會被吃掉。

紐約胡士托農夫市集,2018 年 9 月。© Gretchen Primack

攝於俄亥俄州的伍斯特市，2002 年。© Bruce Buchanan
譯按：「豬肉，另一種白肉（Pork. The Other White Meat）」是 1987 年由廣告公司
"Bozell, Jacobs, Kenyon & Eckhardt" 為美國豬肉委員會推出的行銷口號，旨在挽回消
費者因健康考量轉向雞肉而萎縮的豬肉市場。該口號將豬肉重新包裝為「健康低脂白肉」，
成功帶動銷售額，四年增長近 20％。儘管科學界與美國農業部仍將豬肉歸類為紅肉，此行銷
策略已改變消費者的認知。作者將「另一種白肉」與「普通白人女孩」概念聯繫，揭示市場
如何透過種族化與性別化操作，將豬肉塑造成「純淨」白肉，如美國社會對白人女孩的
刻板印象──純潔、順從、隨時可供消費，符合主流標準。
這種包裝不僅掩蓋了肉品產業鏈對豬的暴力剝削，更延續了女性在父權社會中被奴役和
物化的歷史，充分體現行銷話術對大眾關於「食物」與性別認知的操控力。

普通白人女孩

20
普通白人女孩
—— Average White Girl ——

2014年，費城的五位女性廚師為一場名為「上等豬：豬肉與啤酒晚宴」（Fine Swine Pork and Beer Dinner）的五道菜活動進行了一次宣傳拍攝。其中一人身穿粉紅色人體解剖緊身衣，站在大型冷凍肉庫中，擺出撅屁股的姿勢，身旁幾隻豬屍的肛門顯眼地展示著。《費城雜誌》（*Philadelphia Magazine*）的記者維克托・費奧里洛（Victor Fiorillo）建議將這張照片稱為「*豬屁股*」。這些費城的女性廚師在肉庫中被物化（這裡是拍攝色情照片的熱門場景之一，也是電視節目《超級名模生死鬥》〔America's Next Top Model〕中的一個競賽場景，參賽者必須穿著生肉製作的內褲和胸罩進行攝影）。這些廚師似乎在表示：「如果把我們視為性感的肉，能吸引你來參加我們的活動，那麼就這樣看待我們吧。」

新聞報導描述女性屠夫時，通常會稱她們為「女孩兒」，並經常把她們和切割的屠體並置拍照，作為文章的配圖。[*1]

另一個肉庫裡，掛滿了死去、內臟被掏空的豬。他們的腿被分開，用特殊的夾子夾住，從天花板上倒掛著。他們顯然是死亡的豬：距我們最近的已被斬首，前腿看似被截斷；這頭豬沒有內臟。他們全都被去毛了。其他的豬背對著我們，看似還完好：我們能看到他們的耳朵和尾巴，也能瞥見流著血水的嘴巴。他們粉紅色的身體格外引人注目。整排粉紅色的豬屍映入眼簾。

然而，這張肉庫照片的正中央，一名裸體的白人女性也倒吊著。她的粉紅色肌膚同樣醒目。她的雙腿和腋下像豬一樣，已被除毛，她的腳踝被綁在一起，固定到天花板上。

---

* 譯按1：媒體使用輕率的語氣和「女孩兒」（girls）一詞，而非「女性」（women）作為稱謂，削弱了其專業地位與權威性，強化職業中的性別刻板印象與二元性。此外，報導常將女性屠夫與動物屠體並置，隱喻她們與動物同樣處於被支配和被物化的地位，而非是擁有主體性、值得尊重的生命。

我們知道這名女性還活著，是因為這是一齣名為《普通白人女孩》(*Average White Girl*)的表演作品。這位馬戲團／歌舞表演者克斯蒂・利特爾（Kirsty Little）在 1999 年表示，她是從女性視角召喚對身分認同的探尋。不過她選擇在哪裡展現對白人女孩身分的探尋呢？是在肉庫裡，與豬屍共處一室。

《普通白人女孩》遇見豬肉 ── *另一種白肉*。

粉紅芭比娃娃 ── 顯然不是普通的白人女孩，因為她們的身材不切實際 ── 成為各種消費幻想中的焦點：

• 一個金髮白人芭比躺在黑色盤子上，身上覆蓋著四隻死蝦。

• 粉紅色罐頭裡裝著白人芭比娃娃的身體部位零件，上面寫著：「真實與虛假的混合」。[*2]

• 南多燒烤店（Nando's）搭配著烤肉漢堡照片的文案寫著：「你不必是肯尼才能享受我們芭比的滋味。」

• 芭比娃娃餡餅捲：五個白人芭比被捲在玉米餅裡，淋上紅色餡餅醬，放在烤箱裡的烤盤上（此作品名為〈食物鏈芭比〉〔Food Chain Barbie〕，由湯姆・福賽斯〔Tom Forsythe〕創作，2001 年）。

• 一個白人芭比漢堡登上《解放報》(*Libération*)封面。

• 一個金髮白人芭比娃娃的頭被放在一隻烤雞的翅膀和腿上，擺放方式讓她看起來像是個胖女人在熱水浴中放鬆的模樣。

• 一家火鍋餐廳供應裹著培根的白人芭比娃娃，讓你邊吃邊把她脫光。

雖然有些猥瑣的客人可能會告訴蘿琳・凱瑞（Lorene Cary）── 餐廳裡第一位非裔美國女侍者 ── 他們更喜歡「黑肉」（譯按：原指肌紅蛋白多的深色肉類，這裡暗喻黑人女性的身體及其私密部位）（Cary, 156），但是將豬

[*譯按 2]：事實上這是芬蘭藝術家雷瑪・洪卡薩洛（Reima Honkasalo）2014 年的拼裝藝術作品《芭比 ── 閃亮亮醬汁中的身體部位（又名：性別如何被製造）》(*Barbies—Body parts in bling bling sauce [aka How gender is made]*)。作品將芭比娃娃的身體部位零件封裝進金屬罐頭，模仿罐頭食品的形式，象徵社會將女性身體肢解，只突顯腿、腰、胸等被性化的部位。女性宛如商品被包裝、販售和消費。罐頭上的文字"Mixed real and fake"（真偽混合）可能在諷刺現代社會對女性美的標準 ── 混合了天然與人造元素（如整形、化妝、美顏濾鏡、隆乳或抽脂等）。作品帶有強烈批判性，促使觀者反思性別的社會建構，以及我們如何參與其中。

性化,只有粉紅色的豬才能喚起對白人女性肌膚的聯想。這些擬人化色情的豬沒有明顯的陰毛,因此讓人想到年輕、白皙的肉體。一位朋友曾告訴我她的兄弟帶了一位白人女友回家,與他們的非裔美國家庭共度感恩節的故事。當他們緊張的父親在切火雞時,他轉頭向兒子問道:「你要白肉還是黑肉?」就像由女侍者轉職為作家的蘿琳・凱瑞那樣,他們也回到了美國「黑與白」的種族問題上。

為什麼幾乎所有廣告中的豬都是粉紅色的?豬其實有很多不同的顏色:有黑白相間的豬、巧克力色的豬、肉豆蔻色的豬。但只有粉紅色的豬,內外顏色是一致的 —— 外面是粉紅色,裡面也是粉紅色(不過這種粉紅色通常被稱為「白色」)。

本書中提到的粉紅豬廣告,不僅是在喚起女性特質與粉紅色的聯想,更是在談論「白人性」(whiteness)的意義。由於「白人性」長期缺乏理論化,通常需要藉助其他東西來凸顯它。內爾・潘特(Nell Painter)在 2010 年出版的《白人的歷史》(History of White People)探討了「白人性」如何成為權力、威望和美麗的象徵。儘管白人性的持久影響力令人驚訝(Roediger),但它在賦予權力和聲望方面從來不是一成不變的。

潘特指出了「白人性」與奴役之間的關聯。她在十八世紀「種族科學」學者的人類學著作中辨識出兩種奴隸制。其一是被迫進行粗重勞動的奴隸種族,包括非洲人和韃靼人,他們的身體被描繪成醜陋的形象。

「誰說好母親不能堅強?」小字部分寫道:「在一個擁有職場母親堅毅傳統的時空背景下,Camborough® 23 誕生了。嚴酷的工作環境孕育出堅韌、高效的母豬,具備可靠的繁殖特徵 —— 性情溫順、仔豬存活率高、出色的泌乳能力以及高分娩率。」

譯按:Camborough 為母豬育種公司。

三個世紀後,製藥公司在銷售豬用藥物時,利用與「粗重體力活」有關的種族階級標誌來尋找商機。

對比苦役型奴隸,「奢華型」的白人奴隸也曾存在過。她們被稱為*奧黛麗斯克*(odalisques;譯按:土耳其語的法語變異,指後宮中的妾侍),「因性而被看重、性別化為女性」,並成為人類美的象徵。潘特描述了奧黛麗斯克一詞及相關詞彙所帶有的「肉體吸引力、順從和性開放的氣息——總之就是陰性氣質。她不能是自由的,因為被囚禁及身處後宮的狀態是她身分的核心」(Painter, 48)。因此,白人女性身分(white femaleness)被賦予了被奴役和異國情調化的形象。

潘特接著說道:「在美國的社會脈絡中,種族純潔的概念顯然與身體美混雜在一起。」種族科學和白人奴隸作為美的理想形象的演變,成為對男性藝術家而言具吸引力的主題。潘特解釋道:「到了十九世紀,『奧黛麗斯克』或白人女性奴隸經常以裸露、美麗和性開放的形象出現在歐洲和美國藝術作品中」(Painter, 43)。

我們不能忽視擬人化色情(anthropornography)利用種族主義的「白人為美」(white beauty)概念,又加以扭曲的現象。關鍵在於,「白人為美」的歷史建立在奴役制度之上。

譯按:標語內容為「今晚想來點異國情調嗎?」(豬肉廣告)

「白人奴隸」，即充滿「異國風情」並供人「性消費」的奧黛麗斯克，已成為被奴役的「白色」女豬，且因為已經死亡，而變成供人食用的對象。「即將開幕：Carolina 燒烤屋」，北卡羅萊納州卡羅萊納海灘，2019 年。© Doris Lin

譯按：上述文字透過對照、並置「白人奴隸」的歷史性剝削與當代對豬的剝削，凸顯這種被物化、消費的過程如何從性的消費轉變為真正的肉體消費。

與豬相關的「白人性」，本該提供一種種族優越感，卻因為與女性、動物和奴役產生關聯而被壓制或掩蓋。對豬的視覺消費，是對「白人性」與（荒誕）「美」的消費。這個傳統將「白人性」推向了非人類的範疇。（潘特也指出了現代奴隸制的存在[1]。此議題在紀思道、伍潔芳〔Nicholas Kristof & Sheryl WuDunn〕的書《她們，和她們的希望故事》〔*Half the Sky: Turning Oppression into Opportunity for Women Worldwide*〕第一章〈解放二十一世紀奴隸〉中有所討論。第十頁提到，他們的保守估計是目前有三百萬名婦女和女孩及少數男孩在性交易中被奴役。）[2]

註1：也請參閱「反對性交易的有色女性」（"Women of Colour Against the Sex Trade"）的討論。https://sisteroutrider.wordpress.com/2019/02/28/spacewoc-women-of-colour-against-the-sex-trade/

註2：這個段落取自亞當斯的著作（2014 年）。

或許沒有哪個領域的再現，比烤肉的圖像更能暗示種族、性別、身材和物種之間的聯繫。

《美國傳統英語字典》（American Heritage Dictionary）將烤肉稱為「男性的運動」（Lovegren）。大衛・達德利（David Dudley）甚至稱烤肉為「男性休閒活動之母」（引自 Warnes, 7）。在《建構白人性》（Making Whiteness）一書中，葛莉絲・伊莉莎白・海爾（Grace Elizabeth Hale）認為，二十世紀初的「新南方」將白人身分（及維繫該身分的吉姆・克勞法）建構為一種身分認同，以對抗黑人中產階級的成功。二十一世紀的烤肉圖中展示著白人性感尤物的全身像，則是這構建的白人性的怪異延續。

譯按：廣告標題為「『倍猛得』（BMD）改善產房表現，提升經濟回報」。BMD（Bacitracin Methylene Disalicylate，亞甲基雙柳酸枯草菌素）是一種動物用抗生素，用於豬場常檢測出之梭菌的治療與預防性投藥。廣告標榜在母豬生產前兩週投與 BMD 可減少哺乳期仔豬的梭菌感染風險，提高仔豬斷奶體重與存活率，減少母豬體重損失，得到更高的經濟回報。

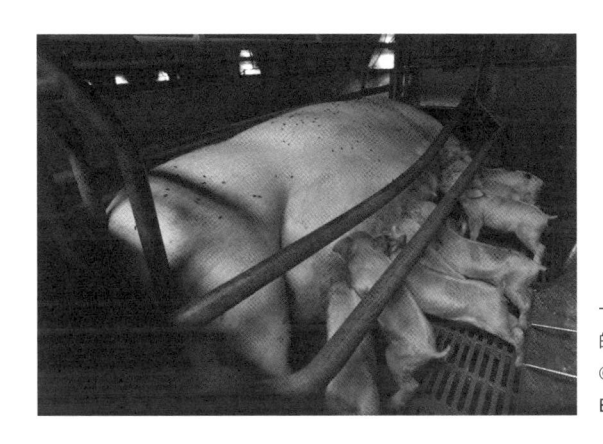

一隻豬媽媽透過母豬狹欄的欄杆哺育她的小豬。
© Jo-Anne McArthur／Essere Animali

前一頁廣告中「被污染」*3（"contaminated"）的白豬，並沒有顯示出母豬哺育的真實背景——即母豬狹欄。如果可能，豬會用草、樹葉和稻草築「巢」來照顧小豬。

母豬狹欄不是巢，而是囚禁的場所，限制了母豬照料幼崽的能力，也剝奪了她們行走或轉身的能力。關在狹欄中的母豬正受到傷害。廣告暗示著哺育的自由，但這種自由只是個騙局。她不僅被禁錮，也「被污染」了。

粉紅色已經被過度視為女性的象徵，與性別二元論相關，並常與人們對嬰兒是女孩或男孩（粉紅色或藍色）的關注聯繫在一起。然而，大型乳癌基金會採用的「粉紅化」（pinking）產品——所謂的「漂粉紅」（pinkwashing）——預設了一種特定類型的乳癌倖存者。正如《粉紅絲帶公司》（Pink Ribbons, Inc）一書所指出的：「圍繞乳癌發展起來的文化，強化了霸權女性氣質（hegemonic femininity）中最具爭議性的元素*4。」（King, 122）。這種女性氣質很大程度上被認為是白人的，而這些漂粉紅產品主要是迎合中產階級白人女性的需求和偏好。

---

* 譯按 3：文中的"contaminated"不僅指物理環境的污染，還象徵母豬在狹欄內被剝奪自由與母性行為。畜牧體系不只扭曲了動物個體的天性，更玷汙其生命意義。
* 譯按 4：「霸權女性氣質」在此可視為受「霸權女性主義」（Hegemonic Feminism）影響所形塑的理想女性形象——即以白人、中產階級、異性戀女性為核心，並融入第二波女性主義運動中的主流價值觀，如獨立、自信、專業、生育自主等特質。然而，它仍維持「合格女性」的社會框架，強調端莊、順性別與符合主流審美等標準。此模式雖讓部分女性受益，卻排除了有色人種、工人階級與性別少數族群的經驗與需求。

Average White Girl

一個粉紅色標誌，來自 Chick-Fil-A 的宣傳活動 "It's a Grill"（這是一間燒烤店）。該活動還包括店外的粉紅色氣球及向男性發放雪茄。來自作者的壓迫性圖像資料庫。

Kate Stewart 的推特文。經授權使用。
譯按：「寵物母雞散步用的粉紅色牽繩。真無言……」

隨著粉紅絲帶產業的興起，我們看到的現象之一是乳癌被建構成主要影響中產階級、極端女性化（ultra feminine）的白人女性疾病。這當然和企業試圖銷售產品有關。它們向特定的目標族群銷售產品，這是它們認為能推動產品銷量的形象。（引自與書同名的紀錄片 Pink Ribbons, Inc.）

將乳癌倖存者假定為白人中產階級女性，會導致一系列問題。例如在 1999 年，NFL（國家美式足球聯盟）贊助了「蘇珊・科曼（Susan G. Komen）乳癌防治基金會『為治癒而跑』」的活動，將「象徵種族化黑人、極端男性氣質的職業體育聯盟」與「代表粉紅絲帶、種族化白人、極端女性氣質的非營利組織」結合在一起。[3]

《粉紅絲帶公司》還提出了乳癌組織與採用「粉紅化」的企業之間緊密聯盟的問題，並指出公益行銷的性別化性質——這再現了女性與購物之間的聯繫，並「把消費視為主要的政治參與途徑，加以定義和運用」（King, 15）。

在促進消費的過程中，與乳癌主題相關的產品無所不包，從雪鞋、廚房刀具、吸塵器、BMW 汽車到肯德基的死雞桶都有。有些合作的企業可能是造成這種疾病的原因（或能從中獲利），例如進行水力壓裂的石油公司，或其廢氣可能增加乳癌風險的汽車公司（Jaggar）。

《被隱形的女性》（*Invisible Women*）探討了乳癌問題，指出「在過去五十年中，工業化國家的乳癌發病率顯著上升。」克里亞朵－佩雷茲解釋，「對女性身體、職業與環境的研究不足，導致缺乏數據來解釋發病率升高的確切原因」（Criado-Perez, 115）。不過，有一件事是確定的：用牛奶取代豆漿對女孩沒有好處。研究顯示，幼年時期攝取大豆，終生都能降低罹患乳癌的風險。

如紀錄片 *Pink Ribbons, Inc.* 所示，「漂粉紅」的另一個問題是它營造出一種「溫暖、多愁善感的粉紅氛圍」，還傳達了一種觀念，即乳癌帶來的威脅是針對「女性作為養育者的能力——這使得主流文化很顯然無法將乳癌視為會影響到所有人的疾病，而只會影響到隱含著中產階級異性戀，且主要身分認同是母親或妻子這類的族群」（King, 76）。

這就把話題帶到了「希望的小牛棚」（Hutches for Hope），或者如攝影記者喬－安・麥克阿瑟（Jo-Anne McArthur）所說的，「**希望個鬼牛棚 ?! ?!**」

註 3：像柯曼這樣的組織所創造的乳癌文化，讓人持續被嬰兒化。「艾倫瑞克（Barbara Ehrenreich）在試圖理解為何乳癌相關禮物常是毛絨玩具熊等童年物品時，提出了疑問：是否在某些主流性別意識形態中，『女性氣質是一種發展停滯的狀態，本質上就與成熟的成年階段不相容』」（King, 122）。

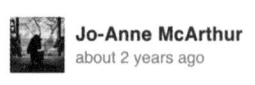

> **Jo-Anne McArthur**
> about 2 years ago
>
> Hutches of Hope?! HUTCHES OF FREAKING HOPE?!?!?! What kind of twisted grotesque irony is this? What is wrong with you, humans? I mean...taking babies away from mothers...so we can drink their breast milk...and putting stolen babies in pink..PINK..hutches... to help BREAST cancer? I just ...I just can't sometimes.
>
> HOARDS.COM
> **Win a pink calf hutch from Agri-Plastics and support breast ...**
> Agri-Plastics <http://www.calfhutch.com></http:> , a manufacturer of dairy ...

Jo-Anne McArthur 臉書貼文，經授權使用。
譯按：內文為「希望的小牛棚？希望個鬼牛棚?!?! 這是什麼樣的荒謬諷刺？人類你們是不是瘋了？我是說，從牛媽媽身邊把小牛搶走，好讓我們喝她們的奶……然後把偷來的小牛放進粉紅色……**粉紅色的**……小牛棚，為了幫助**乳癌**？我真的……真的不能接受。」

注意「希望的小牛棚」廣告中的白人男性氣概。這是一個粉紅色的「牛棚」，專為被從母牛身邊帶走的小牛所設計。這個畫面充滿了對白人核心家庭過時而感傷的父權幻想，小牛則被視為家庭寵物。廣告中的小牛能自由進出牛棚，彷彿那是間狗屋。而真正的哺育者──母牛──卻無法在場。她的工作是生產牛奶，不包括哺育。

正如粉紅化讓「一點也不美麗，而是很可怕」的疾病變得更加柔和、美化（*Pink Ribbons, Inc.*），並讓新的剝削形式正常化那樣，粉紅化的「小牛棚」也同樣如此。小牛肉飼養（veal farming）一點也不美麗，而是很殘酷。

一隻蜷縮在手推車裡的小牛,隨後將被關進小牛棚裡。
© Jo-Anne McArthur ╱ Animal Equality

《粉紅絲帶公司》質疑透過消費來參與政治的想法。那麼，當消費 (consumption) 的字面意義 ──「吃」── 被粉紅化時又會如何？「快加入我們，享受邪惡好時光」，一張超級粉紅的海報標語如此寫道。戴著牛仔帽的金髮豬用一雙後蹄站著，身穿粉紅色比基尼。一間燒烤餐廳為了幫蘇珊・科曼基金會募款，海報宣布：「肋排挺胸部」（Racks for Racks）。

一隻小牛因病去世，牧場主用手推車將其屍體運走。
© Jo-Anne McArthur ／ Animal Equality

「別盯著我的胸部看」，這款販賣中的粉紅色T恤用於提升乳癌意識。
2019 年 9 月，紐約州羅切斯特的 Sticky Lips BBQ 燒烤店。© Anna Walsdorff

粉紅包裝的乾草。英國斯卡布羅附近，2016 年。© Carol J. Adams

在整個英國鄉村地區，將乾草包裝「粉紅化」是乳癌宣導活動的一部分。這樣的操作最終使我在斯卡布羅附近看到了粉紅色的乾草捆。

在無數與肉類相關並帶有肢解意味的指涉中，"racks"一詞反覆出現──如「一副肋排」（a rack of ribs），或暗指女性「胸部」（rack）的「鹿角」（deer's rack）──「保護好你的胸部」（protect your rack）於是變成了肉食色情政治的「漂粉紅」手段，針對的是普通白人女孩。

粉紅色汽車貼紙:「像個女人般戰鬥,保護好你的胸部」。
來自作者的壓迫性圖像資料庫。

紐約曼哈頓雀兒喜區的 Whole Foods 超市，2019 年。© Tyler M. John
譯按：標語內容為「愛是三分熟（稀有的），慾是五分熟（較常見）」＃草飼牛肉＃讓我完整
該廣告詞以牛排熟度比喻愛情的珍貴與慾望的普遍存在。

作為食物，牛排本身已是將動物生命商品化的存在。然而，當牛排被轉化為隱喻後，更進一步從其動物來源中被抽離，變成純粹的情感符號或人類欲望的象徵。這種轉化徹底抹除了肉品與動物的關聯，使動物個體完全消失在人們的認知之中。結果是，人們在接受這一比喻時，更難意識到牛排生產背後的殘酷，從而強化了對動物生命的無視。

「做培根」

21
「做培根」
—— "Makin' Bacon" ——

1983 年，瑪麗・米吉利（Mary Midgley）指出，肉食者與素食者／維根主義者之間存在著一種完形轉換（gestalt shift）[*1]；他們認為自己吃的是生命，而我們認為他們吃的是死亡。如今，米吉利的觀點需要更新：被看作生命的不只是肉（flesh），還是「*性感的肉*」（sexy flesh）。但這究竟是誰的性？誰的性慾？誰來決定這是性？動物的死亡又如何影響了肉的（異性戀）性化？

維根主義者和動物權利倡議者說：「我們不只是肉。」

肉販則回應道：「沒錯，*不只是肉*；吃這死去的軀體是性，是情慾，是愛，是渴望。」

不過還是同樣的問題：這是誰的性？誰的性慾？誰的愛？誰的渴望？

這股將「吃死亡」轉化為「吃生命」的焦躁驅力，從對肉食的色情化轉變為對那些我們取其血肉的活生生動物的性化……而這性化過程依然受限於那些貧乏的性意象。

動物的性就是愛！
動物的性就是慾！
你看，這裡、這裡，還有那裡，到處都是！

讓我們想想 2011 年美國感恩節前夕在廣播節目《交易場》（*Marketplace*）上的一段對話；該集節目名為「你的感恩節火雞可能是人工授精的產物」，由主持人凱・里斯達爾（Kai Ryssdal）與《蘋果橘子經濟學》（*Freakonomics:*

---

* 譯按 1：「完形轉換」（也譯為「格式塔轉換」）源於二十世紀初的完形心理學（Gestalt Psychology），強調人類感知的整體性。該術語指人們對某一事物或情境的理解突然發生轉變，導致視角徹底改變。其特徵包括「突發性（瞬間發生）」、「不可逆性（難以回到舊視角）」和「多重詮釋性（對同一現象有不同理解）」。在社會運動中，「完形轉換」可用來描述個人或群體在社會正義議題上的認知變革，即開始在看似正常的日常中意識到不公與壓迫的存在。

A Rogue Economist Explores the Hidden Side of Everything）的史帝芬‧杜伯納（Stephen Dubner）對談。杜伯納解釋，人們所吃的火雞幾乎百分之百都是透過人工授精受孕的。但假如你想吃一隻真的有過性生活的死火雞呢？杜伯納說，你可以花 150 到 200 美元買一隻「傳統火雞」（"Heritage" bird）[*2]。

> 里斯達爾： 不就是想在生活中找點樂子，對吧？
> 杜伯納： 完全正確。我是說，節日本來就是要讓人覺得愉快的時光。
> 里斯達爾： 停、停。
> 杜伯納： 所以你可能會決定，與其拿 100 美元捐到⋯⋯比如說救世軍（Salvation Army）的募款箱中來讓自己感覺良好，不如拿這 100 美元來補貼某隻公火雞的權益，你懂吧？讓他的節日更愉快。
> 里斯達爾： 還有母火雞，也該提一下。還有母火雞。
> 杜伯納： 說得對。

在描繪農場動物的性時，杜伯納從男性視角看到的是異性戀性行為，這和那些「測量你的性技巧」應用程式開發者一樣。杜伯納提到「某隻公火雞的權益，你懂吧⋯⋯」，而這些應用程式「叫做『iThrust（我插）』和『iBang（我幹）』」（是的，〔正如卡洛琳‧克里亞朵－佩雷茲所證實的〕這些名稱暗示了對「優質性愛」的內建假設）（Criado-Perez, 177-8）。

雖然里斯達爾更正杜伯納，補充說「還有母火雞」，但杜伯納準確地反映了農場動物的性被呈現的方式：強調男性性權力和性成就的父權傳統，已層層疊加在對非人動物的性剝削行為上。

但是你看這裡，是渴望交配的色色母火雞。
再看那裡，是渴望交配也成功交配的公火雞。
農場裡一切安好。火雞過得多開心啊！

然而事實上，當動物的身體被完全控制時，性也就被完全控制了。
不過，這就是動物存在的原因吧 —— 為了被吃掉 —— 不是嗎？要是沒有對

「做培根」

348

---

* 譯按 2：傳統火雞是一種家養火雞品種，保留了大多數現今「食用火雞」已失去的歷史特徵。他們的生長速度較慢，壽命較長，且飼養方式更接近野生火雞的自然行為和生命週期。傳統火雞與集約養殖的火雞不同，他們能自然繁殖，無需依賴人工授精。

農場動物持續的性剝削,這些動物根本不會出生。傳統畜牧業發展至現代工廠化農場的過程中,必然涉及對囚禁動物生殖系統的直接控制(Patterson, 6-10)。

回到杜伯納:

> 美國人這個月大概會吃掉約四千萬隻火雞。我希望這不會影響你的食慾,但你覺得這四千萬隻火雞中,有多少比例是透過人工授精而來的?

里斯達爾猜測有 82.6% 的火雞是人工授精所生的,但從杜伯納那裡得知實際比例接近 100%。

里斯達爾: 真的嗎?所以沒有火雞,呃,自然交配了?
杜伯納: ⋯⋯美國人愛吃白肉。這可以追溯到 1950 年代,當時傳統火雞被一種叫做「寬胸白」的品種取代,這種火雞比傳統火雞長得更大、更快。而這種寬胸白火雞已經透過育種長出最大的胸部了。但這裡會產生一個問題,我讓美國農業部的龍珠麗(Julie Long)來解釋給你聽。
龍珠麗: 現代火雞的胸部非常大,而巨大的胸部在公母火雞試圖生育後代時,會造成物理上的障礙。
里斯達爾: 「生育後代」?拜託,真的嗎?她剛才真的這麼說?所以這確實會造成障礙,對吧?
杜伯納: 因為在你的節目上啊。
里斯達爾: 是啊,我知道,而且我媽還在聽呢。所以他們無法「做那檔事」?
杜伯納: 沒錯。仔細想想這多悲哀啊。結果就是,整個火雞產業都必須倚賴人工授精,這是一項相當勞力密集且需手工操作的工作。(Dubner)

畜牧業和父權控制一樣,都是在掌控繁殖和家庭。正如女性主義法學學者傑西卡・艾森(Jessica Eisen)解釋的那樣:「在許多方面,農場對於動物的控制,就像家庭在某些女性主義流派的批判中對女性的控制一樣:前者決定了後者的地位、目的和意義;由於這被視為如此理所當然,甚至沒有人會問她們對此有何看法 —— 即使我們認為她們有能力回答。」(Eisen 2017, 240)。對生殖與被迫生殖的身體的操控,反而被詮釋為動物性慾的表現。

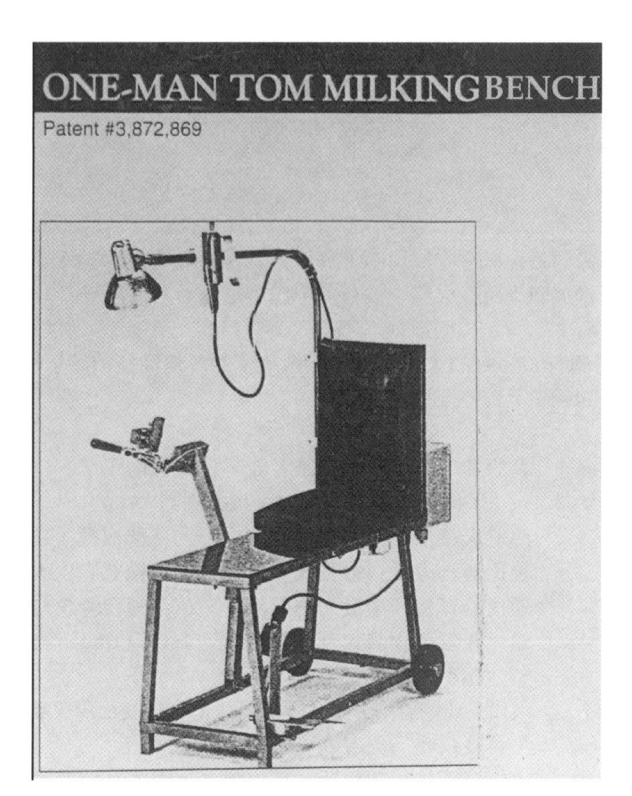

一人操作的公火雞採精台，用於採集火雞精液。
由 United Poultry Concerns 提供。

作家暨動物權益倡議人士吉姆·梅森（Jim Mason）聽說「奶油球」(Butterball) 火雞公司需要操作人工授精的工人，於是潛入其中，調查該過程的具體情況。他最初以「觀察員法蘭克」（Frank Observer）的化名描述了那裡發生的「性行為」。火雞房內大約有 400 隻公火雞，每週「被取精」（milked）一到兩次，直到他們 16 個月大為止。在長達一年的時間內，母火雞每週被人工授精一次。

他們讓我先進入工作區，抓住並「制伏」（break）母火雞。「制伏」的方法是將她的胸部往下壓，雙腿向下，尾巴抬起，這樣她的泄殖腔或「通道」就會打開，授精人員就更容易將導管插入，「射入」

> 精液。……我得把手伸進滑槽，抓住母火雞的雙腿，用一隻手將她的腳踝交叉固定。然後我把她壓制在工作區邊緣處，用另一隻手滑過她的尾部，這樣就能抬起她的尾羽，露出「通道」開口。這些火雞大約重 20 到 30 磅（約 9 至 14 公斤），她們嚇壞了，拍動翅膀，極力掙扎……

母火雞「被制伏」後，授精人員用拇指推壓她的「通道」正下方，這樣可以打開泄殖腔，並迫使輸卵管的末端稍微露出。接著，他插入精液管，把精液注入火雞體內。隨後兩人同時放手，母火雞便撲騰著翅膀重重摔落在地板上。

接下來，梅森來到公火雞飼養區，觀察如何逐隻從公火雞身上取得精液。他遇見正在工作的「比爾」。

> 他的工作台上有一個真空泵和一個軟墊夾具，用來固定公火雞的雙腿。真空泵接著一根小橡皮管，連到一個「手持設備」。比爾就用這個設備「擠取」每隻公火雞的精液。這設備配有玻璃管和針筒，能將公火雞的精液吸出，裝入針筒。
>
> 我幫了比爾一陣子。我的工作是抓住一隻公火雞的雙腿，把他倒提起來，抓住他的雙腿和一隻翅膀，將他的胸部和脖子朝下放在工作台上，尾部朝上對著比爾。比爾將火雞的腳和腿交叉鎖在軟墊夾具中，再用腿壓住他的頭和脖子，穩住他。比爾用右手拿手持設備，左手擠壓公火雞的泄殖腔，直到白色的精液滲出。他將玻璃管的吸入口放在開口下方，吸走幾滴精液。那精液看起來像是稀釋的鮮奶油，白且稠。
>
> 我們一隻接一隻地重複這個過程，直到把針筒裝滿。每個針筒事先已加入幾立方公分的「添加劑」，這是一種含有抗生素和生理鹽水的藍色水狀混合物。每次針筒裝滿後，我就把它送到母火雞飼養區，交給授精人員和工作團隊。（Mason／"Observer"）

廣告宣稱動物能夠選擇自己的對象，他們之間確實會發生性行為，而且是一種令人愉悅的異性戀性行為。然而事實上，他們並未真正「一起睡」，且別無選擇 —— 整個過程只是強迫母火雞「每天下蛋／交配」，並從公火雞身上榨取精液而已。

「辣小雞想下蛋」。© Yanoula Athanassakis
譯按：原文"get laid"也暗指想要發生性行為。此為糖衣麥芽球的廣告。

「天天都下蛋」，Hickman 家族農場卡車，洛杉磯，2019 年。
© Patricia Denys

紐約 Woodstock 農夫市場，2018 年 9 月。© Gretchen Primack

F.A.T 酥炸與美味餐廳，澳洲墨爾本，2019 年。© David Killoren
譯按："FAT MOTHER CLUCKER" 是髒話 "mother fucker" 的諧音改編，
意為「胖母雞咯咯叫」。

譯按：「雞肉盛宴」（Chicken Galore）餐廳。右上方廣告詞為「這裡是享用肋排（象徵胸部）與雞肉（暗指女人）的好地方⋯⋯任君挑選！」。中間廣告詞為「如果還有更棒的雞肉，那一定是被公雞先挑走了！」這句話除了暗示該餐廳的雞肉品質上乘，也帶有性暗示：如果還有更好的女人，那麼早已被男人（公雞）占有。

在父權控制下，馴養動物的性沒有任何可能引人遐想之處。然而，這些性的再現卻成為另一種媒介，把異性戀假設和性別二元論的觀念強加在動物身上。

在放養環境中，母雞其實可以拒絕公雞的求偶行為。非營利組織「聯合關懷家禽」（United Poultry Concerns）的執行長凱倫・黛薇思（Karen Davis）提到母雞時說：

> 她不會像在人類面前那樣，任由公雞擺布。在人類面前，母雞會試圖抵抗或全身癱軟，因為知道自己面對的是無法抗拒的力量。但在面對公雞時，她們會透過演化而來的遺傳知識理解彼此的信號。公雞不會不斷跳到母雞身上。母雞會用肢體語言傳遞信號、逃跑或繞著公雞轉圈，表示她們此刻不想交配。（引自 Adams, 2016b）

然而，Hooters 的一個廣告看板上卻寫著：「只有公雞能吃到更棒的雞肉」。現實生活中，正如動物庇護所 VINE Sanctuary 的共同創辦人派翠絲・瓊斯（pattrice jones）所說：「人們將脆弱的『母肉雞』和因挨餓而瘋狂想交配的大公雞圈養在一起，利用無數殘酷和怪異的手段，確保沒有一隻農場動物能逃脫強制的異性戀性行為。」（jones, 97）

隨著我們的文化日益多元，我們在關係中尋求更多平等，並提倡對不符合傳統性別標籤的行為展現更大的包容。然而，這些退步性的圖像卻逐漸成為男性優

越感和異性戀霸權的守護者，透過散布那些曾用來詆毀女性的謊言（至今仍為厭女者所用）來維繫這種權力結構。我們試圖挑戰與女性和異性戀有關的錯誤訊息，但未能將其摧毀；這些錯誤訊息依舊存在，確保「小母雞被配種，公雞得手」[*3]的劇碼繼續上演。

那麼牛呢？一旦你將母牛想像成誘惑者、性化的女性形象，公牛自然就成為力量的象徵，陽具的替代物，以及男性凝視再現的方式。來看看公牛（據說）有的選擇吧。

在下一頁的圖像中，公牛被呈現為個體，並被賦予了一種自主性，擁有母牛無法企及的生命選擇；他可以成為繁殖的主體。而母牛並非選擇者，她們唯一的期望只能是被選擇。在工廠化農場裡，母牛無法抵抗強制的交配行為。在較自然的環境中，派翠絲・瓊斯告訴我：「如果一頭公牛騎到母牛身上，而母牛不願意的話，她只要往前走，公牛就會摔下來。如果她願意，她會調整姿勢讓交配變得更容易。」

但公牛也沒有選擇權。正如凱瑟琳・格里斯佩（Kathryn Gillespie）指出，精液產業的結構是為滿足人類男性的需求而設計的，甚至還配有展示公牛照片的「型錄」。

> 在精液產業中，公牛的身體被物化為陽剛與生育力的性感符號。一些精液目錄還展示了強調公牛外貌特徵（如身高、體型及顯眼的生殖器）的肖像照。（Gillespie 2019, 185-186）

在採精過程中，工作人員會在公牛陰莖上套上一個塑膠陰道，以便透過這稱為 AV 的裝置為其手淫；這是一種長管狀的設備，能以「熱和機械刺激」來促進射精（Gillespie 2019, 175）。[1]

事實上，公牛是鼻電擊棒和穿過鼻中膈（牛身體的敏感部位）的鼻環來控制的。格里斯佩指出，儘管精液產業強調公牛的雄壯與陽剛，但實際上，這個產業需要的是「聽話」的公牛，也就是不反抗、不「過於陽剛或具攻擊性」的公牛（Gillespie 2019, 173）。

---

* 譯按 3：這句話透過擬人化手法將異性戀文化中的性別權力結構投射到雞隻身上，強調男性的優勢地位。然而，在工廠化養殖的現實中，公雞僅是被榨取精液的對象，象徵意義上反倒更接近被閹割的、女性化的動物，毫無「男性雄風」可言。

註 1：公牛的電激採精術（electro-ejaculation）是一道痛苦的程序，需在麻醉下進行。

「第八條規則:想找到合適的伴侶,就要多方嘗試。路透社提供最大範圍的潛在交易夥伴,讓您能達成最佳交易。」彷彿公牛真的會與母牛互動,母牛也在尋找伴侶似的。

「做培根」

一位記者曾問一名「公牛精液採集員」：公牛能分辨出真假母牛嗎？還是他們只是本能地做出反應？對方回答：「我們這裡的公牛從沒和母牛在一起過，所以他們不知道兩者有什麼不同。」

公牛要多久才射精？

很快。只要他們感受到陰莖末端的熱度，就會射精。我們不會幫他們打手槍什麼的，而是使用『假騎』的方式。我們會讓公牛騎到一頭母牛身上大約三次，每次只持續片刻，然後把他們拉下來，讓他們興奮起來。這可以說是他們的『前戲』。當他們真正騎上閹牛（被閹割的公牛）時，一切就會變得非常迅速且順利。」[2] ⋯⋯

那麼，「處理公牛」時會需要很小心嗎？

當然要小心。你不會想弄傷他們的陰莖，因為沒陰莖就沒精液。我自己沒碰過陰莖受傷的情況，但如果不小心，是有可能發生的。理論上你應該抓住陰莖套，但有時會不小心抓到陰莖。我就不小心這樣過，不過這時候要專業地處理。」（Nichols 2017）

有趣的是，畜牧業否認這種對待母牛和母雞的方式是一種*性*行為，更遑論暴力。格里斯佩對我說：

他們費盡心思掩飾，說這一切不是性暴力，不是暴力，也不是性行為。但假如你仔細觀察（公牛）精液產業，許多他們的廣告宣傳品，像是 T 恤、四角褲、馬克杯和其他周邊商品，都會用幽默的雙關語和玩笑來表明這整個過程就是一種性行為，就是一種性暴力。那些語言與貶抑女性的論調如出一轍。」（也參見本書第 109 頁）

註 2：這些公牛通常只會騎到閹牛身上。

將異性戀假設和刻板印象強加於動物，抹煞了動物間的同性戀關係、跨物種關係、能變換性別的生物，以及所謂「動物王國」中美妙而多樣化的性表現。關於動物性行為的討論往往成為將異性戀規範化的工具，但像布魯斯・巴傑米爾（Bruce Bagemihl）這樣的學者挑戰了這種方式。派翠絲・瓊斯描述了巴傑米爾的著作內容：

> 這本 750 頁的動物同性戀百科全書中，充滿了「群體親昵」（wuzzling）的海豚、「頸鬃廝磨」（necking）的長頸鹿和「調情嬉戲」（cavorting）的海牛，更不用說「水中螺旋舞」（aquatic spiraling）、「聲音前戲」（sonic foreplay）以及一種稱為「生殖器震動」（genital buzz）的性刺激行為了 —— 非人動物求偶與表達愛意的方式「多到令人眼花撩亂」，而這一切只不過是該書概述中的幾頁而已（13-18）。總的來說，巴傑米爾仔細審視了 300 多種哺乳類和鳥類間的同性交往、親密感的展現、配偶關係形成、育兒和*性行為*的記錄 —— 我是不是還忘了提到「騎跨、自慰和肛交」？（jones, 92）

畜牧業展示了陽具（phallus）並不等同於陰莖（penis）。雄性動物被固定住，無法動彈，他們的性受到操控而產出精液。他們被採精後，精液由人類控制，人類才掌握了真正完成授精的「陽具」。將這過程稱為「人工授精」揭示了當代畜牧業建立於「人為操控」的本質。而那些原本能享受性愛的動物則被剝奪了這種體驗。還記得里斯達爾說的：「真的嗎？所以沒有火雞性愛了？」對，沒有。

而動物其實是會享受性愛的。潔西卡・艾森說：「要理解工業化酪農業造成的傷害，特別要注意的是，母牛的性和家庭連結對她們而言很重要。牛通常很享受性愛，在交配前後她們的血液中會出現高濃度的催產素」（Eisen 2019, 109）。然而，「在北美和歐洲的酪農業中，大約 80％ 的母牛都是透過人工授精懷孕的」（Gillespie 2019, 174）。

VINE Sanctuary 解釋道，強制繁殖的另一個結果是，「那些可能偏好與同性伴侶連結、交配或共同撫育後代的非人動物被迫接受強制的異性戀關係。」（VINE Sanctuary News）

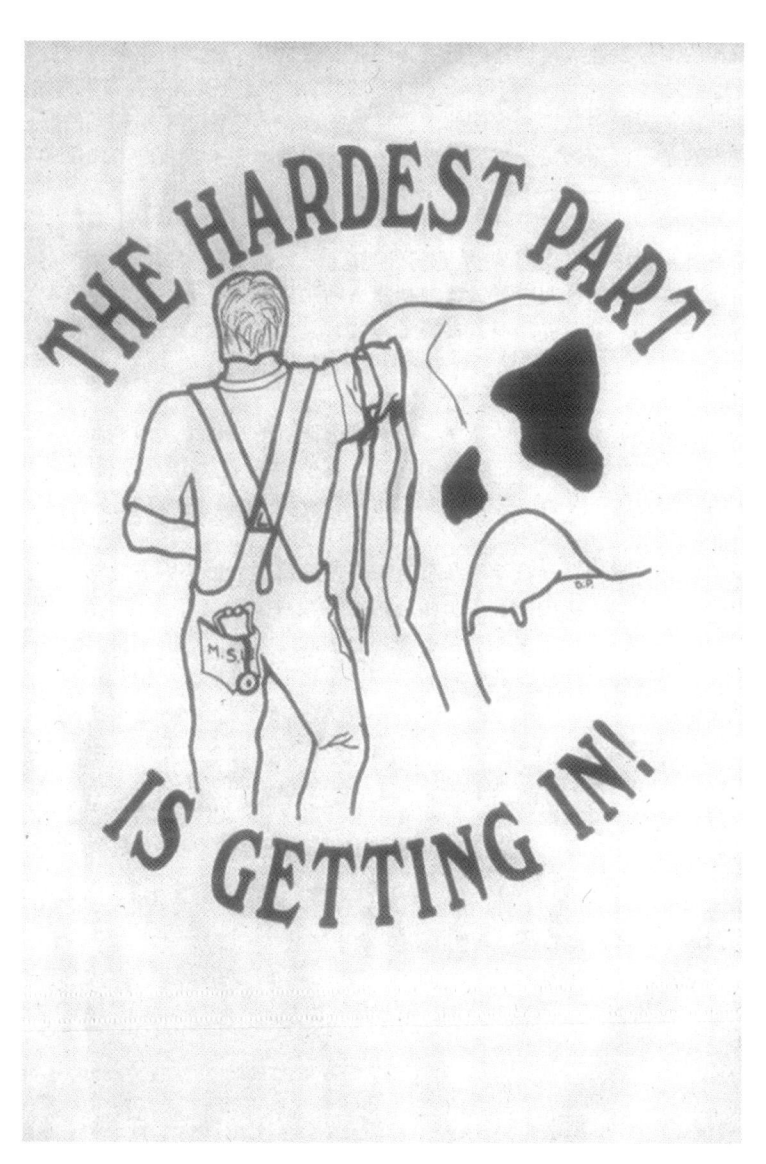

「最難的部分是進入」T恤，由密西根州立大學獸醫學院的"Bovine Club"（牛族俱樂部）所販售。來自作者的壓迫性圖像資料庫。
譯按：這句標語也暗示著充血的陰莖即將進入女性的身體。

「最難的部分是進入」描述的是直腸觸診,這是為了檢測母牛是否處於發情期,也就是是否準備好「繁殖」──即強制授精。每位獸醫系的學生都知道,這個動作是對母牛進行性支配的前置作業。現在,T 恤也使用相同的語言,但描繪的是一位穿著工作服的女性在進行直腸觸診。一款新的 T 恤上印有直腸觸診的圖像,並搭配標語:「這是農場裡最暖和的地方」。

二十一世紀初,一家比利時公司為豬開發了一種震動器。為什麼?因為*最難的部分是進入*。於是開發了這款震動器來刺激母豬的性慾,讓她更「配合」進行人工授精。這種震動器有根管子與裝有公豬精液的針筒相連。如果母豬「性奮」了,據說公豬的精液會更容易滑進她的子宮。

這是一個價值數十億美元的產業,透過剝削他者的身體來獲取利潤,並控制其性行為。他們迷戀乳頭、懷孕和陰莖,為動物手淫,還使用震動器。可以說,色情業的世界與動物真實生活之間的界線,可能根本不存在。

一位英國農場主曾在推特上發布了一張自己與母牛的合照,並聲稱:「這頭母牛想要我等一下幫她授精*[4]。她已經跳到我身上兩次了。事實上,是 * 她 * 企圖強暴 * 我 *。」這條推特文引發了一串討論:他所做的事情與那位「80歲老人」的行為有什麼區別?該名老人「將整隻手臂插入母牛的直腸,並一邊手淫。」[3]

人工授精和人獸交之間的區別是什麼?這是個好問題。事實上,為火雞和公牛「採精」,以及為雌性農場動物授精的行為,與人獸交的定義太過相似,以至於禁止人獸交的法規不得不為現代畜牧業的做法設立例外條款。[4]

雪伍德烤肉屋(Sherwood BAR-B-QUE)的招牌展示了兩頭豬在親熱的畫面,並解釋道:「這就是為什麼我們的烤肉永不短缺。」

位於德州的斯洛瓦切克餐廳(Slovacek's)標誌也描繪了兩頭在親熱的豬,並告訴我們:「你會愛上我們的香腸。」

---

* 譯按 4:授精 inseminate 有兩種意思:透過人工授精或性交方式傳遞精子。在此脈絡中,這名農場主暗示母牛想透過和他發生性行為得到精子。

註 3:伊恩・狄金森(Ian Dickinson)的推特文,帳號 @Iandicko73。2018 年 2 月 9 日。
https://twitter.com/iandicko73/status/961939234440581120

註 4:關於此議題,請參閱羅森伯格(Rosenberg)精彩且詳盡的文章,他提出一個重點:「畜牧業能在人獸交的法律中得到豁免,顯示人獸交者與農場主之間的關鍵性差異,不在於他們*與動物*的關係,而在於他們*與資本*的關係。」(Rosenberg, 475)

但常見的情況是,豬的圖像集中呈現了男性支配和慾望,而非愛情。這些豬不是在「做愛」,而是在「做培根」(makin' bacon)。

儘管異性戀的性行為本具有多樣的可能性,但卻被呈現為*男性對女性做的事*。

這些影像在反覆講述一個令人難過的故事,而性別平等、性能量(sexual energy)[*5]、性興趣(sexual interest)[*6]⋯⋯都到哪去了?雌性動物被當作容器,雄性動物則是行動者,但事實上他們並不是,只是被榨取的資源。

畜牧業的「科學」正是順著支配的路線前進──對性加以操控。康乃爾大學的繁殖設施中,一頭公豬被命名為阿諾・史瓦辛格(Arnold Schwarzenegger)。這頭公豬會騎到被固定住的母豬身上並射精,但這個過程帶來的壓力讓他幾乎昏厥。他的肌肉太過發達,令他幾乎無法正常行使功能。

* 譯按 5:性能量指的是與性慾、吸引力或性衝動相關的動力或活力,除了生理上的衝動,也涉及情感和心理層面的需求。一些哲學或精神傳統將其視為一種創造性力量,超越了繁殖功能,對個人發展和創作活動具有重要作用。
* 譯按 6:性興趣指一個人對性行為、性伴侶或性吸引的關注與興趣,並可能受到特定性別、性行為或情感連結的吸引。性興趣強調的是對性的關心、好奇或吸引,並不必然轉化為強烈的生理需求。

Makin Bacon 圓領長袖棉 T，攝於 2016 年加拿大多倫多的二手服裝店。© Zack Ruiter。黑白印刷無法呈現出這件衣服上豬的顏色。母豬仍是「普通白人女孩（average white girl）」，但被一頭有色豬騎跨。

"Makin' Bacon"的概念以服裝、鹽與胡椒罐組、餐盤或火柴盒等多種形式在坊間流通，甚至出現在運輸卡車上。這才叫再現的過剩！

運輸卡車，荷蘭。"Lekker bezig voor uw vlees"的意思是「提供您美味肉品」或「高效生產您的肉」。Lekker 一詞既表示「美味」，也可指某事「幹得好」（翻譯由 Geertrui Cazaux 提供）。歐洲運輸卡車的照片，匿名人士提供。

一頭豬從她狹窄的圈舍中抬起頭來。© Jo-Anne McArthur ／ Essere Animali

一隻小豬走到他媽媽面前。© Jo-Anne McArthur ／ Essere Animali

正如瓊・杜納爾（Joan Dunayer）所指出的：「公豬只有在母豬有意願，且已多次相互蹭鼻子、摩擦身體和親切哼叫的情況下，才會和她交配。」（Dunayer 1995, 13）

然而，下頁圖中「自私的胖賤貨」只不過是「做培根」的存在，毫無性感可言。

被圈養在狹欄和分娩欄中的母豬無法表達她們的母性本能——也就是在哺育和照顧小豬的過程中遠離人類。*假使*她們沒有因不當的配種方式或連續懷孕的負荷導致子宮脫垂，她們在被屠宰前，可能會遭強制繁殖達十次之多。由於這種持續的強制懷孕，美國母豬的死亡率急劇上升。「世界農場動物福利協會」（Compassion in World Farming）美國分會將卸任的執行長莉亞・加塞斯（Leah Garcés）解釋道：「我們希望她們越生越多，但這在生物學上是不可能的……我們已經把她們的身體逼到極限，而她們正在向我們表達這一點。」（引自 Greenaway）

冷凍即時餐品牌「狼吞虎嚥」（Devour Foods）宣稱：「這就是你想叉的豬肉」。一把豎立的叉子刺進一塊死肉中。「不用感到羞愧，」「狼吞虎嚥」掛保證說，「所有人都這麼做。」問題是，「你」是誰？「所有人」又是誰？彼特兄弟燒烤餐廳（Pitt Bros BBQ Project）的廣告牌大聲宣告：「培根讓我硬起來了！」（"BACON GIVES ME A LARDON"）（也有這款 T 恤販售）。這裡的「我」是誰？就是被賦予陽具象徵的主體、肉食陽具理體中心主義者（carnophallogocentric）、肉的性別政治中的得利者，也是刻意避免與女性、男同性戀和性別酷兒群體產生任何關聯的「非賤斥自我」（non-abjected self）。

在拍賣場運輸卡車中的豬隻。© Jo-Anne McArthur ／ We Animals

「自私的胖賤貨」，來自動物權益組織 Mercy for Animals 對愛荷華州最大豬場──Iowa Select Farms 的臥底調查。肥胖就表示可以被虐待嗎？圖片由 Mercy for Animals 提供。調查影片可在 www.mercyforanimals.org/pigabuse 觀看。

Bacon bitch（培根賤貨），佛羅里達州邁阿密市，2019 年 1 月。
© Mia McDonald ／ Brighter Green
譯按：下圖文字為「『性奮』了就射」

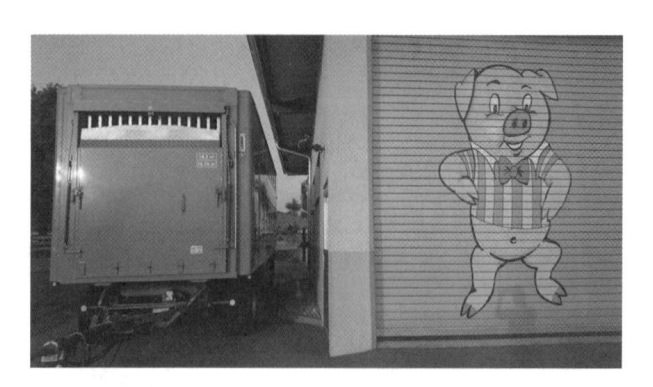

© Eva Hiestad

喬維安・帕里（Jovian Parry）指出，二十一世紀的名廚電視節目中經常出現用刀宰殺動物的橋段，各種文章也開始「滔滔雄辯，教人將屠宰視為一種充滿愛與尊重的行為」（是的，帕里就是在指麥可・波倫〔譯按：Michael Pollan，即《雜食者的兩難》一書作者〕）。帕里認為，媒體所稱的「新肉食主義」（New Carnivore）運動，更準確的名稱或許應該是「美食虐殺」（gastro-snuff）。

譯按：圖為 Against the Grain 品牌的寵物罐頭。
"Against the Grain"原指違反常規、不順應主流，在此亦可解讀為「反穀物／不含穀物」，標榜其原料為百分之百純肉。Single 指單一成分，也暗指「單身」。
標語"Let's Meat!"（一起吃肉吧！）則是諧音"Let's Meet!"（我們見面吧！）。

Pitt Bros 燒烤餐廳，愛爾蘭都柏林。© Shana Reilly

威斯康辛州德爾斯市，2020 年 2 月。© Julia Johnson
譯按：Kaminski's 牛排館的廣告：「尺寸很重要」

肉的性別政治一向透過塑造特定類型的慾望，將某種信念和行為模式植入人們心中。

現在是時候探討「陰莖」這個問題了。雞巴（cock）、骨頭（bone）、屌（prick）、棍棒（rod）── 正如這些同義詞所暗示的那樣，陰莖再現了刺穿（penetrate）的力量。

無數的陽具象徵在強化不平等的方面發揮了作用。僅僅在本書中，我們便已看到各種陽具符號：槍枝、箭矢、刀具、叉子、步槍、釣竿、鬧桿、烤肉串、驅趕杖、酒瓶、香檳瓶、澆水棒、授精棒、番茄醬瓶、啤酒瓶、電擊棒、掃把桿、蛇、吸塵器、雪茄、胎兒[5]、血紅的旗幟，甚至是肉類本身 ── 香腸、熱狗、在平底鍋中豎立的培根、七吋堡、竹籤串肉，以及漢堡：華堡、大麥克、大男孩（Big Boy）、胖男孩（Chubby Boy）和肉肉小子（Beefy Boy）。

然而，陽具並非等同於陰莖；它是一個「能指」（signifier；譯按：符號的表現形式）。男子氣概正是藉由將陽具視為超越性存在，以及能力、權力和主宰地位保證者的幻象而構建起來的[6] ── 強調這一點至為重要。然而，同樣重要的是，在雌性農場動物的生命中，陽具往往以陰莖的形象出現。

將物種的差異建構成一種階級分明、垂直的進化「階梯」與食物「鏈」，並將人類置於頂端，不正是在重申一種充滿「陽具意味」（充血／勃起）的觀點嗎？

廣告商，尤其是肉品廣告商，透過將人類男性物化，再用包裝後的形象來代表男性，強化其自我認同、態度和想法，以及對男子氣概的幻想。這些廣告混淆並誤導了身分的本質，使其看起來比實際情況更固著、更缺乏彈性。

透過色情化肉類的過程，白人菁英男性建構了某種視角和行為模式。特權創造了這種視角，然後隱匿於無形；而這些特權所應允的行徑 ── 對他人身體的利用和玩弄 ── 則被簡單地視為個人選擇。從屬於高雅藝術的攝影作品，到插畫、海報、視覺材料、廣告以及不斷流傳的網路梗圖，肉的色情政治被銘刻在其中的同時，也遭到徹底的否認。

註 5：約翰・史托騰伯格（John Stoltenberg）提出了將胎兒視為陽具的觀點。
註 6：重述自羅多爾福・皮斯科爾斯基（Rodolfo Piskorski）。

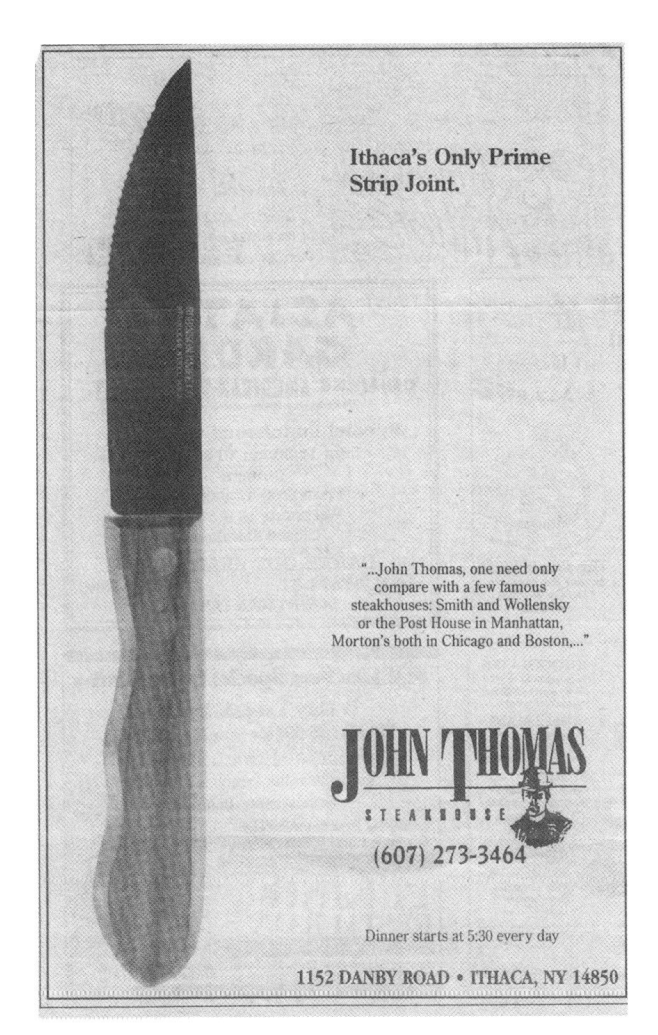

譯按：廣告標題為「伊薩卡唯一的頂級紐約客牛排館」，"prime strip joint"也有脫衣舞俱樂部之意。此雙關語將吃肉與性消費相連結，使動物與女性同時被物化為男性享樂的對象。

店名 John Thomas 是男性生殖器的俚語，強化了廣告的性暗示。

海報的主視覺為一把直立、鋒利的牛排刀，象徵男性陽具對肉體的宰制與暴力。廣告中提及的高端牛排館，如 Smith & Wollensky、Post House 和 Morton's，餐點皆價格不斐，顯示其消費客群多為社會與經濟菁英，進一步凸顯肉食、男性優越感與父權資本主義的關聯，同時將非人動物、女性與非菁英群體排除在權力結構之外。

"Makin' Bacon"

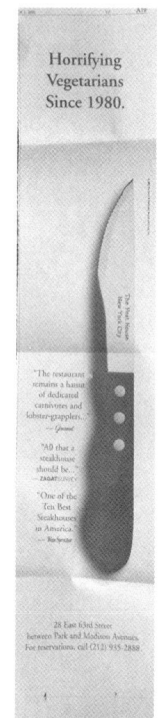

譯按：牛排館廣告。
標題為「自 1980 年起就讓素食者害怕」

譯按：「素食者可以吃麵包（屁股）」

「做培根」

370

譯按:「素食者作弊時就吃這個」

既然陽具不等同於陰莖,參與「肉的性別政治」並不必然是男性身分的固有特徵。同樣地,由於陽具不等同於陰莖,女性也可能認為她們能透過狩獵、釣魚、屠宰、直腸觸診,以及食用肉類和乳製品(或像某些白人女性支持川普那樣)來實現自我認同。即使她們在這個厭女和白人至上的世界裡無法像白人男性那樣受益,她們仍相信自己能得到好處。

儘管我們的流行文化充斥著這些稚拙的動物形象,但與此同時,拒斥這些形象背後的價值觀的思潮也在興起。在世界各地,我們看到多樣性、突破框架、顛覆性別角色(gender bending)以及爭取平等的努力。我們希望讚揚多樣化的性表現,並在自己的性生活中表達喜悅;但其他動物多元的性表現又該如何看待呢?

這些圖像中傳達有害的刻板印象,往往只因其冒犯人類的訊息而遭到抗議。然而,那些具體承受著刻板印象影響的農場動物呢?不是依然在被「搞」(getting fucked)嗎?

〈使女母雞的故事〉(*Henmaid's Tale*)，
Mary Britton Clouse 的作品。

22
藝術作為抵抗
—— Resistance ——

創作者：瑪麗・布里頓・克勞斯（Mary Britton Clouse）
作品名稱：〈使女母雞的故事〉（Henmaid's Tale）
裝置媒材：塑膠蛋、金屬籠、羊毛、紙張
尺寸：寬 4 英尺 x 深 5 英尺 x 高 2 英尺
創作年份：2018

藝術家自述

不管是什麼物種，為什麼只要是雌性身體被征服而用於繁殖，就跟女性主義有關？作品中沒看見母雞，其缺席是因為死了？逃了？還是被放了？野生的母雞每年產下十到十二顆蛋以繁育後代，在野外可以活到三十年（用籠內的雞蛋數來表示）。現代的蛋雞則被改造成為每年產下三百至三百五十顆蛋，直至因產蛋過多而死（用籠外的雞蛋數來表示）。到兩歲時，她的身體因為不斷的排卵而飽受摧殘，最終死於生殖疾病，或者因為失去生育價值而被殺。這件作品的名稱是向凱倫・黛薇斯博士（Karen Davis, PhD）撰寫的書《使女母雞的故事》（Henmaid's Tale）致敬。

譯按：凱倫・黛薇斯博士的書，全名為《大屠殺與使女母雞的故事：暴行比較的論證》（The Holocaust and the henmaid's tale: a case for comparing atrocitics 2005）。書中第 xvi 頁提到，Henmaid's Tale 的名稱是發想自《使女的故事》（Ihe Handmaid's Tale）的自創混成詞。《使女的故事》為著名作家瑪格麗特・愛特伍（Margaret Atwood）的小說，描述女性在極權社會中受到壓迫，並被用來生育的情境。

本章節的重點在於藝術家如何藉由作品表達自己的想法，所以「藝術家自述」中若提到藝術領域以外的內容，還請讀者稍加斟酌、判斷，並理解那不是本章的訊息重點所在。

〈乳房景觀〉（*Boobscape*）（可穿戴式裝置），Lynn Mowson 的作品。

| 創作者：林恩・莫森（Lynn Mowson）
| 作品名稱：〈乳房景觀〉（*Boobscape*）（可穿戴式裝置）
| 媒材：乳膠和紙巾
| 創作年份：2016

藝術家自述

這件作品指向了一種被剝削和疲憊不已的自然，她的營養狀況和健康被忽視。乳房經常被視為跟性有關的身體部位，而在這裡，乳房成為女性主義對「怪物性身體」（monstrous body）——此一富涵基進（radical）潛力的概念，進行重新詮釋的載體。在這種視角下，這些溢奶、泌乳、懷孕的身體，也就代表了某種無法被控制、無法被約束的身體。這些沉重垂掛的乳房，跨越了物種的界限，成簇的胸部／乳房／奶頭／乳頭（breasts／udders／teats／nipples）連結了哺乳動物之間共同的懷孕和泌乳、哺育和失落的經歷。對我來說，真正恐怖的「怪物」，是為了追求牛奶及其副產品，而對馴化哺乳動物生育能力的操縱（manipulation）。

譯按：作品名稱是結合了"boob"——乳房的俚俗說法，和名詞後綴"scape"的自創混成詞。在藝術領域中，"landscape"是指「風景畫」，一種描繪地景的類型。"boobscape"可以被理解為「乳房景觀」，將身體部位與自然景觀產生聯想。

〈揭露〉，Suzy González 的作品。

創作者：蘇西・岡薩雷斯（Suzy González）
作品名稱：〈揭露〉（*Exposed*）

藝術家自述

〈揭露〉是蘇西・岡薩雷斯（Suzy González）的一系列混合媒材畫作，探討了卡蘿・亞當斯（Carol J. Adams）在 *The Pornography of Meat*（2003）和《肉的性別政治》（*The Sexual Politics of Meat*）中提出的概念。使用了喚起肉體和血液聯想的簡單色調，以提醒人類同動物王國的其他成員一樣，我們都是血肉之軀。岡薩雷斯將流行廣告中「女性被動物化」與「動物被女性化」的圖像作為素材，以拼貼（collage）的手法呈現於作品。她用一種引人反思的方式，揭露了我們習以為常的現象，並批判了這種持續性的剝削。照片中可見作者亞當斯手持畫作〈侵犯〉（Assault），這幅作品提醒我們，媒體中女性和非人類動物的性化形象會延續暴力。

照片中的人物有：露西・岡薩雷斯（Lucy González）、蘇西・岡薩雷斯、麥可・門查卡（Michael Menchaca）、艾蜜莉・克拉克（Emily Clark）、露艾拉・達米可（LuElla D'Amico）和亞當斯。一行人正將〈揭露〉運送到德州聖安東尼奧的聖道大學（University of the Incarnate Word），以便在亞當斯的講座中展示。帶著作品穿過校園的情景讓人聯想到抗議遊行，我們發現自己在進行即興的行為藝術，無意中結合了藝術、行動主義和學術。這一刻，提醒了我們倡議行動要聯結其他領域的重要性。

創作者：特薇拉・弗朗索瓦（Twyla Francois）
作品名稱：〈供應中〉（*Now Serving*）
尺寸：12 英吋 x 18 英吋
媒材：壓克力與帆布

藝術家自述

大多數「人道」（humane）認證審查會提前通知檢查，而且在認證中還是准許使用母豬分娩欄（farrowing crates）。此外，這些標章的審核甚至連動物來源（如孵化場和養殖場，這些地方的雞可能每兩天才餵食一次）這樣的問題，都不在「人道」評估範圍內，但仍能發放。這些認證審查也不涵蓋運輸和屠宰過程。最終，「人道」認證只是用來創造一種「人道對待」的神話，給消費者一種可以問心無愧去吃有感知能力生物的錯覺。

譯按：畫作中黑板上的文字寫有「快樂豬，健康肉！」與「人道認證」等。

創作者：L・A・華森（L.A. Watson）
作品名稱：〈你吃的東西反映了你是誰〉（*You Eat What You Are*）
尺寸：10 英吋 x 13 英吋
媒材：數位拼貼輸出在鋁板上

藝術家自述

我在住家當地的雜貨店拍攝「肉類」貨架與購物的人們，並透過修圖「剝掉他們的皮膚」，揭露動物與我們都由肌肉／肉組成的事實。這個系列作品旨在肯定人與動物的相近性，除了人類的動物性，還突顯出我們與其他動物不只共享地球，也有同樣的脆弱之處。這個系列還聚焦於畜牧業和「吃肉」（"meat" eating）對氣候變化的重大影響。購物車上可見我設計的假廣告，使用了真實的現成圖像來記錄當前氣候變化的影響。在這幅圖像中，極地冰帽正在融化。

譯按：作品名稱是把常見的說法 "You Are What You Eat"「你就是你吃的東西」進行語序調換，使之不僅可指身分認同 —— 你吃的東西反映了你是誰，也暗示同質性 —— 你吃的東西和你的本質相同。

〈燔祭：獻給豬的聖物盒〉，Patricia Denys 的作品。

藝術作為抵抗

創作者：派翠西亞・丹尼斯（Patricia Denys）
作品名稱：〈燔祭：獻給豬的聖物盒〉（*Burnt Offerings: Reliquary Devoted to Pigs*）
尺寸：24 英吋 x 19 英吋 x 12.5 英吋
重量：25 磅
媒材：松木、金屬板、五金件、絨布、球形把手、屠刀、動物骸骨、照片和紙卡

藝術家自述

我的作品探討了社會與動物之間的關係，以及我們與自然的疏離。我們曾利用動物作為藝術中的圖騰，以及文學和宗教中的指稱（referents）來激發靈感。在這個星球上，大多數動物不再被視為神聖的或被看作是神秘的象徵。我創作了四個獻給雞、豬、羊和兔子的聖物盒。木製的外門呈現的是我們通常在文學中、裝飾品和藝術中描繪動物的方式，或者說是大多數人如何*認知*動物的方式。當門打開後，後面被蓋住的圖像就會露出，這些圖像被金屬框框起來，展示了動物被屠宰時的畫面，既象徵性又具體地呈現其命運。每個聖物盒內都存放了這些動物的骨頭，和專門為屠宰該動物而量身製造的屠刀。抽屜內裝滿了「聖徒小卡」（saint cards），展示著視覺文化中的動物圖像，例如描繪這些動物生活在如詩如畫的田園場景中的童謠或故事。同一個抽屜中還有一些相反的小卡，描繪了我們所使用的動物如何生活和死亡。這兩種卡片代表了我們對動物的常見文化認知與現實之間的巨大反差。我工作室的所有作品都歸於一個標題：*The Rendered*。

譯按："render" 的字義廣泛。在藝文領域中，"render" 指藝文作品被「加工的方式」，即其「表現手法」、「再現形式」。而在畜牧工業領域中，"render" 指「加工動物」，包括「加工動物殘渣」、「提煉動物油」。創作者利用 "render" 雙關性連結起了兩者：一方面是人類多半以美化、浪漫化等表現手法虛構動物的生活，塑造出動物在藝術、文學、童謠中的美好形象，另一方面則是動物的真實處境（被屠殺、被加工）。兩者呈現的鮮明反差突顯出這令人諷刺的荒謬事實。

創作者：凱瑟琳・艾迪（Kathryn Eddy）
作品名稱：〈Coyote Pretty......隱身於眾目睽睽之下〉（細部）（*Coyote Pretty ... Hiding in Plain Sight*, detail），來自〈城市野生郊狼計畫〉（*Urban Wild Coyote Project*）系列
媒材：復古壁紙、鉛筆、油漆
尺寸：24 英吋 x 84 英吋
創作年份：2018

藝術家自述

〈城市野生郊狼計畫〉（*Urban Wild Coyote Project*）系列作品質疑我們與那些既被商品化又被妖魔化的動物的共存方式，以及我們對其視而不見的態度。藉由利用動物叫聲模擬誘捕器／誘餌（hunting callers／lures）、電視犯罪節目中連環殺手的錄音、冰淇淋攤車的錄音、飲料杯墊、拼貼和手繪的復古家用壁紙卷、室內設計目錄，以及從線上圖庫下載的郊狼照片，我的作品邀請大家去「看見」那些未被看見的，聆聽那些經常被聽到卻被誤解的郊狼，並思考殺戮／狩獵的商品化，以及我們文化中對連環殺手／獵人的持續迷戀。這幅圖像是一幅畫在壁紙上的作品，強調了郊狼隱身於眾目睽睽之下的能力，以及人類動物的無能 ── 無法將其視為有感知力和高度適應能力的生物。

譯按：作品名稱 *Coyote Pretty* 與俚語 "Coyote Ugly"「醜得像郊狼的人」有關，是把被醜化的動物翻轉成「美」（pretty）。

創作者：伊薇特・瓦特（Yvette Watt）
作品名稱：〈Shoot 的唯一一種方式〉（*The only way to shoot*），此攝影照片來自"Duck Lake"行為藝術／抗議活動
攝影：伊薇特・瓦特（Yvette Watt）

藝術家自述

Duck Lake 計畫是一場結合藝術與行動主義的活動，於 2016 年 3 月在澳洲塔斯馬尼亞的毛爾汀潟湖（Moulting Lagoon）舉行，正值當地鴨狩獵季的開幕早晨。這場表演在一個漂浮在潟湖上的舞台上進行，六位舞者身穿亮粉紅色芭蕾舞裙、戴著工地安全帽、穿著粉紅色迷彩緊身褲，演出一段根據柴可夫斯基的《天鵝湖》所編排的舞蹈。這場表演的目的是對抗獵鴨者的極端男性氣質，同時藉由媒體引起關注，並鼓勵更多野鴨救援者參與開幕週末，以減少鴨子被射殺的數量。這場活動在各方面都很成功，媒體報導非常正面且詳盡，此外，超過三十名的動保人士在潟湖上揮舞著粉紅色閃亮的旗幟，乘著獨木舟拖著粉紅色的「誘餌」，成功地嚇跑了許多鴨子，使其免於死在獵人槍下。

譯按：作品名稱 The only way to shoot 意指動物宜被相機「拍攝」，而不宜被槍「射擊」。

〈母豬：我的身體屬於我〉，Janell O'Rourke 的作品。
噴墨輸出的木刻版畫，貼於紐約布魯克林一家關閉的屠宰場牆壁上，2017 年。

〈母雞：我的身體屬於我〉，Janell O'Rourke 的作品。
噴墨輸出的木刻版畫，貼於紐約布魯克林活禽商店既有的壁畫上，2017 年。

創作者：珍奈爾・奧羅克（Janell O'Rourke）
作品名稱：〈我的身體屬於我〉（*My Body is Mine*）系列

藝術家自述

這個藝術作品系列是一種生態女性主義的抗議，將女性主義與動物保護連在一起。作品中，木刻版畫的非人動物剪影裡含有「我的身體屬於我」這句話。木刻版畫作為一種媒介，有著長久的社會抗議和無政府主義的歷史，因此，我藉由這種形式延續抵抗的傳統。我的第一幅木刻作品是張貼在一個廢棄屠宰場牆壁上，十九世紀末到二十世紀初期有大量動物在那裡被屠宰。從那之後，我萌生了將這些木刻作品張貼在我所在的社區，及現存於皇后區的「活禽」屠宰場附近的想法。我這樣做是為了見證那些無名的苦難和死亡。根據紐約農場動物拯救組織（New York Farm Animal Save）的資料，在紐約市的五個行政區內，有超過八十家活體屠宰商店。走進一家「活禽」商店，屠宰場的惡臭撲鼻而來，層層堆疊的骯髒籠子沿著四周的牆面排列。當顧客想購買動物時，一個穿著長塑膠圍裙和橡膠靴的男子會從籠子裡一把抓出受驚的動物，這讓同籠的動物驚恐不已。接著男子抓住她的腳或後腿，將她倒提著 —— 她拼命拍打翅膀，身體瘋狂扭動，淒厲地哭叫著。短短幾分鐘內，她就被綁住、稱重 —— 殺死。顧客隨後接過一個塑膠袋，內有一具屍體，而餘溫尚存。

「我的身體屬於我」的信念，從那個帶著悲傷歷史且被遺忘的地方萌芽，如今已成為我內心深處的共鳴 —— 每當我張貼這些作品時，我彷彿清晰地聽見動物們如此泣訴。我思考著一位藝術家朋友提出的問題：「什麼樣的生命值得被哀悼？」每當我張貼作品到牆上時，我都會拍張照片。不出幾天，畫就被撕毀了。

Cock Stock。Hester Jones 的作品。

創作者：海斯特・瓊斯（Hester Jones）
作品名稱：*Cock Stock* © Hester Jones 2019
尺寸：40 公分 x 30 公分
創作年份：2019

藝術家自述

受到卡蘿・亞當斯的書 *The Pornography of Meat*（2003），及其「缺席的指涉對象」（absent referent）理論的啟發，作品 *Cock Stock* 旨在破壞視覺文化中對女性的動物化、對動物的性化，並動搖父權社會中相互交織的壓迫、物化和對女性及非人類動物的控制。

作品運用 rollage 拼接技術斷裂圖像，仿製了一個（像百葉窗的）翻頁廣告看板，解構了一個 1980 年代的「保衛爾」（Bovril）廣告，廣告中一位女性身穿「性感」雞裝為男性凝視而表演。

保衛爾廣告被剃刀切割成條狀，並與一張當代國際時尚雜誌中，描繪男性在鬥雞時注視著 cock 的照片結合在一起。這種切割的表現手法，暗示了鬥雞者（通常是男性）將剃刀片綁在公雞腿上的行為，以增加鬥雞時的血腥與殘忍。此外，剃刀還象徵著許多女性想逃避內在自我厭惡時，用剃刀自殘的行為。更不用說，剃刀也象徵女性為了迎合男性而剃除體毛的行為。藉著解構一位女性身穿「性感」雞裝表演的形象，*Cock Stock* 揭示了她身上易受侵犯的特徵 —— 例如纖細的腰身、刻意突顯的胸部、光滑的雙腿 —— 同時也是不平等的象徵，女性從小被教導去展示這些特徵，而非安然自得地擁有它們。

藉由重新拼接，以及從女性主義視角重新審視由男性主導的對女性和動物的凝視，這件作品旨在顛覆父權制的消費觀，並有助於消除製造「缺席指涉對象」的結構。透過消除對女性和動物在性方面的物化和暴力，並強調女性擁有更重要的角色，這些廣告被轉化為一種詩意的呼籲，召喚人類意識進化到更高的層次，並生活在一個更加公正的世界中。

譯按：作品名稱 *Cock Stock* 具有多重含義。"cock" 既可指「公雞」，也有「陰莖」的意思，而 "stock" 有「存貨」、「庫存」的意思，暗指女性和動物被被物化。"stock" 也可以指「高湯湯底」，"chicken stock" 就是「雞湯」，作品中引用了 1980 年代「保衛爾」（Bovril）廣告，Bovril 本身即為一種肉汁提取物。

誌謝
ACKNOWLEDGMENTS

在我注意到政治和媒體再現的發展，以及我對《肉的性別政治》(*The Sexual Politics of Meat*) 這本書的理論有更深入的理解後，我才意識到徹底更新 *The Pornography of Meat*（2003）的必要性。

不過遺憾的是，在更新這些圖片時，我並不缺例子。這本書比第一版多了 130 張圖片。在討論這些具壓迫意涵的圖像時，我引用了自本書第一版出版以來發表的一些文章。我想要感謝曾與我合作的編輯，他們為人慷慨，也給予我許多協助，包括 Nuria Almiron、Mathilde Cohen、M. Cole、Josephine Donovan、C. P. Freeman、Lori Gruen、Yoriko Otomo、John Sanbonmastu 和蘿拉‧萊特。感謝「小事物大啟發」系列（the "Object Lessons" series）叢書的編輯 Ian Bogost 和 Christopher Schaberg 把《漢堡》納入其中，並和我一起完善這本書。感謝 *Tikkun* 雜誌的 Adam Morris 和拉比 Michael Lerner、OpenDemocracy 網路平台的 *Transformation*（轉變）單元主編 Michael Edwards，以及 *TruthDig* 新聞網的前編輯 Eunice Wong 邀請我向讀者介紹我的想法，這些經驗都幫我打磨了自己的觀點。

我也引用了多年來從演講中逐漸發展出的想法；這些演講包含由「文化與動物基金會」和北卡羅萊納州立大學哲學系聯合主辦的首屆湯姆‧雷根（Tom Regan）紀念講座，在墨西哥城舉辦的第四屆「關注動物」（Minding Animals）會議中馬蒂‧基爾全體大會（Marti Kheel Plenary Presentation）的發言，以及在牛津大學的演講（「為什麼肉的性別政治在2018年仍然很重要？」）和2019年第五屆哈佛動物法律週的演講（「#MeToo與肉的性別政治」）。

真正啟動這項計畫的人是藝術家 Susan kae Grant。她在 1994 年主動提出為《肉的性別政治》和《非人亦非獸》(*Neither Man nor Beast*) 中的圖像製作幻燈片。她還在 1995 年 3 月的美國攝影教育學會全國會議上，第一次展示了這些幻燈片。自那時起，「肉的性別政治幻燈片展」已在超過 175 所學院和大學校園中展出。

在《肉的性別政治》出版後，女性主義藝術家開始聯繫我，讓我的生活變得更豐富，也深化了我對抵抗的可能性的理解。我推翻了自己在本書第一版〈抵抗〉那一章中的觀點，並把所有篇幅讓給了藝術家，她們的作品就是抵抗的體現。感謝 Mary Britton Clouse、lynn mowson、Suzy González、Twyla Francois、L. A. Watson、Patricia Denys、Kathryn Eddy、Yvette Watt、Janell O'Rourke 及 Hester Jones 允許我在第 22 章中使用她們的藝術作品。

我還要感謝喬－安・麥克阿瑟（Jo-Anne McArthur）；身為一名攝影記者，她努力不懈地記錄世界各地動物的生活，並透過 We Animals Media 慷慨地分享她的照片。感謝 Kale Ridsdale 和 Vanessa Garrison 在我使用 We Animals 強大的圖像資料庫時提供的幫助。

和 Matthew Calarco 一起討論德里達、歐陸理論及女性主義理論的兩次對話非常愉快。我也從與 Lori Gruen、Lauren Ornelas、pattrice jones、已故的 Marti Kheel，以及許多來自動權運動的 ＃ MeToo 受害者的熱烈討論中獲益良多。感謝 Keith Akers、Patricia Barrera、Pat Davis、pattrice jones 和 Mary Hunt 閱讀第一版手稿的部分內容，也感謝 Fiona Probyn-Rapsey、Matthew Calarco、Jessica Eisen、Michael Wise 和 Bec Wonders 閱讀了修訂版手稿的部分內容。感謝 Aime Hamlin 在 2000 年心血來潮地創造了「擬人化色情」（Anthropornography）一詞。感謝 John Tagg、Patricia Hill Collins 和 Rosemary Garland-Thomson 允許我在題詞裡使用他們的話語；我也懷著感激之情緬懷女性主義思想家 Doreen Massey 和 Melinda Vadas。

感謝 Bloomsbury 團隊協助這個新版本的出版，感謝倫敦辦公室的 David Avital 促成了這項計畫，感謝紐約辦公室的 Haaris Naqvi 接下了任務，以及 Abigail Naqvi、Amy Martin、Rachel Walker、Rachel Moore、製作團隊、版權和翻譯部門對這本書，以及所有我在 Bloomsbury 出版的書的支持。謝謝 Matt Sparrow 編輯文稿，謝謝來自 Integra 的 Damian Penfold、Deborah Maloney 和 Sarah McNamee 在圖文排版方面的協助。書中所有錯誤均由我個人承擔。

感謝理查森公共圖書館的所有工作人員，尤其是 Marilyn Comte（協助 2003 年的版本）和 Jane Nearing（協助 2020 年的版本），以及幫助我取得研究文章、廣告和所需書籍的館際互借部門。

Patti Breitman 和 Werner Mark Linz 同時提出了作為 The Sexual Politics of Meat 姐妹作的本書書名 The Pornography of Meat。

謝謝本書原版的編輯 Evander Lomke，還有 Bruce、Doug、Kelly 和 Ben Buchanan，不只是因為他們擔任了攝影師的工作，還包括他們對這個作品和作者的支持。也謝謝 Ben 協助處理了幾張影像。

自從《肉的性別政治》出版以來，我一直在定期更新和管理一個壓迫性圖像的檔案庫，這些圖像都是讀者從世界各地看到並寄給我的。這些草根社會學家不僅寄來了照片，還寄來了海報、T恤、賀卡、火柴盒、漫畫、磁鐵、菜單、啤酒瓶、新聞剪報，以及他們在日常生活中遇到的其他小物件，他們理解這些圖像展示且強化了物化的主流觀點。這些物件如今構成了我在維護的「壓迫性圖像資料庫」。我對倡議者、學者、讀者、朋友和家人深表感激。

一些讀者寄給我的郵件，裡面是關於「肉的性別政治」的插圖。2002 年。

謝謝寄圖片來給我的大家——尤其是那些花時間停下來拍照的人——感謝你們發來如此……嗯……令人不安的信件、電子郵件，和社交媒體上傳送的訊息及貼文。將這些圖像寄給我也構成了一種抵抗行為，因為這舉動是辨識出它們所代表的，持續存在的厭女症、白人至上主義、恐同症和人類中心主義態度。

感謝以下的草根社會學家和我分享他們的照片或故事。如有遺漏還請見諒！

Sue Abromaitis、Christina Accomando、Khursh Mian Acevedo、Jacqueline Adamescu、Jane Adams、已故的 Muriel Adams、Nancy Adams、Ralph Acampora、Andy Alexis-Baker、Kecia Ali、Carol Ames、Matteo Andreozzi、Yanoula Athanassakis、Nicolas Atwood、Keith Akers、Lisa Alexander、Meera Atkinson、Steve Baker、Patricia Barrera、Michael Battey、Alexandra Bass、Batya Bauman、Gene Baur、Kirsten Bayes、Adriana Pisano Beaumont、Delphine Bernhard、Bonnie Berry、已故的 Rynn Berry、Nancy Bischof、Diana York Blaine、Dirk Boeckx、Mira Bogicevic、Patti Breitman、Benjamin Brenkert、Garrett Broad、Hailey Broderick、Asher Brown、Sarah E. Brown、Camille Brunel、Benjamin Buchanan、Douglas Buchanan、Janine Calder、Georgia Calimeres、Baird Callicott、Ashley Capps、Jean Marie Carey、Laura Carey、Carl Carman、Sarah Cawley、Geertrui Cazaux、Elaine Charkowski、Liz Chiarello、Robert Chiles、Jagoda Cierniak、Ethan Ciment、Maynard Clark、Merritt Clifton、 Glen Close、Matthew Cole、Karen Cottenden、Allison Covey、Nikki Craft、Lee Craig、Emily Culpepper、Teva D.、Lois Davidson、Pat Davis、Karen Davis、Richard De Angelis、Patricia Denys、Simone de Lima、David Del Principe、Grattan Denning、Kristof Dhont、Alice Di Concetto、Kelly Coyle DiNorcia、Jonathan Dickstein、Tim Doble、Josephine Donovan、Tim Doucette、Mark Dunkelman、Cynthia Eller、Ian Elwood、Margaret Ende、Allison Ezell、Stacy Erickson、Robert Faeder、Mary Kate Fain、Clare Farrow、Julia Feliz、Priscilla Feral、Debra Ferreday、Georg Feuerstein、Trisha Lamb Feuerstein、Lisa Findley、Mary Finneli、Beth Fiteni、Amy Fried、Bee Friedlander、Mary Finelli、Alyson Fortowsky、Marie Fortune、Melinda Fox、Paula Franklin、Kathy Frith、Mike Furlong、Greta Gaard、Donelle Gadenne、Lynn Gale、Greg Gallinger、Paolo Gatto、Anne Ganley、Pax Ahimsa Gethen、Laura

Gersony、Julie Giroux、Andrew Glick、Leslie Robinson、Goldberg、Stacy Goldberger、Mitch Goldsmith、Jennifer Goolsby、Erin Red Grayson、Jonathan Grindell、Jennifer Grubbs、Lori Gruen、Brian Hageman、Megan Hagler、Matt Halteman、Amie Hamlin、Carole Hamlin、Daniel Hammer、Kyle Hancock、Kevin Hargadan、Molly Hatcher、Mark Hawthorne、L. Herrick、Alex Hershaft（譯按：動權組織FARM共同創辦人暨主席）、Maho Hisakawa、Denise Hollenbach、 Mary Holmes、Stephanie Holt、Mary Hunt、Danne Jobin、Tyler Johns、Julia Johnson、Elizabeth Catherine Jones、Hester Jones、 pattrice jones、Brandon Juhl、Larry Kaiser、Tracy Kalkwarf、Susanne Kappeler、Katie Karlson、Robin Karell、Gus Kaufman、Scott Keating、已故的Marti Kheel、Danielle Kichler、David Killoren、Rebecca Kingdom、Christina Kirkpatrick、Lisa Hussein Knaggs、Adam Kol、Lisa Kramer、Nora Kramer、Rachel Krantz、Kim Kreger、Patrick Kwan、Jeff Kunz、Nancy Lancy、Eveline Lang、Amanda Laughtland、Erin Laurence、Vance Lehmkuhl、Dominic Lennard、Kristofer Leander、Doris Lin、Vittoria Lion, Tai Little、Jayne Loader、Patricia Lopez、Dana Lossia、L. Phillip Lucas、Sheri Lucas、Brian Luke、Nadio Lubiw-Hazard、Evander Lomke、Mia McDonald、Cathleen McGuire、Hayley McNally、Mychael McNeely、Marcus McTurk、Jacinta Mack、Chaone Mallory、Danielle Marino、Colleen Martell、Glenn Martini, S. Leigh Matthews、Bethwyn Mell、David Meltzer、Manuela J. F. Menezes、Virginia Messina、Allison Miller、Alyssa Miller、Dawn Moncrief、Liz Monnin、Lucy C Morgan、Charles Morin、Katelynn Mudgett、Doug Muller、 Louise Munsch、Rory Murphy、Cheryl Muscarella、Joseph K. Nagle、Justin Natoli、Chad Nelson、Pamela Nelson、Ingrid Newkirk（是的！她寄給我火雞鉤子；譯按：Ingrid Newkirk是國際最大的動權組織PETA的創辦人暨主席）、Diann Neu、Faridah Newman、Bo Novak、Antti Nylen、Sean O' Callaghan、Stacia Ott、Alexandra Paddock、Sahra Pak, Florence Pelissier-Combescure、Susan Peppers、John Phillips、Brinda Poojary、Kate Louise Powell、Luc Prevost、Gretchen Primack、Susan Prolman、Katherine Pryde、Carolyn Raiser、Liz Randol、Jinendra Ranka、Samantha Raue、Kevin Read、Emma L. E. Rees、Marguerite Regan、已故的Tom Regan、Abrhil Renard、Pete Reynolds、Estiva Reus、Pamela Rice、Xochi Rick、Michelle Rivera、Sarah Sue Roberts、L. C. Robertson、已故的Bina Robinson、Martin Rowe、Zach

Ruiter、Diana Russell、Janelle Ryznar、Emelia Quinn、Allison Rivers Samson、Mike Scarbor、J. A. Schiebout、Sarah Schmidt、Maxwell D. Schnurer、Carolyn Schwartz、John Seebach、Kamber Sherrod、Hannah Sierp、Scott Silk、Kristine Simon、Rebekah Sinclair、Jasmin Singer、Bryn Skibo-Birney、Sarah Jane Smiley、Kim Socha、Lindsay Spaar、Dan Spencer、Mary Zeiss Stange、Alison Stanley、Danielle Stallings、Kim Stallwood、Eileen Stark、Lynn Starner、David Gavin Steib、Jason Stevens、Vicki Stevens、Kate Stewart、Cheryl Stibel、Kim Sturla、Julia Tanenbaum、Deborah Tanzer、Angus Taylor、Cookie Teer、Emily Thomas、Lee Ann Thrill、Michael Tillman、Jordan Toland、Ben Tonks、Paul Tritschler、Cathleen Tracy、Nancy Tuana、Claire Marie Turner、Bernie Unti、已故的 Melinda Vadas、Jan Valois、Justin Van Kleeck、Stephen Verchinski、Alex Vince、Vine Sanctuary、Juha Virtanen、Rosemary Anne Waigh、Cynthia Walker、Karen Warren、Mischa Warren、Kevin Watkinson、Zoe Weil、Steve Wells、Elena Wewe、Richard J. White、Christine L. Williams、Stephanie "Effy" Williams、Tiina Wilson、Delora Wisemoon、Lora Woollven、Corey Wrenn、Andrew Wright、Laura Wright、Andrea Yandreski、Roger Yates、Lagusta Yearwood、Laurel Zastrow、Agnes Zawadzka，以及 Tita Zierer。

最後，感謝過去三十年來所有閱讀《肉的性別政治》的讀者，感謝你們和我保持聯繫，幫助我思考這些議題。

holly selph
@hollyuponpoppy
Mar 15

Read The Sexual Politics of Meat by @_CarolJAdams and get back to me when you realize my body isn't the solution to your hunger or boredom.

「去讀＃卡蘿亞當斯的《肉的性別政治》。當你明白我的身體不是滿足你飢渴或讓你不無聊的消遣時，再來找我。」

參考書目
BIBLIOGRAPHY

註:所有 A 至 E 的線上引用,於 2020 年 1 月 28 日確認過,F 至 P 於 2020 年 1 月 29 日確認,Q 至 Z 於 2020 年 1 月 30 日確認。

Acocella, J. 1995. "My Ex-Husband and the Fish Dinner." *The New Yorker*, December 11, p. 120.

Adams, C. J. 1990/2015. *The Sexual Politics of Meat: A Feminist- Vegetarian Critical Theory*. London and New York: Bloomsbury Academic.

Adams, C. J. 1994/2018. *Neither Man nor Beast: Feminism and the Defense of Animals*. London and New York: Bloomsbury Academic.

Adams, C. J. 2018. *Burger*. New York and London: Bloomsbury Academic.

Adams, C. J. 1996. "Woman-Battering and Harm to Animals" in C. J. Adams and J. Donovan, eds., *Animals and Women: Feminist Theoretical Explorations*. Durham: Duke University Press, 55–84.

Adams, C. J. 1997/2016. "'Mad Cow' Disease and the Animal Industrial Complex: An Ecofeminist Analysis." *Organization and Environment* 10 (1): 26–51. Reprinted in *The Carol J. Adams Reader*, New York and London: Bloomsbury, 2016.

Adams, C. J. 2007/2016. "The War on Compassion" in J. Donovan and C. J. Adams, eds., *The Feminist Care Tradition in Animal Ethics*. New York: Columbia, 21–36. Reprinted in The Carol J. Adams Reader. New York and London: Bloomsbury, 2016.

Adams, C. J. 2014. "Why a Pig? A Reclining Nude Reveals the Intersections of Race, Sex, Slavery, and Species" in C. J. Adams and L. Gruen, eds., *Ecofeminism: Feminist Intersections with Other Animals and the Earth*. New York and London: Bloomsbury, 209–24.

Adams, C. J. 2016a. "Consumer Vision: Speciesism, Misogyny, and Media" in N. Almiron, M. Cole, and C. P. Freeman, eds. *Critical Animal and Media Studies*. New York: Routledge, 56–73.

Adams, C. J. 2016b. "Female Reproductive Exploitation Comes Home." *Truthdig*. December 10. https://www.truthdig.com/articles/female-reproductive-exploitation-comes-home/

Adams, C. J. 2016c. "The Sexual Politics of Meat." *Transformation*. August 22. https://www.opendemocracy.net/transformation/carol-j-adams/sexual-politics-of-meat

Adams, C. J. 2016d. "Misogyny and Misery on the Menu." *Tikkun*. Spring "Food Politics" Issue. (31, no. 2): 30–34.

Adams, C. J. 2017. "Feminized Protein: Meaning, Representations, and Implications" in M. Cohen and Y. Otomo, eds., *Making Milk: The Past, Present, and Future of Our Primary Food*. London: Bloomsbury, 19–40.

Adams, C. J. 2019. "The Sexual Politics of Meat in the Trump Era" in Laura Wright, ed., *Through a Vegan Studies Lens: Textual Ethics and Lived Activism*. Reno: University of Nevada Press, 51–72.

Adams, C. J. and Matthew Calarco. 2016. "*Derrida and The Sexual Politics of Meat*" in Annie Potts, ed., *Meat Culture*. Leiden and Boston: Brill, 31–53.

Adams, C. J. and Matthew Calarco. 2020. "The Ground of Animal Ethics" in Kristof Dhont and Gordon Hodson, eds., *Why We Love and Exploit Animals: Bridging Insights from Academia and Advocacy*. New York: Routledge, 303–20.

Adegoke, Yomi. 2019. "Alexa, why does the brave new world of AI have all the sexism of the old one?" *The Guardian*. May 22. https://www.theguardian.com/lifeandstyle/2019/may/22/alexa-why-does-the-brave-new-world-of-ai-have-all-the-sexism-of-the-old-one

Alliance to End Chickens as Kaporos. 2017. http://endchickensaskaporos.com/170927_nyc_residents_and_visitors_to_hold_candlelight_vigil.html

Amis, Martin. 1992. Introduction to Vladimir Nabokov's *Lolita*. Everyman's Library. New York: Alfred A. Knopf.

Anderson, L. V. 2013. "The Men Who Eat Anything." *The Slate Book Review*. November 7. http://www.slate.com/articles/arts/books/2013/11/dana_goodyear_s_anything_that_moves_reviewed_a_new_yorker_writer_takes_on.html

Anderson, Virginia DeJohn. 2004. *Creatures of Empire: How Domestic Animals Transformed Early America*. Oxford and New York: Oxford University Press.

Andrews, Suzanna. 1992. "She's Bare. He's Covered. Is There a Problem?" *The New York Times*, November 1, II13–14.

Arrowood, Emily. 2016. "The Very Definition of Sexual Assault." *U.S. News and World Report*. October 7. https://www.usnews.com/opinion/articles/2016-10-07/hot-mic-catches-donald-trump-bragging-about-sexual-assault

Associated Press. 1999. Report on Kitten Reynolds, posted to the web, July 9.

Bagemihl, Bruce. 2000. *Biological Exuberance: Animal Homosexuality and Natural Diversity*. New York: Stonewall Inn Editions.

Bailey, Moya and Trudy. 2018. "On Misogynoir: Citation, Erasure, and Plagiarism." *Feminist Media Studies* 18 (4): 762–8.

Baldinger, Alex. 2019. "New Country for Old Cows. " *Modern Farmer*. April 29. https://modernfarmer.com/2019/04/new-country-for-old-cows/

Barbaro, M. and M. Twohey. 2016. "Shamed and Angry: Alicia Machado, a Miss Universe Mocked by Donald Trump." *The New York Times*. September 27.https://www.nytimes.com/2016/09/28/us/politics/alicia-machado-donald-trump.html

Barrow, Josh. 2017. "Liberals Can Win Again if They Stop Being So Annoying and Fix Their 'Hamburger Problem.'" *Business Insider*. July 17. https://www.businessinsider.com/liberals-can-win-if-they-stop-being-so-annoying-2017-7

Barry, K. 1979. *Female Sexual Slavery*. Englewood Cliffs, NJ: Prentice Hall. Bartky, Sandra Lee. 1977. "Toward a Phenomenology of Feminist Consciousness," in Mary Vetterling-Braggin, F. A. Elliston and Jane English, eds., *Feminism and Philosophy*. Totowa, NJ: Littlefield, Adams & Co, 22–34.

Bates, Laura. 2017. "'Ugly women don't sell burgers'—the trickle-down effect of Team Trump." *The Guardian*. January 18. www.theguardian.com/us-news/2017/jan/18/trickle-down-effect-team-trumps-labour-secretary-nominee-andrew-puzder

Bederman, Gail. 1996. *Manliness and Civilization: A Cultural History of Gender and Race in the United States, 1880–1917*. Chicago: University of Chicago Press.

Belew, Kathleen. 2018. *Bring the War Home: The White Power Movement and Paramilitary America*. Cambridge, MA: Harvard University Press.

Benedictus, Leo. 2015. "Charlie Brooker on Cameron and #piggate: 'I'd have been screaming it into traffic if I'd known.'" *The Guardian*. September 21. https://www.theguardian.com/tv-and-radio/shortcuts/2015/sep/21/pigs-prime-minister-black-mirror-ashcroft-allegation-charlie-brooker

Berenstein, Erica, Nick Corasaniti and Ashley Parker. 2016. "Unfiltered Voices from Donald Trump's Crowds." *The New York Times*. August 3. https://www.nytimes.com/video/us/politics/100000004533191/unfiltered-voices-from-donald-trumps-crowds.html

Berger, J. 1972. *Ways of Seeing*. New York: Penguin Books. Berson, Josh. 2019. *The Meat Question: Animals, Humans, and the Deep History of Food*. Boston: MIT Press.

"Betiquette." New South Wales Government. https://www.responsiblegambling.nsw.gov.au/betiquette

Biesel, Matthias. 2019. "NRW: Fleischlieferant schockiert mit Plakat – „Ekelhafteste Werbung ever." [NRW: meat supplier showed with poster—'the most disgusting advertising ever']." *Der Westen*. August 8.

https://www.derwesten.de/region/nrw-fleischlieferant-schockiert-mit-diesem-plakat-ekelhafteste-werbung-ever-id226852527.html
Black, William R. 2014. "How Watermelons Became a Racist Trope." *The Atlantic*. December 8. https://www.theatlantic.com/national/archive/2014/12/how-watermelons-became-a-racist-trope/383529/
Blair, Elaine. 2019. "Fighting for Her Life."*The New York Review of Books*. June 27. https://www.nybooks.com/articles/2019/06/27/andrea-dworkin-fighting-for-her-life/
Bogle, Donald. 2001. *Toms, Coons, Mulattoes, Mammies, and Bucks: An Interpretive History of Blacks in American Films*. New York and London: Continuum.
Boisseron, Bénédicte. 2018. *Afro Dog: Blackness and the Animal Question*. New York: Columbia University Press.
Bolger, Dana. 2012. "Amherst College: 'Roasting Fat Ones Since 1847.'" *AC Voice*. October 8. https://acvoice.wordpress.com/2012/10/08/amherst-college-roasting-fat-ones-since-1847/comment-page-1/
Boose, Lynda E. 1991. "Scolding Brides and Bridling Scolds: Taming the Woman's Unruly Member." *Shakespeare Quarterly* 42 (2): 179–213.
Bourke, Latika. 2013. "Liberal National Party Candidate Mal Brough Apologises for 'Offensive and Sexist' Menu Which Mocked Julia Gillard's Body." *ABC News*. June 11. https://www.abc.net.au/news/2013-06-12/mal-brough-says-sorry-for-menu-jibe-at-gillard/4748516
Bouton, Jim. 1970/1990. *Ball Four: Twentieth Anniversary Edition*, ed. Leonard Shecter. New York: MacMillan.
"Boy,16,Wins Ticket to T&T'Sex Fete'– Report. Dad Okays Dream Trip."2018. *Trinidad and Tobago Guardian*. December 11.https://www.guardian.co.tt/news/boy-16-wins-ticket-to-tt-sex-fete-report- 6.2.734635.730b5b70af
Brown, Maressa. 2012. "Hilarious 'Fifty Shades of Chicken' Trailer Will Leave You Wanting More." *CafeMom*. November 8. http://thestir.cafemom.com/food_party/146338/hilarious_50_shades_of_chicken
Brubach, H. 2008. "Real Men Eat Meat: Waving the Blood-Red Banner High." *The New York Times*, March 9, p. 116.
Brueck, Julia Feliz. 2017. *Veganism in an Oppressive World. A Vegans-of-Color Community Project*. Sanctuary Publishers.
Bruni, F. 2007. "Where Only the Salad is Properly Dressed." *The New York Times*. February 28. https://www.nytimes.com/2007/02/28/dining/reviews/28rest.html
Buckley, Cara. 2018. "Men Outtalk Women 2 to 1 on the Big Screen, Study Finds." *The New York Times*. July 31. https://www.nytimes.com/2018/07/31/movies/study-women-speaking-in-movies.html
Butts, Edward. 2016. "Robert Pickton Case." *The Canadian Encyclopedia*. July 26. https://www.thecanadianencyclopedia.ca/en/ article/robert-pickton-case

Calvo, Luz and Rueda Esquibel. 2015. *Decolonize Your Diet: Plant- Based Mexican-American Recipes for Health and Healing*. Vancouver: Arsenal Pulp Press.

"CandidCoroner." 2016. "Burger King's Mind-Blowing Ad." *Linkr* (formerly *NewsActivist*). February 14. http://www.newsactivist.com/en/articles/gendered-world-views-section-10-winter-2016/burger-kings-mind-blowing-ad

Carney, Judith and Richard Nicholas Rosomoff. 2011. *In the Shadow of Slavery: Africa's Botanical Legacy in the Atlantic World*. Berkeley, CA: University of California Press.

Cary, Lorene. 1991. *Black Ice*. New York: Vintage Books.

Cavanaugh, Jillian. 2013. "When Is a Kebab Not Just a Kebab? Local Conflict, Global Food in Northern Italy." *Globalizing Foodways* (Glocalización alimentaria) 37 (2): 193–212.

Chang, Iris. 1997. *The Rape of Nanking: The Forgotten Holocaust of World War II*. New York: Basic Books.

Clark, Kate. 1998. "The Linguistics of Blame: Representations of Women in the Sun's Reporting of Crimes of Sexual Violence" in Deborah Cameron, ed., *The Feminist Critique of Language*. London and New York: Routledge, 183–97.

Clark-Flory, Tracy. 2019. "Jeffrey Epstein and the Oxymoron of 'Underage Women.'" Jezebel. July 10. https://jezebel.com/jeffrey-epstein-and-the-oxymoron-of-underage-women-1836247451

Cole, Matthew and Karen Morgan. 2011. "Vegaphobia: Derogatory Discourses of Veganism and the Reproduction of Speciesism in UK National Newspapers." *The British Journal of Sociology* 62 (1): 134–53.

Collins, Patricia Hill. 2000. *Black Feminist Thought: Knowledge, Consciousness, and the Politics of Empowerment*. Tenth Anniversary Edition. New York and London: Routledge.

Collins, Patricia Hill. 2005. *Black Sexual Politics: African Americans, Gender, and the New Racism*. New York: Routledge.

Conniff, Richard and Geoffrey Giller. 2014. "Iconic. Almost by Accident." *Yale Alumni Magazine*. November/December: 48–53.

Copyranter. 2009. "Human Trafficking Awareness Advertising Comes to the Supermarket Meat Case." June 3. http://copyranter.blogspot.com/2009/06/human-trafficking-awareness-advertising.html

Cortese, Anthony. 1999/2008. *Provocateur: Images of Women and Minorities in Advertising, Third Edition*. New York: Rowman & Littlefield Publishers.

Crenshaw, Kimberlé. 1992. "Whose Story Is It, Anyway?: Feminist and Antiracist Appropriation of Anita Hill" in Toni Morrison, ed., *Race-ing Justice, En-gendering Power*. New York: Pantheon Books, 1992, 402–40.

Criado-Perez, Caroline. 2019. *Invisible Women: Exposing Data Bias in a World Designed for Men*. New York: Harry N. Abrams.

Cudworth E. 2008. "Most Farmers Prefer Blondes: The Dynamics of Anthroparchy in Animals' Becoming Meat." *Journal for Critical Animal Studies* 6 (1): 32–45.

D'Agostino, Ryan. 2011. *Eat Like a Man: The Only Cookbook a Man Will Ever Need*. San Francisco: Chronicle Books.

Davis, Karen. 2005. *The Holocaust and the Henmaid's Tale: A Case for Comparing Atrocities*. Brooklyn, NY: Lantern Books.

Deckha, Maneesha. 2010. "The Subhuman as a Cultural Agent of Violence." *Journal for Critical Animal Studies* 8 (3): 28–51.

Deloria, Philip J. 1998. *Playing Indian*. New Haven and London: Yale University Press.

Deloria, Philip J. 2004. *Indians in Strange Places*. Lawrence, KS: University Press of Kansas.

Derrida, J. 1991. "'Eating well,' or the Calculation of the Subject. An Interview with Jacques Derrida" in E. Cadava, P. Conor and J. L. Nancy, eds., *Who Comes After the Subject?* New York: Routledge, 96–119.

Desaulniers, Élise. 2016. *Cash Cow: Ten Myths about the Dairy Industry*. New York: Lantern Books.

DGS. "A Quickie in the Kitchen? It's OK." 2019. *DGS*. April 12. https://www.dgs-magazin.de/Kuechenquickie-Schon-okay-,QUIEPTYzMDIzNzImTUlEPTQ3Mg.html

Donovan, Josephine and Carol J. Adams (eds.). 2007. *The Feminist Care Tradition in Animal Ethics: A Reader*. New York: Columbia University Press.

Doyle, Sean, blogging as "FatGayVegan." 2015. "Cameron Jokes not Funny." http://fatgayvegan.com/2015/09/21/cameron-jokes-not-funny/

Dubner, Stephen. "Your Thanksgiving Turkey is Probably a Product of Artificial Insemination." 2011. *Marketplace/Freakonomics Radio*. November 16. https://www.marketplace.org/2011/11/16/your-thanksgiving-turkey-probably-product-artificial-insemination/

Dunayer, Joan. 2001. *Animal Equality*. Derwood, MD: Ryce Publishing.

Dunayer, Joan. 1995. "Sexist Words, Speciesist Roots" in Carol J. Adams and Josephine Donovan, eds., *Animals and Women: Feminist Theoretical Explorations*. Durham and London: Duke University Press. 11–31.

Dunbar-Ortiz, Roxanne. 2014. *An Indigenous People's History of the United States*. Boston: Beacon Press.

DuPuis, E. M. 2002. *Nature's Perfect Food: How Milk Became America's Drink*. New York: New York University Press.

DuPuis, E. M. 2007. "Angels and Vegetables: A Brief History of Food Advice in America." *Gastronomica: The Journal of Food and Culture* 7 (3): 34–44.

Eddo-Lodge, Reni. 2017/2018. *Why I'm No Longer Talking to White People About Race*. London: Bloomsbury.

Editorial. 1991. "A Court Rules Well on Bias." *Buffalo News*, January 26, p. B-2.

Editorial Board, the New York Times. 2018. "A Woman's Rights." *The New York Times*. December 28. https://www.nytimes.com/interactive/2018/12/28/opinion/pregnancy-women-pro-life-abortion.html

Eisen, Jessica. 2017. "Milk and Meaning: Puzzles in Posthumanist Method" in Mathilde Cohen and Yoriko Otomo, eds., *Making Milk: The Past, Present, and Future of Our Primary Food*. London and New York: Bloomsbury Academic, 237–49.

Eisen, Jessica. 2019. "Milked: Nature, Necessity, and American Law." *Berkeley Journal of Gender, Law & Justice* 34: 71–115.

Eisnitz, Gail. 2009. *Slaughterhouse: The Shocking Story of Greed, Neglect, And Inhumane Treatment Inside the U.S. Meat Industry*. New York: Prometheus Books.

"Elliott Erwitt: Nikita Khrushchev and Richard Nixon's 'Kitchen Debate.'" 1996. *New York Times Magazine*, June 9, p. 123.

Elliott, S. 2011. "Ads Promote Butcher Shop's 'Sultry Poultry.'" *The New York Times*. September 16. http://mediadecoder.blogs.nytimes.com/2011/09/16/ads-promote-butcher-shops-sultry-poultry/

Estrich, Susan. 1987. *Real Rape*. Cambridge, MA: Harvard University Press.

Eveleth, Rose. 2019. "Medical Textbooks Overwhelmingly Use Pictures of Young White Men." *Vice*. May 9. https://www.vice.com/en_us/article/3k3kkn/medical-textbooks-overwhelmingly-use-pictures-of-young-white-men

Everytown for Gun Safety. 2018. "Mass Shootings in the United States: 2009–2017." https://everytownresearch.org/reports/mass-shootings-analysis/

Expatica. 2018. "The Politically Incorrect Delicacy: How to Enjoy Foie Gras." *Expatica*. December 5. https://www.expatica.com/fr/about/cuisine/the-politically-incorrect-delicacy-how-to-enjoy-foie- gras-101283/

Fahrenthold, David A. 2016. "Trump Recorded Having Extremely Lewd Conversation about Women in 2005." *Washington Post*. October 7. www.washingtonpost.com/politics/trump-recorded-having-extremely-lewd-conversation-about-women-in-2005/2016/10/07/3b9ce776-8cb4-11e6-bf8a-3d26847eeed4_story.html?utm_term=.54e36b83f47f

Fairfield, Emma. 2018. "Men Are Invited to Speak at Top U.S. Universities More Frequently than Women." *Affinity Magazine*. January 18. http://affinitymagazine.us/2018/01/18/men-are-invited-to-speak-at-top-u-s-universities-more-frequently-than-women/

Faludi, S. 2007. *The Terror Dream: Fear and Fantasy in Post-9/11 America*. New York: Henry Holt and Company.

Farrell, Amy Erdman. 2011. *Fat Shame: Stigma and the Fat Body in American Culture*. New York: New York University Press.

Farrow, Ronan. 2019. *Catch and Kill. Lies, Spies, and a Conspiracy to Protect Predators*. Boston: Little, Brown and Co.

Farrow, Ronan and Jane Mayer. 2018. "Senate Democrats Investigate a New Allegation of Sexual Misconduct, from Brett Kavanaugh's College Years." *The New Yorker*. September 23. https://www.newyorker.com/news/news-desk/senate-democrats-investigate-a-new-allegation-of-sexual-misconduct-from-the-supreme-court-nominee-brett-kavanaughs-college-years-deborah-ramirez

Ferrier, Morwenna. 2016. "Tuna or Red Snapper – What's the Best Fish for a Tinder Hook Up?" *The Guardian*. March 9. https://www.theguardian.com/lifeandstyle/shortcuts/2016/mar/09/good-catches-men-posting-profile-photographs-with-fish-on-tinder

Filopovic, Jill. 2017. "The All-Male Photo Op Isn't a Gaffe. It's a Strategy." *The New York Times*. March 27. https://www.nytimes.com/2017/03/27/opinion/the-all-male-photo-op-isnt-a-gaffe-its-a-strategy.html?_r=0

Fine, Ken and Erica Hellerstein. 2017a. "Hogwashed, Part 1: Hundreds of Poor, Mostly African-American Residents of Eastern North Carolina Say Big Pork is Making Their Lives Miserable." *INDY Week*. July 12. https://indyweek.com/news/longform/hogwashed-part-1-hundreds-poor-mostly-african-american-residents-eastern-north-carolina-say-big-pork-making-lives-miserable/

Fine, Ken and Erica Hellerstein. 2017b. "Hogwashed, Part 2: Environmental Advocates Say Hog Facilities' Antiquated Waste-Disposal Systems Are Threatening the State's Waterways." *INDY Week*. July 12. https://indyweek.com/news/longform/hogwashed-part-2-environmental-advocates-say-hog-facilities-antiquated-waste-disposal-systems-threatening-state-s-waterways/

Fine, Ken and Erica Hellerstein. 2017c. "Hogwashed, Part 3: Solutions Exist for the Hog Industry's Waste-Management Problem. Why Aren't They Being Used." *INDY Week*. July 12. https://indyweek.com/news/longform/hogwashed-part-3-solutions-exist-hog-industry-s-waste-management-problem.-used/

Fiorillo, V. 2014. "Lots of Dead Pigs in Photos for Tap Room Fine Swine Pig Dinner." *Philadelphia Magazine*. January 16. http://www.phillymag.com/foobooz/2014/01/16/dead-pigs-tap-room-fine-swine-pig-dinner/#EPw8Z7sFr2OrwbY0.99

Fixell, E. 2015. "Four Ways You Can Find 'Ethical Porn.'" *The Daily Dot*. January 12. https://www.dailydot.com/irl/how-to-find-ethical-porn/

Fleishman, Glenn. 2018. "Hurricane Florence: North Carolina's Pig Manure Lagoons Overflowed Extensively—But Didn't Fail." *Fortune*. September 19. https://fortune.com/2018/09/19/hurricane-florence-pig-lagoons-overflow-north-carolina/

Fobar, Rachel. 2019. "Why Horse Racing Is So Dangerous." *National Geographic*. May 17. https://www.nationalgeographic.com/animals/2019/05/horse-racing-risks-deaths-sport/

Food Empowerment Project. About Vegan Mexican Food. https://www.veganmexicanfood.com/about

Fredrickson, George M. 1971. *The Black Image in the White Mind: The Debate on Afro-American Character and Destiny, 1817–1914*. New York: Harper & Row.

Freeman, Andrea. 2013. "The Unbearable Whiteness of Milk: Food Oppression and the USDA." *UC Irvine Law Review* (Vol. 3): 1251–70.

Friend, Tad. 2000. "The Artistic Life: Kidnapped? A Painted Cow Goes Missing." *The New Yorker*, August 21 and 28, p. 62–3.

Frith, Katherine T. 1997. "Undressing the Ad: Reading Culture in Advertising" in Katherine T. Frith, ed., *Undressing the Ad: Reading Culture in Advertising*. New York: Peter Lang, 1–14.

Fuhrmeister, Chris. 2015. "God-Awful Restaurant's Sandwich Menu Celebrates Domestic Violence." *Eater*. November 12. https://www.eater.com/2015/11/12/9724692/sandwich-restaurant-domestic-violence-pakistan-table-no-5

Gaffney, Frankie. 2018. "Dear, Dirty, Lecherous Dubliners." *The Irish Times*. March 23. https://www.irishtimes.com/culture/books/dear-dirty-lecherous-dubliners-1.3436881

Gallagher, Larry. 1996. "Meat is Murder." *Details*. March. https://www.larrygallagher.com/articles/meat.pdf

Garber, Megan. 2017. "Mika Brzezinski and Donald Trump's Penchant for Blood Feuds." *The Atlantic*. June 29. https://www.theatlantic.com/entertainment/archive/2017/06/mika-brzezinski-and-donald-trumps-penchant-for-blood-feuds/532185/

Garber, Megan. 2019. "The Myth of the 'Underage Woman.'" *The Atlantic*. August 15. https://www.theatlantic.com/entertainment/archive/2019/08/jeffrey-epstein-and-the-myth-of-the-underage-woman/596140/

Garland-Thomson, R. 2009. *Staring: How We Look*. New York and London: Oxford University Press.

Gates, Henry Louis. 2019. *Stony the Road: Reconstruction, White Supremacy, and the Rise of Jim Crow*. New York: Penguin Press.

Gates, Henry Louis. 1996. "Hating Hillary." *The New Yorker*. February 19. https://www.newyorker.com/magazine/1996/02/26/hating-hillary

Gearan, Anne. 2018. "Trump Poses with Supporter with Sexist Patch at Motorcyclist Event." *Washington Post*. August 13. https://www.washingtonpost.com/politics/trump-poses-with-supporter-with-sexist-patch-at-motorcyclist-event/2018/08/13/fe531672-9f00-11e8-8e87-c869fe70a721_story.html

Genoways, Ted. 2014. "Hurt That Bitch: What Undercover Investigators Saw Inside a Factory Farm." *Mother Jones*. October 16. https://www.motherjones.com/environment/2014/10/hog-hell-inside-story-peta-investigation-mowmar-farms/

Gianatasio, David. 2011. "Dos Equis Ad Offers Advice for Hunting Wild Females." *Adweek*. April 25. https://www.adweek.com/creativity/dos-equis-ad-offers-advice-hunting-wild-females-130964/

Giang, Vivian. 2011. "How 'Breastaurants' Took Over the Casual Dining Industry." *Business Insider*. June 2. http://www.businessinsider.com/breastaurant-2011-5?op=1

Giddings, Paula. 1984. *When and Where I Enter…The Impact of Black Women on Race and Sex in America*. New York: William Morrow and Company, Inc.

Gilbert, Sophia. 2019. "A New Film Reveals How Larry Nassar Benefited from a Culture of Silence." *The Atlantic*. May 2. https://www.theatlantic.com/entertainment/archive/2019/05/new-film-exposes-how-larry-nassar-was-able-abuse/588571/

Gilbey, Ryan. 2018. "Get Your Hands Off My Double Entendres! Is The Smutty Pun Now Under Attack?" *The Guardian*. May 7. https://www.theguardian.com/culture/2018/may/07/get-your-hands-off-my-double-entendres-is-the-smutty-pun-now-under-attack-carry-on-great-british-bake-off

Gill, A. A. 2013. "Steak Shows Its Muscle." *Vanity Fair*. May. https://www.vanityfair.com/culture/2013/05/aa-gill-bull-blood-steak

Gillespie, Kathryn. 2019. *The Cow with Ear Tag #1389*. Chicago and London: The University of Chicago Press.

Gillespie, Kathryn. 2013. "Sexualized Violence and the Gendered Commodification of the Animal Body in Pacific Northwest US Dairy Production." *Gender, Place & Culture: A Journal of Feminist Geography* 21 (10): 1321–37.

Gillison, Samantha. 2015. "Foie Gras Is Exactly as Delicious as You've Heard. It Should Nonetheless Be Banned." *The Guardian*. January 9. https://www.theguardian.com/commentisfree/2015/jan/09/foie-gras-delicious-california-ban-lifted

Gilman, Sander L. 1985. *Difference and Pathology: Stereotypes of Sexuality, Race, and Madness*. Ithaca and London: Cornell University Press.

Goffman, Irving. 1979. *Gender Advertisements*. New York: Harper and Row.

Goldberg, Michelle. 2019. "Not the Fun Kind of Feminist: How Trump Helped Make Andrea Dworkin Relevant Again." *The New York Times*. February 22. https://www.nytimes.com/2019/02/22/opinion/sunday/trump-feminism-andrea-dworkin.html

Goldstein, Sasha. 2013. "Barbie as a Real Woman Is Anatomically Impossible and Would Have to Walk on All Fours, Chart Shows." *New York Daily News*.

April 14. https://www.nydailynews.com/life-style/health/barbie-real-woman-anatomically-impossible-article-1.1316533

Goodman, Peter. 1999. "Eating Chicken Dust." *Washington Post*. November 28. http://www.washingtonpost.com/wp-srv/WPcap/1999-11/28/056r-112899-idx.html

Gower, Graham et al. 2019. "Widespread Male Sex Bias in Mammal Fossil and Museum Collections." *Proceedings of the National Academy of Sciences* 116 (38): 19019–24. DOI: 10.1073/pnas.1903275116

Grabell, Michael. 2017. "Exploitation and Abuse at the Chicken Plant." *The New Yorker*. May 1. https://www.newyorker.com/magazine/2017/05/08/exploitation-and-abuse-at-the-chicken-plant

Grandin, T. 2001. "Progress in Livestock Handling and Slaughter Techniques in the United States, 1970–2000." In D. J. Salem and A. N. Rowan, eds., *The State of the Animals*. Washington, DC: Humane Society Press, 101–10.

Grandin, Temple. 2015. "The Importance of Measurement to Improve the Welfare of Livestock, Poultry, and Fish." In Temple Grandin, ed., *Improving Animal Welfare, 2nd Edition: A Practical* Approach. Oxford: CAB International, 15–34.

Greenaway, Twilight. 2018. "'We've Bred Them to Their Limit:' Death Rates Surge for Female Pigs in the US." *The Guardian*. October 1. https://www.theguardian.com/environment/2018/oct/01/death-rates-surge-female-pigs-us

Griffith, Dotty. 2002. "Male Call: Bob's Outpost Replicates the Original's Masculine, Meaty Formula." *Dallas Morning News Guide*, May 31, p. 6.

Grigoriadis, Vanessa. 2007. "'South Park': Still Sick, Still Wrong." *Rolling Stone*. March 22. https://www.rollingstone.com/tv/tv-news/south-park-still-sick-still-wrong-231538/

Groskop, Viv. 2017. "Vulgar Misogyny Didn't Harm Donald Trump—It Helped Him." *The Guardian*. April 5. https://www.theguardian.com/commentisfree/2017/apr/05/donald-trump-pussygate-bully-women

Gruen, L., Breeze Harper, and C. J. Adams. 2012. "What's Wrong with Only White Men Judging a Contest Defending Meat Eating?" http://caroljadams.blogspot.com.es/2012/03/whats-wrong-with-only-white-men-judging.html

Hagerty, B. B. 2019. "An Epidemic of Disbelief: What New Research Reveals about Sexual Predators, and Why Police Fail to Catch Them." *The Atlantic*. August. https://www.theatlantic.com/magazine/archive/2019/08/an-epidemic-of-disbelief/592807/

Hale, G. E. 1998. *Making Whiteness: The Culture of Segregation in The South: 1890–1940*. New York: Vintage Books.

Hales, Dianne. "We're Changing The Way We Eat. What America Eats: Our Annual Survey." *Parade*, November 12, 2006, pp. 4–5.

Hall, Jacquelyn Dowd. 1979. *Revolt Against Chivalry: Jessie Daniel Ames and the Women's Campaign Against Lynching*. New York: Columbia University Press.

Harper, Breeze. 2010. "Race as a 'Feeble Matter' in Veganism: Interrogating Whiteness, Geopolitical Privilege, and Consumption Philosophy of 'Cruelty-Free' Products." *Journal for Critical Animal Studies* 8 (3): 5–27.

Harper, Breeze, ed. 2009. *Sistah Vegan*. Brooklyn, NY: Lantern Books.

Harris, M. 2003. *Colored Pictures: Race and Visual Representation*. Chapel Hill and London: The University of North Carolina Press.

Hatic, Dana. 2016. "Chicken Chain Nando's Gets Flack for Sexist Print Ad." *Eater*. March 28. https://www.eater.com/2016/3/28/11318550/nandos-sexist-ad-touch-our-breasts

Hayes, Harold, ed. 1981. *Jungle Fever Jean-Paul Goude*. New York: Xavier Moreau, Inc.

Hayes, Jessica. 2019. "'Vegan Tuna' a 'Slap in the Face' for Seafood Producers, Industry Says." *ABC News*. May 7. https://www.abc.net.au/news/2019-05-07/vegan-tuna-alternative-criticised-seafood-industry/11080244

Hemmer, Nicole. 2018. "Where Did the Radical Right Come From?" Review of *Bring the War Home: The White Power Movement and Paramilitary America*. *The New York Times*. July 7. https://www.nytimes.com/2018/07/06/books/review/kathleen-belew-bring-the-war-home.html

Hill, Oliver. 2018. "Jaw-Dropping Jersey Named Britain's Sexiest Cow." *Farmer's Weekly*. June 8. https://www.fwi.co.uk/farm-life/jaw-dropping-jersey-named-britains-sexiest-cow

Hobbes, Michael. 2018. "Everything You Know About Obesity Is Wrong." *Huffington Post*. September 19. https://highline.huffingtonpost.com/articles/en/everything-you-know-about-obesity-is-wrong/

Hod, Itay. 2016. "Eww: Donald Trump Appeared in a Softcore Porn Back in 2000." *The Wrap*. September 30. https://www.thewrap.com/donald-trump-softcore-porn/

Høigård, Cecilie, and Liv Finstad. 1986/1992. *Backstreets: Prostitution, Money, and Love*. Pennsylvania: The Pennsylvania State University Press.

Hongo, H. 2014. "Fox News Host Apologizes for Sexist Boobs on the Ground Joke." *Gawker*. September 27. http://gawker.com/fox-news-host-apologizes-for-sexist-boobs-on-the-groun-1639861324

Hornaday, Ann. 2020. "At the Oscars, Geena Davis Will Get a Humanitarian Award for Making Hollywood See Women as Fully Human." *Washington Post*. February 7. https://www.washingtonpost.com/entertainment/at-the-oscars-geena-davis-will-get-a-humanitarian-award-for-making-hollywood-see-women-as-fully-human/2020/02/05/9f93b7c6-45ef-11ea-ab15-b5df3261b710_story.html

Hribel, Jason. 2003. "'Animals are Part of the Working Class': A Challenge to Labor History." *Labor History* 44 (4): 435–53. DOI: 10.1080/0023656032000170069

Huffington Post. 2012. "'Fifty Shades of Chicken' Cookbook Brings the Sexy Back to Poultry." *Huffington Post*. November 13. http://www.huffingtonpost.com/2012/11/13/50-shades-of-chicken-cookbook_n_2119165.html

Hunt, Kristin. 2014. "The Lolita Burger has Chip-Crusted Buns, Foie Gras, Bacon Peanut Butter." *Thrillist*, March 20. https://www.thrillist.com/eat/nation/porn-burger-lolita-burger-features-potato-chip-crusted-bun-bacon-peanut-butter-foie-gras-thrillist-nation

"In a Dark Wood." 2013. *The Economist*, December 21. *Business Insights: Global*. https://www.economist.com/christmas-specials/2013/12/21/in-a-dark-wood

Jacobs, Tom. 2019. "White Americans' Food Choices Are Contributing Disproportionately to Climate Change." *Pacific Standard*, March 28. https://psmag.com/environment/white-americans-food-choices-are-contributing-disproportionately-to-climate-change

Jaggar, Karuna. 2014. "Komen Is Supposed to Be Curing Breast Cancer. So Why Is Its Pink Ribbon on So Many Carcinogenic Products?" *Washington Post*, October 21. https://www.washingtonpost.com/posteverything/wp/2014/10/21/komen-is-supposed-to-be-curing-breast-cancer-so-why-is-its-pink-ribbon-on-so-many-carcinogenic-products/

James, S. E., J. L. Herman, S. Rankin, M. Keisling, L. Mottet, and M. Anafi. 2016. The Report of the 2015 U.S. Transgender Survey. Washington, DC: National Center for Transgender Equality.

Jardina, Ashley, Sean McElwee, and Spencer Piston. 2016. "How Do Trump Supporters See Black People?" *Slate*, November 7. https://slate.com/news-and-politics/2016/11/the-majority-of-trump-supporters-surveyed-described-black-people-as-less-evolved.html

Jeffords, Susan. 1989. *The Remasculinization of America: Gender and the Vietnam War*. Bloomington: Indiana University Press.

Jessica. 2009. "Arby's Burgers-as-Boobs Ad Campaign." *Feministing*, February 11. http://feministing.com/2009/02/11/arbys_burger-boobs_ad_campaign/

Joly, André. 1975. "Toward a Theory of Gender in Modern English." In A. Joly and T. Fraser, eds., *Studies in English Grammar*, 227–84. Paris: Editions Universitaires.

jones, pattrice. 2014. "Eros and the Mechanisms of Eco-Defense." In Carol J. Adams and Lori Gruen, eds., *Ecofeminism: Feminist Intersections with Other Animals and the Earth*, 91–108. New York and London: Bloomsbury Academic.

Jordan, Miriam. 2018. "Making President Trump's Bed: A Housekeeper without Papers." *The New York Times*, December 6. https://www.nytimes.com/2018/12/06/us/trump-bedminster-golf-undocumented-workers.html?module=inline

Jozkowski, Kristen, and Jacquelyn Wiersma-Mosley. 2017. "The Greek System: How Gender Inequality and Class Privilege Perpetuate Rape Culture." *Family Relations* 66 (1): 89–103.

Judkis, Maura. 2016. "This 'Burger Pervert' Turned a Fetish into a Following. Now, Can He Make It Last?" *Washington Post*, May 17. https://www.washingtonpost.com/lifestyle/food/this-burger-pervert-turned-a-fetish-into-a-following-now-can-he-make-it-last/2016/05/16/c86b00c2-0b16-11e6-a6b6-2e6de3695b0e_story.html

Kashner, Sam. 2014. "Both Huntress and Prey." *Vanity Fair*, October 20. https://www.vanityfair.com/hollywood/2014/10/jennifer-lawrence-photo-hacking-privacy

Kelleher, Katy. 2009. "Blow Job Jokes Abound with Gross New BK Ad." *Jezebel*, June 24. https://jezebel.com/blow-job-jokes-abound-with-gross-new-bk-ad-30978020

Kendi, Ibram X. 2017. *Stamped from the Beginning*. New York: Bold Type Books.

Kheel, M. 1995. "License to Kill: An Ecofeminist Critique of Hunting." In C. J. Adams and J. Donovan, eds., *Animals and Women: Feminist Theoretical Explorations*, 85–126. Durham, NC: Duke University Press.

King, Samantha. 2008. *Pink Ribbons, Inc.: Breast Cancer and the Politics of Pinkwashing*. Minnesota and London: The University of Minnesota Press.

Kluft, Richard, M.D. 1990. "On the Apparent Invisibility of Incest: A Personal Reflection on Things Known and Forgotten." In Richard P. Kluft, ed., *Incest-Related Syndromes of Adult Psychopathology*, 11–34. Washington, DC: American Psychiatric Press, Inc.

Ko, Aph and Syl. 2017. *Aphro-ism: Essays on Pop Culture, Feminism, and Black Veganism from Two Sisters*. Brooklyn, NY: Lantern Books.

Krakauer, Jon. 2015. *Missoula: Rape and the Justice System in a College Town*. New York: Doubleday.

Kristof, Nicolas and Sheryl WuDunn. 2010. *Half the Sky: Turning Oppression into Opportunity for Women Worldwide*. New York: Vintage.

Kuper, Leo. 1983. *Genocide: Its Political Use in the Twentieth Century*. New Haven, CT: Yale University Press.

Lagnado, Lucette. 2015. "'Man Seders' Flow with Steak and Scotch." *Wall Street Journal*, March 26. https://www.wsj.com/articles/man-seders-flow-with-steak-and-scotch-1427320506

Landsbaum, Claire. 2016a. "The Most Misogynistic Gear Spotted at Trump Rallies." *New York Magazine: The Cut*, October 12. https://www.thecut.com/2016/10/the-most-misogynistic-things-people-wore-to-trump-rallies.html

Landsbaum, Claire. 2016b. "Donald Trump's Pick for Labor Secretary Defended His Company's Sexist Ads." *New York Magazine: The Cut*, December 8. http://nymag.com/thecut/2016/12/trumps-labor-secretary-defended-his-companys-sexist-ads.html

Langner, Paul. 1990. "Judge Imposes Gag Order in Rape Suit." *The Boston Globe*, November 13, p. 118.
LaPier, Rosalyn R. 2017. *Invisible Reality: Storytellers, Storytakers, and the Supernatural World of the Blackfeet*. Lincoln, NE: University of Nebraska Press.
Laughland, Oliver and Lauren Gambino. 2017. "Restaurants Run by Labor Secretary Nominee Report 'Disturbing' Rates of Sexual Harassment." *The Guardian*, January 10. https://www.theguardian.com/business/2017/jan/10/andrew-puzder-cke-sexual-harassment-labor-secretary?CMP=Share_iOSApp_Other#img-1
Lavrinc, Damon. 2006. "Restore Your Manhood: Hummer Ad Revised." *Autoblog*, August 7. https://www.autoblog.com/2006/08/07/restore-you-manhood-hummer-ad-revised/
LeDuff, Charlie. 2000. "At a Slaughterhouse, Some Things Never Die. Who Kills, Who Cuts, Who Bosses Can Depend on Race." *The New York Times*, June 16. https://www.nytimes.com/2000/06/16/us/slaughterhouse-some-things-never-die-who-kills-who-cuts-who-bosses-can-depend.html
Lee, Andrea. 1997. "The Emperor of Dreams." *The New Yorker*, July 28, p. 42.
Lefkowitz, Bernard. 1997. *Our Guys: The Glen Ridge Rape and the Secret Life of the Perfect Suburb*. Berkeley: University of California Press.
Lerner, Gerda. 1986. *The Creation of Patriarchy*. New York and Oxford: Oxford University Press.
Levin, Sam. 2017. "Sexism, Racism and Bullying Are Driving People out of Tech, US Study Finds." *The Guardian*, April 27. https://www.theguardian.com/technology/2017/apr/27/tech-industry-sexism-racism-silicon-valley-study
Levine, Barry and Monique El-Faizy. 2019. *All the President's Women: Donald Trump and the Making of a Predator*. New York: Hachette Books.
Lewis, Andrea. 1990. "Looking at the Total Picture: A Conversation with Health Activist Beverly Smith." In Evelyn C. White, ed., *The Black Women's Health Book: Speaking for Ourselves*, 175–176. Seattle: The Seal Press.
Lewis, Robin Coste. 2015/2016. "Epilogue: Boarding the Voyage." *Voyage of the Sable Venus and Other Poems*. New York: Alfred A. Knopf.
Lighter, J. E. 1994. *Random House Historical Dictionary of American Slang*. New York: Random House.
Lloyd, Genevieve. 1984. *The Man of Reason: "Male" and "Female" in Western Philosophy*. Minneapolis: University of Minnesota Press.
Lovegren, Sylvia. 2003. "Barbecue." *American Heritage*, June/July, 54(3). https://www.americanheritage.com/barbecue
Lubrano, Alfred. 1996. "'Canned Hunts' Become Target of Controversy." *Philadelphia Inquirer*, February 2, p. 1.

Luttman, Rick and Gail. 1978. *Chickens in Your Backyard: A Beginner's Guide*. Emmaus, PA: Rodale Press.

MacInnis, C. C. and G. Hodson. 2017. "It Ain't Easy Eating Greens: Evidence of Bias Toward Vegetarians and Vegans from Both Source and Target." *Group Processes & Intergroup Relations* 20(6): 721–44. https://doi.org/10.1177/1368430215618253

MacKinnon, Catharine. 1989. *Toward a Feminist Theory of the State*. Cambridge, MA: Harvard University Press.

McCloud, Scott. 1994. *Understanding Comics: The Invisible Art*. New York: William Morrow.

McGreal, Chris. 2002. "Coming Home." *The Guardian*, February 20. https://www.theguardian.com/education/2002/feb/21/internationaleducationnews.highereducation

McLuhan, Marshall. 1967. *The Medium is the Massage*. London: Penguin Books.

McQuirter, Tracy L. 2010. *By Any Greens Necessary: A Revolutionary Guide for Black Women Who Want to Eat Great, Get Healthy, Lose Weight, and Look Phat*. Chicago: Lawrence Hill Books.

Mahmoud, Shahid. 2012. "Approach Women Like You Do Wild Animals." *The Express Tribune*, December 12. https://tribune.com.pk/story/478905/approach-women-like-you-do-wild-animals/

Mäkinen, Tommy. 2006. "Union of Finnish Feminists—'Fresh Meat.'" *Ad Forum*. https://www.adforum.com/talent/4632-tommy-makinen/work/6683455

Manne, Kate. 2017. *Down Girl: The Logic of Misogyny*. Oxford and New York: Oxford University Press.

Marchione, M. 2002. "Ultrasound Helps Reveal Cow Falsies." *The Des Moines Register*, October 8, p. 152.

Martin, Julia. 2018. "Ice Cream Shop with Sexy Cow Logo Shuts; Owner Blames 'Extremist Radical Liberals.'" *North Jersey Record*, December 10. https://www.northjersey.com/story/news/essex/montclair/2018/12/10/montclair-nj-ice-cream-shop-sexy-cow-logo-closes-because-liberals/2267995002/

Mason, Jim. 1997. "Inside a Turkey Factory." *Farm Sanctuary News*, Winter 1997. https://www.abolitionistapproach.com/media/links/p11/violence-against-nonhuman.pdf

May, Elaine Tyler. 1988/1999. *Homeward Bound: American Families in the Cold War Era*. New York: Basic Books.

"Men Fear Social Shame of Ordering Vegetarian Dishes, Study Finds." 2018. *The Telegraph*, August 26. https://www.telegraph.co.uk/news/2018/08/26/men-fear-social-shame-ordering-vegetarian-dishes-study-finds/

"Men. Meat. Fire. And Beer. (Seriously, What Else Is There?)." *Family Handyman*, May 2011.
Merchant, Carolyn. 1980. *The Death of Nature: Women, Ecology, and the Scientific Revolution*. San Francisco: Harper & Row.
Mervosh, Sarah. 2019. "Gun Ownership Rates Tied to Domestic Homicides, but Not Other Killings, Study Finds." *The New York Times*, July 22. https://www.nytimes.com/2019/07/22/us/gun-ownership-violence-statistics.html
Miller, Claire Cain. 2017. "Republican Men Say It's a Better Time to Be a Woman Than a Man." *The New York Times*, January 17. https://nyti.ms/2jA7BXv
Millet, Kate. 1970. *Sexual Politics*. New York: Doubleday.
Moore, Anna and Coco Khan. 2019. "The Fatal, Hateful Rise of Choking During Sex." *The Guardian*, July 25. https://www.theguardian.com/society/2019/jul/25/fatal-hateful-rise-of-choking-during-sex
Morrison, Maureen. 2014. "Carl's Jr., Hardee's: We Have Biggest Breasts in The Business. Not-So-Subtle Ad Spot Shows Roosters Chasing After Chicken Breasts." *AdAge*, May 30. https://adage.com/article/cmo-strategy/carl-s-jr-hardee-s-tout-biggest-chicken-breasts/293478
Mower, Sarah. 2003. "The 'King of Kink' Made Naughty Fashionable." *The New York Times*, September 21. https://www.nytimes.com/2003/09/21/style/the-king-of-kink-made-naughty-fashionable.html
Muñoz, Savannah. 2018. "Kim Kardashian and the Politics (and Privilege) of Being Racially Ambiguous: Kim K Can Become Anything You Want Her to Be." *Substance*, February 22. https://substance.media/kim-kardashian-and-the-politics-and-privilege-of-being-racially-ambiguous-bfa9cf1a2636
Murrell, Duncan. 1996. "Bullwinkle's Death Ends Bowhunter's Quest." *The Chapel Hill Herald*, September 19, p. 3.
Muschamp, Herbert. 1999. "Beefcake for the Masses." *The New York Times Magazine*, November 14, pp. 120–22.
Musumeci, Natalie. 2018. "Alleged In-Flight Groper: Trump Says It's 'Ok' to Grab Women's Private Parts." *New York Post*, October 23. https://nypost.com/2018/10/23/alleged-in-flight-groper-trump-says-its-ok-to-grab-womens-private-parts/
Nagel, Joanne. 2003. *Race, Ethnicity, and Sexuality: Intimate Intersections, Forbidden Frontiers*. New York and Oxford: Oxford University Press.
Nelson, Mariah Burton. 1994. *The Stronger Women Get, the More Men Love Football: Sexism and the American Culture of Sports*. New York: Harcourt & Brace.
Nguyen, Viet Thanh. 2017. *Nothing Ever Dies: Vietnam and the Memory of War*. Cambridge: Harvard University Press.
Nichols, Sam. 2017. "What's It Like Collecting Bull Cum for a Living?"

Vice, June 29. https://www.vice.com/en_nz/article/qv4y8b/whats-it-like-collecting-bull-cum-for-a-living

Nittrouer, Christine et al. 2018. "Gender Disparities in Colloquium Speakers." *Proceedings of the National Academy of Science*s 115(1): 104–108. https://doi.org/10.1073/pnas.1708414115

Noble, S. U. 2012. "Missed Connections: What Search Engines Say About Women." *Bitch Magazine*, Spring (#54), pp. 36–41.

Nolan, Hamilton. 2015. "Foie Gras is for Assholes." *Gawker*, January 8. https://gawker.com/foie-gras-is-for-assholes-1678213499

Noske, Barbara. 1989. *Humans and Other Animals: Beyond the Boundaries of Anthropology*. London: Pluto Press. Reprinted as *Beyond Boundaries: Humans and Animals* (1997). Montreal/New York/London: Black Rose Books.

Nudd, Tim. 2014. "Unwitting Star of Burger King's 'Blow Job Ad' Finally Lashes Out at the Company." *Adweek*, August 7. https://www.adweek.com/creativity/unwitting-star-burger-kings-blow-job-ad-finally-lashes-out-company-159347/

O'Barr, W. 1994. *Culture and the Ad: Exploring Otherness in the World of Advertising*. Boulder: Westview.

Observer, Frank. 1994. "In the Turkey Breeding Factory." *United Poultry Concerns*, November. https://www.upc-online.org/fall94/breeding.html

Oppenheim, Maya. 2018. "'The Battered Wife' Fish Shop Owner Defends Business Name After Being Accused of Trivializing Domestic Violence." *The Independent*, October 31. https://www.independent.co.uk/news/world/australasia/battered-wife-fish-shop-domestic-violence-australia-wangan-carolyn-kerr-a8610936.html

"Overheard." 1991. *Newsweek*, February 25, p. 13.

Oyler, Lauren. 2019. "The Radical Style of Andrea Dworkin." *The New Yorker*, April 1. https://www.newyorker.com/magazine/2019/04/01/the-radical-style-of-andrea-dworkin

Pachirat, Timothy. 2011. *Every Twelve Seconds: Industrialized Slaughter and the Politics of Sight*. New Haven and London: Yale University Press.

Painter, Nell. 2010. *The History of White People*. New York: W. W. Norton.

Parker, Kim et al. 2017. *America's Complex Relationship With Guns*. Pew Research Center. https://www.pewsocialtrends.org/2017/06/22/the-demographics-of-gun-ownership/

Parkhill, Chad. 2014. "The Glorious History of the Vodka Martini: Shaken, or Stirred." *Junkee*, December 5. https://junkee.com/the-glorious-history-of-the-vodka-martini-shaken-or-stirred/46446

Parry, Jovian. 2010. "Gender and Slaughter in Popular Gastronomy." *Feminism and Psychology* 20(3): 381–96.

Pasori, Cedar. 2014. "These Are the Original Jean-Paul Goude Images that Inspired Kim Kardashian's Paper Magazine Cover." *Complex*, November 12. https://reurl.cc/main/tw

Paterek, Josephine. 1994. *Encyclopedia of American Indian Costume*. New York: W. W. Norton & Co.

Patterson, Charles. 2002. *Eternal Treblinka: Our Treatment of Animals and the Holocaust*. New York: Lantern Books.

Peck, Emily. 2016. "Hillary Clinton Is the Most Sexually Harassed Woman in the Country Right Now." *Huffpost*. October 20. https://www.huffpost.com/entry/hillary-clinton-sexual-harassment_n_5808b1ece4b0b994d4c4912c.

"People in the News." 1991. *The Buffalo News*. November 12.

"Perspectives." 1996. *Newsweek*. April 8, p. 23.

Pierre-Louis, Kendra. 2018. "Lagoons of Pig Waste Are Overflowing After Florence. Yes, That's as Nasty as It Sounds." *The New York Times*. September 19. https://www.nytimes.com/2018/09/19/climate/florence-hog-farms.html.

Pilgrim, David. 2017. *Watermelons, Nooses, and Straight Razors: Stories from the Jim Crow Museum*. Oakland, CA: PM Press.

Pink Ribbons, Inc. 2012. Directed by Léa Pool. National Film Board of Canada.

Plous, F. K., Jr. 1980. "How to Kill a Chicken—And Notes on the Demise of the Live Poultry Business." *Reader: Chicago's Free Weekly*. January 18 (9, no. 16), p. 1.

Poniewozik, James. 2016. "With Trump Water, Wine and Steak, Is It Primary Night or an Infomercial?" *The New York Times*. March 9. https://www.nytimes.com/2016/03/10/arts/television/donald-trump-brings-red-meat-and-wine-to-primary-night-airwaves.html.

"Porno Hen Hawks for Burger King." 2004. *Wired*. https://www.wired.com/2004/04/porno-hen-hawks-for-burger-king/.

Porter, Roger. 1997. "Prime Time." *Willamette Week*: Portland News and Culture. 23 (26), April 30, p. 41.

Quinlan, Casey. 2016. "Fraternities Were Built on Racism. So Why Are We Surprised When They Do Racist Things?" *Think Progress*. February 22. https://thinkprogress.org/fraternities-were-built-on-racism-so-why-are-we-surprised-when-they-do-racist-things-70db8f20aeec/.

Rafferty, Terrence. 1997. "Solid Flesh: The Prince of Denmark, and the King of Sleaze." *The New Yorker*. January 13, pp. 80–81.

Ramos, Nestor. 2016. "At Steakhouse Flank, Testosterone Wrapped in Bacon, Cutlery Optional." *Boston Globe*. June 6. https://www.bostonglobe.com/lifestyle/style/2016/06/06/flank-testosterone-wrapped-bacon-cutlery-optional/oBM1TdorZB6OsuoA6WY1HM/story.html.

Ramsey, Mathew. Pornburger Blog. https://pornburgerme.wordpress.com/page/5/.

Reitman, Janet. 2018. "U.S. Law Enforcement Failed to See the Threat of White Nationalism. Now They Don't Know How to Stop It." *The New York Times Magazine*. November 3. https://www.nytimes.com/2018/11/03/magazine/FBI-charlottesville-white-nationalism-far-right.html.

"Revellers Mark Year's End Collecting Pigs and Pussies." 2004. *ABC News*. January 1. https://mobile.abc.net.au/news/2004-01-01/revellers-mark-years-end-collecting-pigs-and/113370?pfm=sm&pfmredir=sm.

Reynolds, Jonathan. 2004. "Food: Sexy Beast." *The New York Times Magazine*. June 20. https://www.nytimes.com/2004/06/20/magazine/food-sexy-beast.html.

Riemer, A. R., S. J. Gervais, J. L. M. Skorinko et al. 2019. "She Looks like She'd Be an Animal in Bed: Dehumanization of Drinking Women in Social Contexts." *Sex Roles* 80 (9–10): 617–29. https://doi.org/10.1007/s11199-018-0958-9

Ritschel, Chelsea. 2018. "Restaurant Apologizes after Selling 'Weinstein' Burger." *The Independent*. November 2. https://www.independent.co.uk/life-style/women/harvey-weinstein-burger-randys-hardcorehamburgers-menu-apology-sheffield-a8614781.html

Roberts, Michael. 2019. "Every Woman Fatally Shot in Colorado during Past Year Killed by a Man." *Westword*. July 1. https://www.westword.com/news/colorado-women-gun-victims-almost-always-killed-bymen-11395618

Robinson, Margaret. 2014. "Indigenous Veganism: Feminist Natives Do Eat Tofu." *Earthling Liberation Kollective*. December 22. https://humanrightsareanimalrights.com/2014/12/22/margaret-robinsonindigenous-veganism-feminist-natives-do-eat-tofu/

Robinson, Margaret. 2018. "The Roots of My Indigenous Veganism" in Atsuko Matsuoka and John Sorenson, ed., *Critical Animal Studies*. London and New York: Rowman & Littelfield, 319–32.

Robinson-Jacobs, K. 2011. "Hooters Alum to Help Augment Twin Peaks." *The Dallas Morning News*, August 23, p. D1.

Roediger, David. 1992. "Gook: The Short History of an Americanism." *Monthly Review* 43 (10): 50–54.

Rogers, D. 2013. "Strange Noises Turn Out to Be Cows Missing Their Calves." *Newburyport News*. October 23. http://www.newburyportnews.com/news/local_news/strange-noises-turn-out-to-be-cows-missing-theircalves/article_d872e4da-b318-5e90-870e-51266f8eea7f.html

Rosenberg, Gabriel. 2017. "How Meat Changed Sex: The Law of Interspecies Intimacy after Industrial Reproduction." *GLQ: A Journal of Lesbian and Gay Studies* 23 (4): 473–507.

Ross, Lawrence. 2016/2017. Blackballed: *The Black and White Politics of Race on America's Campuses*. New York: St. Martin's Griffin.

Rucker, Philip. 2015. "Trump Says Fox's Megyn Kelly Had 'Blood Coming Out of Her Wherever.'" *Washington Post*. August 8. https://www.washingtonpost.com/news/post-politics/wp/2015/08/07/trumpsays-foxs-megyn-kelly-had-blood-coming-out-of-her-wherever/?utm_term=.539f6e6995bf

Ruth, S. 1980. *Issues in Feminism: A First Course in Women's Studies*. Boston: Houghton Mifflin Company.

Saffin, Lori A. 2015. "Identities under Siege: Violence against Transpersons of Color." In *Captive Genders: Trans Embodiment and the Prison Industrial Complex*, edited by Eric A. Stanley and Nat Smith, 161–83. Oakland, CA: AK Press.

Salam, Maya. 2018. "Hollywood Is as White, Straight and Male as Ever." *The New York Times*. August 2. https://www.nytimes.com/2018/08/02/arts/hollywood-movies-diversity.html

Salam, Maya. 2019. "How Larry Nassar 'Flourished Unafraid' for So Long." *The New York Times*. May 3. https://www.nytimes.com/2019/05/03/sports/larry-nassar-gymnastics-hbo-doc.html

Sanday, Peggy. 1990. *Fraternity Gang Rape: Sex, Brotherhood, and Privilege on Campus*. New York and London: New York University Press.

Santa Ana, Otto. 2002. *Brown Tide Rising: Metaphors of Latinos in Contemporary American Public Discourse*. Austin: University of Texas Press.

Santora, Marc. 2002. "New York's War on Smut Won't End." *New York Times* article carried in *The Dallas Morning News*, August 1, p. 7A. https://www.nytimes.com/2002/08/01/nyregion/last-of-42nd-street-s-peep-shows-closes.html

Schaadt, Nancy E. 1999. "Pollo Fiesta: Great Place to Pick Up Chicks." *The Dallas Morning News*, July 2, p. 31.

Schiebinger, Londa. 1993. Nature's Body: Gender *in the Making of Modern Science*. Boston: Beacon Press.

Schlosser, Eric. 2002. *Fast Food Nation: The Dark Side of the All-American Meal*. New York: Perennial.

Secret Aid Worker. 2015. "As a Woman, I'm Seen as a Piece of Meat." *The Guardian*. September 29. https://www.theguardian.com/global-development-professionals-network/2015/sep/29/secret-aid-worker-as-a-woman-im-seen-as-a-piece-of-meat

Sedgwick, Eve Kosofsky. 1985/2016. *Between Men: English Literature and Male Homosocial Desire. 30th Anniversary Edition.* New York and London: Columbia University Press.

Serrato, Claudia. 2010. "Ecological Indigenous Foodways and the Healing of All Our Relations." *Journal for Critical Animal Studies* 8 (3): 52–60.

Serwer, Adam. 2019. "The Terrorism that Doesn't Spark a Panic." *The Atlantic*. January 28. https://www.theatlantic.com/ideas/archive/2019/01/homegrown-terrorists-2018-were-almost-all-right-wing/581284/

Sesali B. "Kim Kardashian: A One-Sided Analysis Of The Not-Black Girl We Love And Hate." *Feministing*. February 27. http://feministing.com/2013/02/27/kim-kardashian-a-one-sided-analysis-of-the-not-black-girl-we-love-and-hate/

Sharma, Anshika. 2016. "Comic Book Artist Shows How to Not Sexualize Female Superheroes and Drives the Point Home." *Vagabomb*. July 22. https://www.vagabomb.com/How-to-Not-Sexualize-Female-Superheroes/

Sharp, Gwen. 2009. "Redtape Shoes 'Live Your Fantasy' Campaign." *Sociological Images*. December 26. https://thesocietypages.org/socimages/2009/12/26/redtape-shoes-live-your-fantasy-campaign/

Sharpley-Whiting, T. Denean. 1999. *Black Venus*. Durham, NC: Duke University Press.

Shaw, R. 2014. "What Do You Mean, a Bumburger Isn't Appetizing?" *The Guardian*. January 3. https://www.theguardian.com/commentisfree/2014/jan/03/what-do-you-mean-a-bum-burger-isnt-appetising

Sheraton, M. 1996. "Love, Sex, and Flank Steak." *New Woman*, March, pp. 107–13.

Sietsema, Tom. 2003. "A Rare Steakhouse." *Washington Post*. June 29. https://www.washingtonpost.com/archive/lifestyle/magazine/2003/06/29/a-rare-steakhouse/78e01ef7-067d-4f1f-9b53-bbdb45b31bba/

Singh, Nikita. 2019. "Veganism Isn't New for Africans—It's a Return to Our Roots, Say These Chefs and Entrepreneurs." *Quartz Africa*. May 4. https://qz.com/africa/1611946/vegan-restaurants-chefs-and-lifestyleon-rise-in-south-africa/

Slack, James. 2015. "Revenge! Drugs, Debauchery and the Book that Lays Dave Bare." *Daily Mail*. September 20. https://www.dailymail.co.uk/news/article-3242494/Revenge-PM-s-snub-billionaire-funded-Toriesyears-sparked-explosive-political-book-decade.html

Smith, Lydia. 2016. "'Fabulous Rear' Advert Puts Heat on Marco Pierre White's Birmingham Restaurant in Sexism Row." *International Business Times*. May 16. https://www.ibtimes.co.uk/fabulous-rearadvert-puts-heat-marco-pierre-whites-birmingham-restaurant-sexismrow-1560306

Smitherman, Geneva. 2000. *Black Talk: Words and Phrases from the Hood to the Amen Corner*. New York: Houghton Mifflin.

Snopes. 2015. "Did a South Carolina Politician Call Women a 'Lesser Cut of Meat'?" *Snopes*. February 13. https://www.snopes.com/fact-check/sc-lesser-cut-quote/

Snorton, C. Riley. 2017. *Black on Both Sides: A Racial History of Trans Identity*. Minneapolis: University of Minnesota Press.

Snyder, Rachel. 2019. *No Visible Bruises. What We Don't Know about Domestic Violence Can Kill Us*. New York: Bloomsbury.

Sokol, Z. 2013. "I Ate Salami off a Naked Person and Acted Like a Sociopath at a Fake Gala." *Vice*. November 11. http://noisey.vice.com/blog/i-ate-salami-off-a-naked-person-and-acted-like-a-sociopath-at-afake-gala

Solnit, Rebecca. 2008. "Men Who Explain Things." *Los Angeles Times*. April 13. https://www.latimes.com/archives/la-xpm-2008-apr-13-opsolnit13-story.html

Solnit, Rebecca. 2012. "Men Still Explain Things to Me." *The Nation*. August 20. https://www.thenation.com/article/men-still-explain-things-me/

Solotaroff, Paul. 2013. "In the Belly of the Beast: A Small Band of Animal Rights Activists Have Been Infiltrating the Factory Farms Where Animals are Turned into Meat under the Most Horrific Circumstances. Now the Agribusiness Giants are Trying to Crush Them." *Rolling Stone*. December 10. https://www.rollingstone.com/interactive/featurebelly-beast-meat-factory-farms-animal-activists/

Southworth, Phoebe. 2019. "Judge Tells Boyfriend Convicted of Coercive Control There are 'Plenty More Fish in the Sea.'" *The Telegraph*. May 7. https://www.telegraph.co.uk/news/2019/05/07/judge-tells-boyfriend-convicted-coercive-control-plenty-fish/

Specht, Joshua. 2019. *Red Meat Republic: A Hoof-to-Table History of How Beef Changed America*. Princeton and London: Princeton University Press.

Specter, Michael. 2003. "The Extremist." *The New Yorker*, April 14, p. 63.

Spedding, Emma. 2016. "The Man behind Kim Kardashian's Paper Magazine Cover on How to Break the Internet." *The Telegraph*. April 18. https://www.telegraph.co.uk/fashion/people/the-man-behind-kim-kardashians-paper-magazine-cover-on-how-to-br/

"Staff." 2017. "Three Ways Black Veganism Challenges White Supremacy (unlike Conventional Veganism)." *Black Youth Project*. October 23. http://blackyouthproject.com/three-ways-black-veganism-challenges-white-supremacy-unlike-conventional-veganism/

Stănescu, Vasile. 2016. "The Whopper Virgins: Hamburgers, Gender, and Xenophobia in Burger King's Hamburger Advertising" in Annie Potts, ed., *Meat Culture*. Leiden and Boston: Brill, 90–108.

Stănescu, Vasile. 2018. "'White Power Milk': Milk, Dietary Racism, and the 'Alt-Right.'" *Animal Studies Journal* 7 (2): 103–28. https://ro.uow.edu.au/asj/vol7/iss2/7/

Stanton, Elizabeth Cady and the Revising Committee. 1898/1974. *The Woman's Bible*. New York: European Publishing Company. Reprint, Seattle Task Force on Women and Religion.

Steinhauer, Jennifer. 2019. "Treated Like a 'Piece of Meat': Female Veterans Endure Harassment at the V.A." *The New York Times*. March 12. https://www.nytimes.com/2019/03/12/us/politics/women-veterans-harassment.html

Stevenson, Seth. 2005. "Porn Again. Another Lewd, Suggestive Ad for Meat." *Slate*. January 10. https://slate.com/business/2005/01/selling-burgers-with-porn.html

Stoltenberg, John. 1989. *Refusing to Be a Man: Essays on Sex and Justice*. London: Breitenbush Books.

Strack, Gael B. and Casey Gwinn. 2011. "On the Edge of Homicide: Strangulation as a Prelude." *Criminal Justice* 26 (3): 32–5.

Strangio, Chase. 2018. "Deadly Violence against Transgender People Is on the Rise. The Government Isn't Helping." *ACLU*. August 21. https://www.aclu.org/blog/lgbt-rights/criminal-justice-reform-lgbt-people/deadly-violence-against-transgender-people-rise

Strings, Sabrina. 2019. *Fearing the Black Body: The Racial Origins of Fat Phobia*. New York: New York University Press.

Swim, J. K., A. J. Gillis and K. J. Hamaty. 2019. "Gender Bending and Gender Conformity: The Social Consequences of Engaging in Feminine and Masculine Pro-Environmental Behaviors." *Sex Roles* 82 (5–6): 363–85. https://doi.org/10.1007/s11199-019-01061-9

Szpaller, Keila. 2015. "UM Removes Offensive Signs from Campus Property: Females Students the Prey." *Billings Gazette*. August 22. https://billingsgazette.com/news/state-and-regional/montana/um-removes-offensive-signs-from-campus-property-females-students-the/article_47a79bf0-bc1f-52c1-a20c-d700c42b2151.html

"Tables for Two." 1990. "Quilty's." *The New Yorker*, December 7 and 14, p. 40.

Tagg, John. 1993. *The Burden of Representation: Essays on Photographies and Histories*. Minneapolis and London: The University of Minnesota Press.

Talking Points Memo. 2014. "GOP Lawmaker Posts 'Battered Women' Joke: 'I Still Eat Mine Plain.'" *Livewire*. March 14. https://talkingpointsmemo.com/livewire/kyle-tasker-battered-women

Tandon, Suneera. 2018. "An IBM Team Identified Deep Gender Bias from 50 years of Booker Prize Shortlists." *Quartz India*. July 24. https://qz.com/india/1333644/ibm-identifies-gender-bias-in-booker-prize-novel-shortlists/

Tauss, Leigh. 2018. "Vegan Feminism Theorist Carol J. Adams Wants to Weaponize What You Eat in the War against Trump." *INDY Week*. September 19. https://indyweek.com/culture/page/vegan-feminism-theorist-carol-j-adams-wants-to-weaponize-wha/

Taylor, Kate. 2015. "The CEO of Carl's Jr. Doesn't Care If You're Offended by the Chain's Sexy Ads." *Entrepeneur*. May 20. www.entrepreneur.com/article/246487.

Taylor, Sunaura. 2017. *Beasts of Burden: Animal and Disability Liberation*. New York: The New Press.

Terry, Bryant. 2014. *Afro-Vegan: Farm-Fresh African, Caribbean, and Southern Flavors Remixed*. Berkeley: Ten Speed Press.

"The Task Force on Human Trafficking and Prostitution: Meet the Meat by M&S Saatchi Tel Aviv." 2017. *The Drum*. July. https://www.thedrum.com/creative-works/project/ms-saatchi-tel-aviv-the-task-force-human-trafficking-and-prostitution-meet

Tirado, Fran. 2019. "Men Don't Recycle to Avoid Looking Gay, New Study Says." *Out*. August 5. https://www.out.com/news/2019/8/05/men-dont-recycle-avoid-looking-gay-new-study-says

Treuer, David. 2019. *The Heartbeat of Wounded Knee: Native America from 1890 to the Present*. New York: Riverhead Books.

Vine Sanctuary, 2018. "Eat the Rainbow!" *Vine Sanctuary News*, June 22. https://myemail.constantcontact.com/Will-eating-a-rainbow-make-you-gay-.html?soid=1105866063851&aid=-sGx5IVOrjk

Vos Santos, Marilyn. 1993. Letter and reply. *Parade magazine*, January 31, p. 10.

Waldman, Katy. 2018. "A Sociologist Examines the 'White Fragility' that Prevents White Americans from Confronting Racism." *The New Yorker*. July 23. https://www.newyorker.com/books/page-turner/a-sociologist-examines-the-white-fragility-that-prevents-white-americans-from-confronting-racism

Wallace, David Foster. 2007. *Consider the Lobster and Other Essays*. New York: Back Bay Books.

Warnes, Andrew. 2008. *Savage Barbecue: Race, Culture and the Invention of America's First Food*. Athens and London: The University of Georgia Press.

Warrick, Joby. 2001. "Modern Meat: A Brutal Harvest. 'They Die Piece by Piece.' In Overtaxed Plants, Humane Treatment of Cattle is Often a Battle Lost." *Washington Post*. April 11. https://www.washingtonpost.com/archive/politics/2001/04/10/they-die-piece-by-piece/f172dd3c-0383-49f8-b6d8-347e04b68da1/

Watson, Lori. 2014. "Why Sex Work Isn't Work." *Logos: A Journal of Modern Society & Culture* 14 (1). http://logosjournal.com/2014/watson/

Waverman, Lucy. 2004. "Sexy Food for Your Sweet." *The Globe and Mail*, February 7.

Webb, D. 1991. "Low-Fat, Low-Cholesterol Ground Meat. Recipe Accompanying 'Eating Well.'" *The New York Times*. January 23. http://www.nytimes.com/1991/01/23/garden/eating-well.html

Wentworth, Harold and Stuart Berg Flexner. 1960/1975. *Dictionary of American Slang; Second Supplemented Edition*. New York: Thomas Y. Crowell.

Wiley, Andrea S. 2004. "'Drink Milk for Fitness': The Cultural Politics of Human Biological Variation and Milk Consumption in the United States." *American Anthropologist* 106 (3): 506–17.

Wise, Michael D. 2011. "Colonial Beef and the Blackfeet Reservation Slaughterhouse, 1879–1895." *Radical History Review* 110 (2011): 59–82.

Wise, Michael. Forthcoming. *Native Foods: Cuisine and Colonialism in American Indian History*.

Wolfe, Patrick. 2006. "Settler Colonialism and the Elimination of the Native," *Journal of Genocide Research*, 8:4, 387-409, DOI: 10.1080/14623520601056240

Wright, Laura. 2015. *The Vegan Studies Project: Food, Animals, and Gender in the Age of Terror*. Athens and London: The University of Georgia Press.

Yalom, Marilyn. 1997. *A History of the Breast*. New York: Alfred A. Knopf.
Yi, Robin H. Pugh and Craig T. Dearfield. 2012. *The Status of Women in the U.S. Media, 2012*. Women's Media Center. http://wmc.3cdn.net/a6b2dc282c824e903a_arm6b0hk8.pdf
Zarzycka, Marta. 2017. "Comic Relief? The Puzzling Function of Political Humor Online." *Los Angeles Review of Books*. October 9. https://blog.lareviewofbooks.org/essays/comic-relief-puzzling-function-political-humor-online/
Zee, A. 1990. *Swallowing Clouds: A Playful Journey through Chinese Culture, Language, and Cuisine*. With a New Afterword By Linda Rui Feng. Seattle, WA: University of Washington Press.
Zuberi, T. and E. Bonilla-Silva. 2008. *White Logic, White Methods: Racism and Methodology*. Lanham: Rowman & Littlefield Publishers.

引文出處與版權誌謝
EPIGRAPH CREDITS

本書在第一章開始之前,引用了以下作品的文字,特此致謝:

派翠夏・希爾・柯林斯,《黑人女性主義思想》
Black Feminist Thought: Knowledge, Consciousness, and the Politics of Empowerment. Second Edition by Patricia Hill Collins, Routledge, copyright © 2000. Reprinted by permission of Patricia Hill Collins.

茱蒂絲・赫曼,《創傷與復原》
Trauma and Recovery: The Aftermath of Violence—From Domestic Abuse to Political Terror by Judith L. Herman, copyright © 1992. Reprinted by permission of Basic Books, an imprint of Hachette Book Group, Inc.

約翰・泰格,《再現之重:論複數的攝影與歷史》
The Burden of Representation: Essays on Photographies and Histories by John Tagg, copyright © 1988, University of Minnesota Press. Reprinted by permission of John Tagg.

蘿絲瑪麗・加蘭・湯姆森,《凝視:我們如何看》
Staring: How We Look by Rosemarie Garland-Thomson, copyright © 2009, Oxford University Press. Reprinted by permission of Rosemarie Garland-Thomson.

朵琳・瑪西,〈彈性性別歧視〉
"Flexible Sexism" in *Environment and Planning D: Society and Space* by D. Massey, copyright © 1991. Reprinted by permission of SAGE Publishing.

關於作者
ABOUT THE AUTHOR

卡蘿・亞當斯（Carol J. Adams）是女性主義學者和倡議者，她的著作探討了交織性壓迫的文化建構。亞當斯的第一本書《肉的性別政治》（*The Sexual Politics of Meat*）被認為是生態批評和動物研究的奠基性文本之一。《紐約時報》稱之為「動物權利運動的聖經」，諾貝爾文學獎得主柯慈（J. M. Coetzee）如此評價：「卡蘿・亞當斯二十年前首次揭示的狩獵的陽剛氣質、厭女症、肉食主義和軍國主義之間的關聯，至今仍頑強存在。」這本書不僅從未絕版，更被譯為西班牙文、德文、法文、義大利文、中文、葡萄牙文、韓文和日文等多國語言。

她也著有《漢堡》（*Burger*）一書，是 Bloomsbury 出版社「小事物大啟發」（Object Lesson）系列叢書之一，並與他人合著了《維根主義者也會死》（*Even Vegans Die: A Practical Guide to Caregiving, Acceptance, and Protecting Your Legacy of Acceptance*）和《抗爭廚房》（*Protest Kitchen: Fight Injustice, Save the Planet, and Fuel Your Resistance One Meal at a Time*）兩本書。亞當斯編輯了幾本關於生態女性主義、女性主義與動物研究的重要選集，包括《生態女性主義：女性主義與其他動物和地球的交互關聯性》（*Ecofeminism: Feminist Intersections with Other Animals and the Earth*，與 Lori Gruen 合編）以及《動物倫理中的女性主義關懷傳統讀本》（*The Feminist Care Tradition in Animal Ethics: A Reader*，與 Josephine Donovan 合編）。她的文章曾發表在《紐約時報》、《華盛頓郵報》、女性主義雜誌 *Ms. Magazine*、《基督教世紀》雜誌（*The Christian Century*）、*Tikkun* 雜誌和 *Truthdig* 等刊物上。

她的作品是另外兩本選集的主題——《抗命的女兒：21 位女性關於藝術、行動主義、動物與**肉的性別政治**的故事》（*Defiant Daughters: 21 Women of Art, Activism, Animals and* **The Sexual Politics of Meat**），以及《動物的藝術：14 位女性藝術家探索**肉的性別政治**》（*The Art of the Animal: Fourteen Women Artists Explore* **The Sexual Politics of Meat**）。新一代的女性主義者、藝術家和倡議者，透過這兩本書回應了亞當斯具開創性的著作。

她長期致力於反對家庭暴力、種族主義和無家可歸的社會現象，支持生育正義和公平住房政策，並在討論和解決家庭暴力與動物傷害方面，做出開創性的貢獻。她和伴侶以及救援來的兩隻狗一同生活在達拉斯。

波霸雞與翹臀豬：肉食色情論
The Pornography of Meat : New and Updated Edition

作　　者：卡蘿．J．亞當斯（Carol J. Adams）
譯　　者：羅嵐、林若瑄
美術設計：Zoey Yang
編　　輯：Y. L. KUNG、陳仁鐸
總 策 劃：林憶珊

出 版 者：社團法人台灣動物平權促進會
網　　址：https://taeanimal.org.tw/
信　　箱：taea@taeanimal.org.tw

印　　刷：沐春行銷創意有限公司
地　　址：235 新北市中和區板南路 486 號 2 樓
電　　話：02-2222-6570
發　　行：柿子文化事業有限公司
地　　址：116 台北市文山區羅斯福路五段 158 號 2 樓
電　　話：02-2933-4917

I S B N：978-986-96108-3-4
定　　價：600 元
2025 年 3 月初版 1 刷．Printed in Taiwan
本書使用符合環保標準的紙張與大豆油墨

波霸雞與翹臀豬：肉食色情論 / 卡蘿．J．亞當斯（Carol J. Adams）著；羅嵐、林若瑄 譯
初版—新北市：社團法人台灣動物平權促進會，2025.03
424 面 ; 14.8 X 21 公分
譯自：The Pornography of Meat: New and Updated Edition
ISBN:978-986-96108-3-4（平裝）

1.CST: 性別研究 2.CST: 動物保護 3.CST: 色情
544.7　　　　　　　　　　　　　　　　114003349

© Carol J. Adams 2020

This translation of The Pornography of Meat: New and Updated Edition is published by arrangement with Bloomsbury Publishing Inc.

〈鴨子：我的身體屬於我〉，Janell O'Rourke 作品。
©Janell O'Rourke